실학파의 정치 · 사회개혁론

The Reformation Plan on the National System of *Silhak*(實學)

Oh, Young-Kyo

실학파의 정치 · 사회개혁론

오 영 교

혜안

오영교(吳永敎) 연세대학교 사학과를 졸업하고 연세대학교 사학과 대학원에서 문학석사·문학박사를 받았다. 현재 연세대학교 인문예술대학 역사문화학과 교수 겸 대학박물관장으로 있다. 한국사회사학회·역사문화학회·경제사학회·한국사회역사학회 이사, 역사문제연구소 운영위원, 강원문화재단 이사, 강원학센타 운영위원으로 재임 중이다. 2002년 연세학술상을 수상하였다.

주요 논저로는 『조선후기향촌지배정책연구』(혜안, 2001), 『조선후기사회사연구』(혜안, 2005), 『강원의 동족마을』(집문당, 2004), 『강원감영연구』(원주시, 2007), 『조선 건국과 경국대전체제의 형성』(편저, 혜안, 2004), 『조선후기 체제변동과 속대전』(편저, 혜안, 2005), 『세도정권기 조선사회와 대전회통』(편저, 혜안, 2007) 외 다수가 있다.

연세근대한국학총서 27 H-007

실학파의 정치·사회개혁론

오 영 교

2008년 1월 25일 초판 1쇄 발행

펴낸이 | 오일주

펴낸곳 | 도서출판 혜안

등록번호 | 제22-471호

등록일자 | 1993년 7월 30일

주소 | 서울시 마포구 서교동 326-26번지 102호

전화 | 3141-3711~2 팩시밀리 | 3141-3710

E메일 | hyeanpub@hanmail.net

ISBN | 978-89-8494-329-2 93910

값 22,000원

본 저서는 2003년도 연세학술비의 지원에 의함

머리말

한국을 인식대상으로 삼는 학문으로서의 韓國學은 그 자체의 복합적 특성에도 불구하고 한국에 관한 지식체계를 시범적으로 정의해 왔으며, 그 연구 속에 각 시대적 상황과 역사로부터 돌출된 주요 논점들이 반영되어 왔다. 용어상으로 보더라도 한말의 '本國學'에서 시작하여 일제시대의 '朝鮮學'을 거쳐 해방 이후 '國學', 그리고 1960년대 이후 '韓國學'이라는 다양한 명칭 속에 전개되고 있다. 이 가운데 1930년대의 '조선학 운동'은 "조선적이면서 세계적이요, 세계적이면서 조선및 조선인적"이라는 명제, 즉 근대성과 세계성을 관철할 수 있는 민족적인 자아·주체성의 재정립을 목표로 전개된 학술운동이었고, 한국의 전통에 대해 초점을 맞추면서 한국의 국가적 정체성을 부각시키고자하는 의식의 발로였다. 당시 운동에 참여한 인문·사회과학자들은 좌·우파를 막론하고 한국의 역사·문화에 대한 학적 탐구를 임무로 자각하고 실천해야 한다는 데 뜻을 같이 하고 바로 한국 연구의 전통적인 근원이자, 회고적으로 정의된 조선후기의 '실학' 개념을 본격적으로 정리하고 연구시각의 주요한 흐름으로 표방하였다. 이렇게 시작한 조선후기 실학사상과 실학자에 대한 연구는 해방 이후 오늘에 이르기까지 국학·한국학의 토대이자 국내외적으로 한국인문학 연구수준의 한 가늠자가 되었다.

실학은 일제식민사관의 극복을 위해 해방이후 남북학계 모두에서 활발하게 연구된 분야였고 질·양면에서 가장 많은 연구성과를 도출하였다. 그러나 연구가 축적되면서도 정작 실학의 개념과 성격, 유파를 비롯한 많은 부분에서 이해의 편차가 크고 그 실체에 대한 규명에서 아직도 명확한 결론이 도출되지 않고 있다. 1960년대 이후 실학은 대체로 조선후기의 사회경제적 발전에 상응하는 사상, 즉 중세에서 근대로의 이행기를 반영하는 사상으로 보아 그 성격을 '민족적', '근대지향적', '민중지향적'이라는 시각에서 이해하고 내재적 발전론의 기조사상으로 보는데 무리가 없었다. 그러나 최근에는 실학과 성리학의 밀접한 관련성의 문제, 가령 주기론과 주리론의 연계성 문제, 남북한 학계의 실학자 선정의 상이점, 실학의 범위를 시·공간면에서 종횡으로 확장시켜 보고자 하는 문제가 제기되었다. 특히 후자의 경우 실학이 지니는 근대성 추구의 문제를 동아시아 삼국의 그것으로 시야를 확장한다는 것과 조선후기만이 아닌 '여말선초 실학'과 '근대 실학'을 범주에 넣어 실학 개념을 확장하려는 주장도 나오고 있다. 1980년대 연구과정에서 그간 실학을 성리학적 전통 속에서 이해하려 하지 않고 개혁적 성향만을 강조하여 근대적 사상의 원류로 보려 하였다는 비판과 지나친 실학-허학의 이분법으로 단순화시켜 실학의 범위를 무리하게 확대시켰다는 지적이 제기되었다. 이러한 점들은 실학이 한국학·한국사의 주류를 이루며 연구되었기에 가해진 비판으로 생각한다.

필자의 대학시절 당시 학계에서는 내재적인 사상체계로서 실학에 대한 연구가 활발하였고, 개화사상과의 관련성을 다룬 논고들이 발표되고 있었다. 대학 1학년 때 과학회 세미나의 주제를 실학으로 정하고 천관우 선생님의 「磻溪 柳馨遠 硏究」 등의 논고를 청사진 복사지에 담아 읽어가던 기억이 새삼 새롭다. 이후 실학의 본령인 정치·사상사를 전공하지 않았으나 지금까지 연구와 강의를 통해 실학 및 실학자에 대한 관심을 한 번도 놓았던 적은 없다. 최근까지 필자가 작성한 사회사 관련 논문에서도 실학자들의 개혁론과 그 구상에 관련된 내용들을 자주 서술한 바가 있다.

본격적인 학위논문을 작성할 때 여느 조선후기 연구자들처럼 필자 역시 거대담론으로서 사회변동과 경제변동에 관심을 쏟게 되었고, 이어 농민들이 체감하는 국가의 지배구조가 누세기에 걸쳐 많은 모순을 지닌 채 전면적으로 개혁되지 못하는 사실을 확인하게 되었다. 그 과정에서 조선왕조의 국가지배체제에 대한 체계적인 비판은 실학자들의 견해를 통해 확인할 수 있었다. 그들은 변혁의 논리를 객관적으로 정당화하는 기준으로 古經의 원칙을 원용하였다. '우리 전근대의 역사에서 낡은 지배체제의 구조적 인습을 제대로 점검·정리·비판하면서 새로운 역사창출의 의지를 가장 치열하게 추구한 학술사상체계를 든다면 그것은 곧 조선후기의 실학이라 볼 수 있다'라는 선학들의 주장에 대해 필자는 크게 동의한다.

본서에 실린 실학과 관련된 2편의 글과 조선왕조의 농업정책에 관한 글은 필자가 지난 2002년부터 3년간 '조선시대 국가경영의 이상과 현실'이라는 주제의 연구책임자로 참여하면서 작성한 글이다. 원래 다른 과제와의 상관성을 염두에 두고 작성한 글이었으나 본서에 수록하기 위해 다시 검토해보니 많은 문제점이 보였다. 결국 부분적으로 보완하여 재정리하였다. 우선 반계 유형원과 다산 정약용이 저술한 국가개혁론의 교과서로서 『반계수록』과 『경세유표』에 담긴 논리를 통해 이들의 정치·사회 개혁사상을 정리하였다. 이 두 저서의 특징은 단순한 부문별 제도 개혁 내지는 그것들의 집합에 그치지 않고 상호 정합적으로 구상되어 실제로 작동 가능한 하나의 국가기획을 서술한 데에 있다. 반계와 다산이 원리에 대한 탐구로부터 그 원리를 실현하는 구체적 세칙과 절목에 관해 탐구한 것은 인간의 역사 속에 실현해야 할 초역사적 이념에 대한 확신 때문이었던 것으로 보인다. 그것은 성리학의 원리에 대한 추적에만 치중하고 그 시행방법에 대한 탐구를 소홀히 하는 기존 주자학자들과는 궤를 달리하는 모습이었다. 사회와 정치에 대한 새로운 개입방식, 국가운영과 경세학의 새로운 방법론, 그리고 새로운 사유의 세계의 가능성을 열어 주었다.

또한 「조선후기 실학파의 지방제도 개혁론」을 통해 살펴본 실학자들의 鄕政論은 국가재정의 안정적 확보, 치안・행정체계의 유지 차원을 넘어서서 근본적으로 향촌사회를 재편성하고 대민 지배체제를 확립하려는 견해를 표방한 것이었다. 이들은 새로운 향정론의 정치이념상의 원형으로 주대 鄕遂制를 비롯한 선왕의 政制를 제시하고 역대 중국 행정촌의 시행사례를 참고하려 했다. 그러나 대부분의 경우 조선과 중국의 地宜 및 時宜의 차이를 염두에 두고 다양한 내용을 담고 있었다. 국가권력이 집약적으로 실현되고 있는 향촌사회를 어떻게 개혁・정비할 것인가 하는 문제는 국가권력과 재지세력, 민과의 관계를 여하히 설정할 것인가의 문제로 치환되기도 한다. 따라서 향촌개혁안에는 당시 전 사회체제의 정비에 관련된 개혁이념이 적극 반영되어 있는 것이다. 실학자들은 토지분급을 전제로 한 향촌조직을 강조하여 생산자・생산단위와 향촌통치조직을 연계시키려고 한 점에서 보다 근본적인 변혁을 주장하였다.

자기가 살았던 시대의 현실적 문제점을 탐구하고 그 해결책을 제시하며 역사적 전환기를 이끌어 가려는 지식인은 많지 않았다. 17세기 반계 유형원, 18세기 성호 이익, 순암 안정복, 다산 정약용은 선학들의 영향을 받아들이면서도 한편으로 그와 다르게, 사회문제의 전 영역을 체계적으로 문제 삼고 있다. 그들은 구체적이며 실제적인 대안을 제시하여 기존 제도와 체제를 비판하고 있다. 그들의 개혁안은 조선후기 조선사회의 위기를 극복하기 위한 절박함에서 기인한 것이기에 매우 현실적이고 완결성이 높은 것이었다.

따라서 그들의 저서에는 '이상적인 국가이념을 조선사회의 현실 속에서 어떻게 구현할 것인가?'에 끊임없이 반문하면서 정리한 대안들이 가득 차 있다. 그들의 정치 · 사회개혁론은 현재의 문제를 해결하고 역사적인 대전환을 도모한 것으로, 차후 후세의 정론가들이 자기 사회의 문제를 포착하고 대안을 제시하는 데 방법론의 측면에서 커다란 영향을 미쳤다.

개혁사상이라 하면 어떤 현실적 또는 제도적 개혁을 직접 주장하는 사상을 떠올린다. 그러한 의미에서는 지금까지 정치적인 또는 정치사상적인 차원에서의 전근대 개혁사상에 대한 연구는 거의 실학파의 제도개혁론에 집중되어 왔다고 본다. 개혁과 진보의 관계에서 볼 때 우리는 개혁의 의미를 일차적으로 脫전통을 지향하는 것이라는 차원에서 이해할 수밖에 없다. 물론 이 시기의 탈전통의 사상적 흐름이 전체적으로 근대성을 지향하고 있다고 보지만 모든 개별 사상가의 기저사유 내지 의도까지 그러한 것은 아니었을 것이다. 또한 제도적 개혁은 사상의 개혁을 전제로 하고 따라서 사상의 개혁이야말로 더욱 중요하고 본질적인 의미를 가질 수 있다. 17 · 18세기 주자성리학 비판의 사상적 토대 없이 실학의 제도개혁론이란 있을 수 없다. 그러한 점에서 17 · 18세기 주자성리학 비판론의 담론구조와 그 개혁사상의 함의를 살피는 것은 반드시 중요하다고 본다. 또한 실학의 사회 · 정치사상이 지니는 의미를 파악하기 위해 사상이 속한 정치적 담론의 세계, 곧 당시 정론가들이 정치를 언급할 때 흔히 사용했던 여러 관용구들과 정치언어로서 기능하는 원리들이 그 시기의 역사적 상황 속에서 각각 무엇을 취하고 무엇을 부정하는지를 실증적으로 검토해야 할 것이다. 이것이 필자가 책의 제목을 『실학파의 정치 · 사회개혁론』이라 붙여놓고 겁부터 덜컥 났던 이유이며, 지속적으로 연구하며 크게 보완해야 할 사안이다.

본서는 연세대학교 연구처의 학술연구비 지원과 근대한국학연구소의 출판비 지원으로 작성될 수 있었다. 또한 논고의 작성시 연세대학교 국학연구원의 정호훈・원재린・김용흠 연구교수를 비롯한 '경국대전 연구팀'의 조언에 힘입은 바 크다. 지면으로나마 감사의 말씀을 전한다. 끝으로 인문학의 위상 제고를 위해 항상 노력하며 기꺼이 출판을 도맡아 준 도서출판 혜안의 오일주 사장님과 편집부 여러분께도 진심으로 사의를 전한다. 관련 동학들의 많은 비판과 질책을 바란다.

2007년 10월

오영교 삼가 씀

차 례

『磻溪隨錄』의 국가구상론

1. 머리말

17세기 조선왕조는 대내외적으로 커다란 위기에 직면하였다. 16세기 말의 조선사회를 강타한 임진왜란과 1623년에 군사력을 동원하여 국왕을 바꾼 인조반정은 17세기 이후의 정치세력과 국가운영의 방향에 결정적인 영향을 끼쳤다. 곧이어 일어난 두 차례의 胡亂, 거기에 더한 기상이변과 대기근 등의 자연재해는 당시 사회에 지극히 어려운 과제를 부과하고 있었다. 특히 전란으로 인한 폐해가 극심했는데, 왜란이 조선의 물적 토대를 비롯한 하부구조를 여지없이 파괴했다면 호란은 '雪恥'로 상징되는 패전의 쓰라림과 자존심의 손상 등 정신적인 상처를 안겨 주었다.

이처럼 17세기 조선사회는 16세기의 역사적 과제들을 이어 받은 데다가 일본과 청의 침략을 겪으면서 어려운 지경에 빠져 있었다. 조선 전기를 통하여 구축되었던 봉건체제, '經國大典적 체제'는 兩亂을 통해 심각한 타격을 입게 된다. 이러한 상황을 타개하기 위해 당색을 불문하고 당시 政論家·儒者·官人 등 지배층은 조선의 국가체제 복구라는 당위의 명제 하에 國家再造·국가기획의 논리를 구상하였다. 이들은 각자의 입장에 따라 다른 방향에서 다양한 타개책을 제시하였다. 그것은 16세기 조선사회의 사상적·정치적 전통을 계승하는 한편, 그

것이 안고 있었던 여러 모순들을 적극적으로 해소하고자 하는 것이었다. 이와 같은 논의 가운데 일부는 현실적인 시행가능성을 전제로 재차 조정된 후 17세기이래 각종 국가정책으로 채택·시행되었다.

17세기 조선사회에서 『磻溪隨錄』의 출현은 정치사상사적으로 특별한 의미를 갖는다. 『반계수록』은 조선사회를 변혁, 개조하려는 17세기 사상계 일각의 논의와 구상을 집약한 정치서였다. 저자 柳馨遠(1622~1673 : 광해군 14~현종 14)은 『반계수록』을 통해 당대의 조선 현실을 예리하게 비판하면서, 문제의 현실을 개혁할 수 있는 제도를 구상하였다. 여기에는 '經國大典 체제'를 벗어난 새로운 성격의 田制·學制·身分制·兵制·官制가 입안되어 있다. 그것은 周禮를 근간으로 한 三代사회의 법제에서 그 모범을 구하고 중국·조선의 역사적 추이 속에서 그 현실 타당성을 검토한 작업이었다. 무엇보다 『반계수록』의 특징은 분야별 제도 개혁의 나열에 그치지 않고 이 모두를 실행하게 하여 이상국가 건설이라는 목표가 달성되게 하는 국가재건 계획·기획이라는 점이다. 최근의 일련의 연구에서는 『반계수록』의 개혁론이 양란 이후 종합적이고 체계적인 국가체제의 정비안이자 17세기 후반기 이후 조선사회를 이끌어 나가는데 적합한 방안이었음이 크게 강조되고 있다.[1)]

---

1) 유형원의 사상체계와 『磻溪隨錄』의 구조를 국가재조론의 시각에서 분석한 논저는 다음과 같다.
千寬宇, 「磻溪 柳馨遠 研究」上·下, 『歷史學報』 2·3, 1952·1953 ; 鄭求福, 「磻溪 柳馨遠의 社會·經濟思想」, 『歷史學報』 45, 1970 ; 金容燮, 「朝鮮後期 土地改革論과 儒者」, 『延世論叢』 21, 1985 ; 金武鎭, 「磻溪 柳馨遠의 郡縣制論」, 『韓國史研究』 49, 1985 ; 李存熙, 「磻溪 柳馨遠의 官職論考 - 外官職을 중심으로」, 『邊太燮博士華甲紀念 史學論叢』, 1985 ; 李佑成, 「初期實學과 性理學과의 관계 - 磻溪 柳馨遠의 경우」, 『東方學志』 58, 1988 ; 金駿錫, 「조선후기 정치사상사연구 - 국가재조론의 대두와 전개 - 」, 지식산업사, 2003 ; 吳永教, 「磻溪 柳馨遠의 地方制度 改革論 研究」, 『國史館論叢』 57,

본고는 『磻溪隨錄』이 담아내려 한 새로운 국가구상의 특질이 무엇인지를 살펴보기 위한 것이다. 이를 위해 먼저 그 같은 국가기획이 나오게 된 시대상황과 그의 학문이 딛고 서 있는 학문전통에 대한 인식을 정리한다. 다음으로 국가구상에서 표출되는 그의 이상적 열망이 17세기 조선 농민들의 사회적 불만을 어떤 방식으로 수렴하며 그 방안으로 제기된 소농 중심의 균등한 경제체제의 내용과 의미가 무엇인지, 그리고 민과 토지라는 인적·물적 자원의 지역 공간 배치에 관련된 鄕政論에 대해 살펴보고자 한다.

2. 국가구상론의 형성 배경

1) 17세기 농업문제와 향촌사회 현실

조선사회는 1592년부터 7년 간 전개된 壬辰倭亂·丁酉再亂의 과정에서 三南을 중심으로 전국토가 戰場化되는 상황을 겪었다. 그 후 女眞에 대한 조선의 통제력이 약화되면서 藩胡들이 점차 이탈하였고 결국 丁卯(1627년)·丙子(1636년)胡亂을 맞이하게 되었다. 조선은 잇따라 일어난 두 차례의 전쟁으로 인해 거의 반세기 동안 혼란 속에 빠지게 되었다.

전쟁과정에서 거듭된 패배로 각종 폐해가 발생하였고 이는 일차적으로 생산자 농민들에게 전가되었다. 당시의 향촌사회는 '井邑荒墟

1994 ; 白承哲, 「磻溪 柳馨遠의 商業觀과 商業政策論」, 『韓國文化』 22, 1998 ; 김태영, 『실학의 국가개혁론』, 서울대학교 출판부, 1998 ; 김선경, 「반계 유형원의 이상국가 기획론」, 『韓國史學報』 9, 2000 ; 정호훈, 『朝鮮後期政治思想史硏究－17세기 北人系 南人을 중심으로－』, 혜안, 2004 ; 정성철, 「류형원의 철학 및 사회정치사상」, 『실학파의 철학사상과 사회정치적 견해』, 1974.

烟火斷絶 千里蕭然 灌莽極天'[2]이라 하고, 李恒福이 '民不居定 滿野荒蕪'[3]라고 표현한 것처럼 경작농지의 황폐화는 물론 농민들의 유리·사망으로 인구는 더욱 감소되었다. 이와 같이 사회의 재생산기반이 되는 농업생산력 및 경작지의 감소, 농가경제의 파탄은 조선왕조의 붕괴위기로 귀결되었다.

전쟁 이전에도 농업생산에는 이미 모순구조가 심각하였지만, 전란은 이를 더욱 심화시켰다. 농지는 황폐되고 時起耕田은 감소하였으며, 노동력의 부족은 심각하였다. 특히 농업노동력의 급격한 감소는 전란 중에 장정들이 군과 요역에 징발되고, 전란지역의 민은 질병과 기아, 전란의 화로 사망했기 때문이다.[4] 농민들의 유리 또한 심각한 문제였다. 都體察使 李元翼의 啓에 의하면 "流民들은 이미 본업을 잃고 뿔뿔이 흩어져 산골짜기로 들어온 처지인데, 守令이 비록 쇄환하려 하나 上司衙門의 令이라도 시행되지 않는다"고 하며 "流民들 몫의 역이 본읍의 남은 백성에게 부과되므로 민원이 더욱 심해진다"라고 지적하였다.[5]

아울러 경작지의 황폐화는 농업 생산체계를 크게 붕괴시켰다. 임란 직전 전국의 총결수는 151만 5,500여 結이었으나,[6] 전쟁 직후 경작지

---

2) 『宣祖實錄』 卷72, 宣祖 29년 2월 丙辰, 22-650.

3) 『增補文獻備考』 卷141, 田賦考1, 中, 629쪽, 李恒福의 量田提言.

4) 김호, 「16세기말 17세기초 역병발생의 추이와 대책」, 『한국학보』 71, 1993.

5) 『宣祖實錄』 卷81, 宣祖 29年 10月 5 戊辰. 이 같은 사실은 정묘호란 이후인 仁祖 4년 윤6월 "난을 치룬 후 백성의 수가 평시의 6분의 1이나 7분의 1에도 미치지 못하여" 民戶감소로 인한 軍政운영이 어렵다는 지적에서도 나타난다(『仁祖實錄』 卷13, 仁祖 4年 閏 6月 丁未 34-113).

6) 『增補文獻備考』 卷141, 田賦考 1, 經界1(620쪽) ; 『磻溪隨錄』 田制 攷說 下, 125~126쪽. 이 시기 農地의 감소실태와 향촌사정에 대해서는 金容燮, 「宣祖朝 '雇工歌'의 農政史的 意義」, 『學術院論文集』, 2002, 2장 壬亂후 '雇工歌'작성시의 농업사정 참조.

는 30여만 결에 불과했던 것으로 나타난다.[7] 경작지의 황폐화는 '軍國之需'의 주요 징수 대상지인 전라도·경상도에서 보다 극명히 드러난다. 난후 1611년(광해군 3) 호조판서 黃愼에 의하면 전국의 전결수 170만 결 중 수세가 가능한 전결수가 54만 2천여 결로, 전쟁 직후에 비해 20만 결이 늘어났지만 역시 평시에 비해 3분의 1에 불과한 것이었다. 이 중 전라도의 경우는 기존 경작면적인 44만 결 가운데 11만 결만 경작되고 있었고 임란시 최대 격전지였던 경상도 지역은 종전 43만 결의 토지가 7만 결로 감소되는 실정이었다.[8]

북부지역의 황해·평안·함경의 3도는 전란의 피해가 비교적 적어서 회복이 빨라 감축된 결수가 낮지 않았으나 남부지역의 경상·전라·충청의 3도와 중부지역의 강원·경기의 2도는 전란의 피해가 커서 농지의 황폐화가 심하였다. 당시 삼남지역은 전국 농지의 약 3분의 2가 위치하고, 국가재정의 중심이 되는 수전농업이 발달하고 있던 점에서 전란으로 인한 폐해의 심각성을 엿볼 수 있다. 이 시기 경작지의 감소, 생산력체계의 붕괴는 역으로 전후에 엄청난 규모로 전개된 陳田開發事業에서 가늠해 볼 수 있다.[9] 전제가 무너지고 난 후 국가수입이 감축하면서 국가재정에도 여유가 없었다. 당시 李睟光은 국가의 비축 양식이 만 석도 못되어 각종 관아의 일년분 소요량조차 확보하

---

7) 『宣祖修正實錄』 卷142, 宣祖 34年 8月 丙寅, 25-682, "亂後 八道田結 僅三十餘萬結 則不及平時全羅道矣 其何以爲國乎". 이는 토지결수 자체보다 時起結數의 감소로 여길 수 있다.

8) 『增補文獻備考』 卷148, 田賦考8 租稅1, 中, 光海君 3年(1611) ; 『秋浦集』 卷2, 啓, 地部獻言啓 六條別單 改量田條. 이는 戰後의 황폐화된 실정을 반영한 時起結數의 추정으로 보인다.

9) 仁祖년간 戶曹의 啓에 따르면 을해년 양전 이후 삼남지방의 전결수가 51만 4,976결이며(『仁祖實錄』 卷39, 仁祖 17年 12月 壬辰), 삼남지역의 경우 양전 이후 10만 결이나 늘어났음이 보고되었다(『仁祖實錄』 卷40, 仁祖 18年 9月 24日 壬寅).

지 못한 사정을 지적하고 있다.[10)]

이제 조선왕조가 위기 상황에서 탈출하여 국가를 새로운 차원으로 변혁하고 재조하기 위해서는, 무엇보다 먼저 파괴된 농업생산을 재건하지 않으면 안되었다. 재건의 목표는 삼남지방을 중심으로 황폐화된 농지와 陳田으로 묵혀 있는 농지를 시급히 개발하고 또 新田도 개발함으로써 종전의 원장부 結總을 만회하고, 아울러 수세지를 늘려나가는 정책을 적극 추진하지 않으면 안되었다. 뿐만 아니라 당시에는 전란 외에 장기간에 걸친 자연재해로 인하여 수시로 큰 피해를 입고 있었으므로,[11)] 농업개발정책과 함께 量田사업이 진행되지 않으면 안되었다.[12)]

또한 전쟁을 겪은 후 향촌사회의 조직 자체가 무너지는 사태도 벌어지고 있었다. 咸安의 경우[13)] 기존 大村이었던 山翼里가 전쟁의 와

---

10) 『芝峰類說』 卷3, 君道部 制度, "軍資監平時有三十萬石 故癸巳倭賊退去後 尙餘四五萬石 以助軍餉 以賑饑民 今倉穀不滿萬石 脫有緩急 何以濟之 夫國無六年之蓄 古人猶以爲急 況無一年之食乎 是故 均田節用 乃生財之大道也".

11) 이태진, 『한국사』 30, 「Ⅳ의 1. 장기적인 재해와 전란의 피해」, 「Ⅳ의 3. 인구의 감소」, 국사편찬위원회, 1998.

12) 시기결의 확보는 곧 조세원의 확보였다. 따라서 조선왕조는 시기결을 되도록 많이 확보하려 노력했지만, 담세자 토지소유자들의 입장에서는 세액이 과다해지는 점에서 그 확대를 환영할 리가 없었다. 이 문제는 조선후기 사회현실, 부세제도의 모순구조 속에서 조선왕조가 원하는 대로 그 결총이 무한정 확대될 수 없었다. 그것은 결국 과세당국과 납세자, 특히 정부와 재지 양반 지주층 또는 土豪奸民으로 불려지는 유력자 층과의 갈등 대립의 문제였다. 이들은 시기결의 책정문제를 중심으로 상호 대립을 보이고 있었다. 이는 임란 후 조선왕조에 의해 추진되던 전후 농업재건 사업이 쉽지 않았음을 보여주는 것이다.

13) 『咸州誌』 吳澐 謹書 于漢城之寓舍 ; 『朝鮮時代 私撰邑誌』 23, 慶尙道 8, 한국인문과학원, 400쪽, "吾鄕雖僻在海隅 百年樂土 民物盛居 姑以吾山翼一里言之 當時戶口見錄者 八百五十有餘 而今無一人還土者 一隅如此 四境

중에서 소멸되어 버린 상황이 나타나며, 晉州 琴山里와 代村里가 임란 직후에 琴山으로 통합되는 사실도 보인다.[14] 崔晛은 민호의 격감으로 인한 향촌사회의 붕괴 상황에서 守令의 파견만으로는 통치가 이루어질 수 없음을 지적하고 있다.[15] 이제 16세기 이래 자연촌의 성장에 따른 촌락구조의 변동은 전쟁을 통해 더욱 촉진되었으며, 전후 향촌편제에 대한 정비의 필요성 또한 대두되었던 것이다. 조선왕조의 기반인 郡縣制・守令制의 일대 위기였다.

아울러 전란 이후 사회적 모순은 양반 신분과 상・천민의 갈등으로 극대화되었다. 李夢鶴의 난(1596년)과 李适의 난(1624년)에는 천민층이 다수 가담하고, 殺人契・殺主契의 조직이 성행했으며 소극적인 저항의 형태로 노비들의 도망이 극심하였다.[16] 중세신분제의 심각한 동요현상이었다. 이러한 상황은 胡亂 후 더욱 심화되었다. 즉 '小中華'의 '夷'에 대한 굴복이라는 정신적 충격이 더하여지고 遼東지역 개간을 위한 노동력과 소(牛)의 공출 요구 등 朝貢에 대한 압력이 가해졌다. 이 과정에서 사회모순은 수습이 안 되는 상태였다.

2) 국가구상론의 대두

조선은 14세기 말~15세기에 걸쳐 집권체제의 편성에 성공한다. 15, 16세기 조선은 집권적 관료체제 하에 양반층 중심의 사회통합력이 매

可知".

14) 『晉陽誌』 卷1, 各里條(『朝鮮時代 私撰邑誌』 22).

15) 『訒齋集』 卷2, 陳時務九條疏, "經兵亂之後 或有數百里無烟火者 或有數十戶爲一縣者 爲守令者徒持空器 無爲成形". 西厓 柳成龍은 전쟁 직후 향촌사회의 실태에 대해 "今日亂離之余 各於民居稀闊 或數里而一家"라고 설정하였다(柳成龍, 『軍門謄錄』 丙申 宣祖 29年(1596) 正月 3日).

16) 鄭奭鍾, 『朝鮮後期社會變動研究』, 일조각, 1983.

우 강하고 이것을 떠받드는 이념체계로서 주자학이 깊숙이 침투되어 있었다. 또한 농업 위주의 자급자족적 경제구조와 사대교린을 중심으로 한 대외 폐쇄정책이 전개되었다. 내부구조의 견고함에 비해서 외부로부터의 오랜 격리와 자극의 강도가 상대적으로 미약하였던 것이다. 이로 인해 조선사회의 자체 변화가 완만하게 진행되었고 급속한 변동을 제어하는 요인이 되었다. 그러나 16세기 후반에는 체제적 모순이 표출되면서 동요현상을 보이고 양란은 이를 더욱 촉진하게 하는 외인으로 작용하였다. 결국 16세기 후반부터 시작된 중세해체운동은 조선후기 내내 이루어지게 된다.

17세기 조선이 해결해야 했던 역사적 과제는 그 시기에 들어와 처음 제기된 것들이 아니라 이미 16세기 조선사회가 안고 있던 정치·경제·사회적 문제들이 다시 등장했던 측면이 강하다. 조선사회는 사회경제적으로 16세기에 과전·직전법의 쇠퇴, 상인층의 성장과 지방장시의 발달, 관청수공업의 발달, 군역의 布納化와 양역화, 공물의 방납 성행 현상 등이 나타나 사회운영에 심각한 변동의 조짐이 보였다. 특히 16세기 들어 竝作半收를 중심으로 한 지주전호제가 확산되며 토지 겸병이 성행하였다. 이에 따라 기존 농업문제·토지문제는 한층 복잡한 국면으로 접어들었고 점차 사회문제·정치문제로 심화되어 갔다. 이 같은 16세기의 사회경제적 변동은 그것이 발전적으로 수렴되어 정책으로 제도화되어야 했는데 바로 그 이전에 격심한 전란을 맞이함으로써 여러 문제점들이 대대적으로 노출되었다. 17세기는 이제 앞 시기에서 이어져 내려온 사회경제적 문제점의 해결과 민생의 안정, 그리고 國富를 늘리기 위한 새로운 대책이 제시되어야만 했던 것이다.[17)]

이처럼 조선사회는 17세기 들어 왕조의 존립 자체가 어려울 정도

17) 한국역사연구회 17세기 정치사연구반, 『조선중기 정치와 정책 인조~현종 시기』, 아카넷, 2003, 10쪽.

의, 미증유의 국가적 위기에 봉착했다. 그러한 위기는 16세기 조선사회 내부의 사회경제적 성장, 국제관계의 변동과 외적의 침입 등 내외적인 여건이 상호 영향을 주는 가운데서 일어나고 있었다. 이미 16세기에 시작되었던 조선전기적 질서의 이완·해체가 50여 년간 잇달았던 양란을 계기로 증폭된 것이었다.

또한 이 같은 조선사회의 위기·변화는 조선만의 사정이 아니라, 이 시기 동아시아세계의 정치 변동과 맞물려 나타났다. 중국대륙에서는 만주지역에서 성장한 後金세력이 대륙을 침략하여 明·淸교체가 일어났으며, 일본열도에서는 치열한 정쟁을 거쳐 도쿠가와[德川]막부가 성립되기에 이르렀다. 조선으로서는 그들의 침략 위협을 막아냄과 동시에 새로운 외교관계를 수립하며 변화된 국제정세에 능동적으로 대처해야만 하는 상황이었다.

이처럼 '經國大典적 체제'로 표징되는 조선전기적 질서가 변화하고 새로운 사회경제체제가 모색되는 시점에서 당 시기 政論家·儒者들은 정치·경제·사회·문화 등 전 측면에서 야기되는 조선사회의 내적인 변화상을 염두에 두고 그들의 개혁론·정론을 전개하고 있다. 이들은 현실에 대한 비교적 분명한 인식 위에서 사회의 제반 모순과 폐단을 극복하고자 하는 정치론을 끊임없이 마련하고 또한 이를 실현하고자 했다.

심각한 체제붕괴의 위기의식 속에서 정론가들의 사회질서 재건 노력은 통상적인 정치개혁 수준을 넘어, 국가체제의 전면적 보수, 개조와 관련되어 있었다. 다각도의 국가재조 방안이 모색되었던 것이다.

그러나 이 같은 국가재조를 둘러싼 대안의 제기가 단일한 노선으로 나타난 것은 아니었다. 學緣·門地·地緣과 관련되어 형성되었던 정치사상적 처지에 따라 그 접근과 대처방안이 다르게 모색되고 제시되었다. 그리고 그러한 상이한 입장의 대립은 정책상의 문제를 넘어 정치적 주도권의 확보, 그것을 매개로 한 사회경제적 이해의 실현과 맞물려 있었기 때문에 매우 치열하게 전개되었다. 이 과정에서 국가재조의 방법과 주체문제를 둘러싸고 각 당파의 입장차이가 분명히 드러났으며 끝내는 사활을 건 정치적 대립을 거듭하게 되었다. 이러한 국가재조론의 대립은 단순히 전란 이전의 봉건사회체제의 재건차원에 머무르는 것이 아니라 이후 도래할 새로운 사회로의 변혁방식과 주체설정에 관한 문제이기도 했다. 이 시기 국가재조를 둘러싼 논쟁은 조선국가 전체를 시야에 넣은, 광대하고도 복잡한 면모를 지니고 있었다. 국가・사회・개인의 역할과 관련하여 제기되는 여러 문제들, 이를테면 군주론, 군신관계론, 정치운영론, 국가의 對民觀, 사회경제 정책론 등의 주제에 대해 이 시기 官人・儒者들은 치열하게 고민했으며 그 과정에서 보다 새로운 의미와 가치가 생산되고 축적되었다.

이러한 국가재조의 개념이 처음부터 정형화된 틀로서 제기된 것은 아니었다. 당시 정론가들은 조선왕조의 소생을 명왕조의 덕분으로 생각하고 있었고 '再造藩邦'은 '尊明報恩'의 명분론으로 확장되고 있었던 것인데, 차후 이 개념이 두 차례의 호란을 겪으면서 '復讐雪恥'를 목적으로 한 內修・自强의 논리로 전개되었으며 결국 국가재조론으로 발전하게 된 것으로 설명되고 있다.[18]

이 시기 전개되었던 국가재조의 방략은 다음과 같이 두 흐름으로 정리할 수 있다. 중세적 질서의 두 축인 사회신분제와 토지제를 전면 개혁하려 하는 변법적 논리가 그 상한이라면 기존 체제의 유지를 전제로 부분 개선에 그치는 소극적 개량론이 그 하한을 이룬다고 보겠다. 첫째는 지주층(지배층) 중심의 국가재조론이다. 이는 신분제 개혁, 지주제 개혁을 부정적으로 생각하는 가운데, 기존의 지주전호제를 바

18) 김준석, 『朝鮮後期 政治思想史 硏究 - 國家再造論의 擡頭와 展開 -』, 지식산업사, 2003.

탕으로 개량적인 부세제도 개혁을 추진하여 봉건국가의 모순과 위기상을 극복하고자 하는 것이다. 둘째는 농민층 중심의 국가재조론이다. 중세사회 지배의 두 축인 신분제와 지주전호제에 의한 토지제도를 전면적·근본적으로 재구성하여 소농경제의 안정을 이루는 동시에, 종래 군주권과 민 사이에 매개되었던 국가(관료) 지배기구의 모순 및 향촌 내의 민에 대한 사적 지배를 배제하여 국가의 공적 지배력을 확보함으로써 조선봉건사회 질서를 개혁해 간다는 변법적 방략이었다.[19]

당 시기는 주자학의 전일적 시기였기 때문에 변화의 상은 새로운 체계·이념에 의해서가 아니라 주자학 내부에서 제시되는 것이었다. 이러한 사정을 사상·이념의 측면에서 보면 주자학의 적극적 옹호론과 그 비판, 극복론으로 분리할 수 있다. 전자가 보수·개량적인 국가재조론으로서 주자학의 논리를 기본 정치운영논리로 삼는 집권 서인-노론의 이념이라면, 후자는 체제개혁적인 국가재조론으로서 대개 古文·古禮 등 고전유학과 漢唐유학, 양명학 혹은 非儒敎 사상 등을 활용하는 南人 일각의 사상전통이었다.

이러한 재조방안을 바탕으로 조선왕조는 국가 전체제의 복원을 위한 현안 정책으로 채택하여 시행하기에 이른다. 무엇보다 조선왕조는 조선사회가 농업을 기반으로 했던 점에서 생산체계 및 농업노동력의 시급한 회복과 복귀를 위해 노력하였다. 호구와 전결의 확보란 민의

---

19) 이 시기 '국가재조론' '국가재조기'의 개념과 사상적 의미에 대해서는 김용섭, 『朝鮮後期 農學史 硏究』, 일조각, 1988, 111~113쪽 ; 김준석, 앞의 책, 2003 ; 오영교, 『朝鮮後期 鄕村支配政策硏究』, 혜안, 2001 등의 연구에서 파악할 수 있다. 조선후기와 근대를 관철하는 역사 흐름상에서 볼 때 농민중심의 국가건설론은 17세기에 부분적인 시행에 그쳤으나 18·19세기 이른바 실학의 사상적 기반이 되고 있었다. 근대화의 측면에서는 지주전호제를 근간으로 한 중세질서의 붕괴를 위해서라도 후자의 방책이 첩경이 되는 것이라 할 수 있다.

생존조건의 회복과 국가재정체계 확립이라는 民利·國計의 목표를 동시에 이루어낼 수 있는 전제조건이기 때문이다. 다음으로 봉건체제의 유지를 위한 사회정책으로 면리제－오가통제의 확립, 양민 확보정책 및 노비 추쇄정책, 校生 考講의 강화책 그리고 국가재정 확보책 등이 모색되었다. 이 같은 정책들은 비록 분절적으로 제기되고 현안 치유에 다소 한계성을 지닌 것이었지만 당파를 초월하여 17세기 내내 시행되고 있음을 볼 수 있다.[20)]

이와 같이 유형원이 살았던 시기는 明·淸교체기의 국제질서와 대내적 사회변동으로 인한 혼란이 야기되고 사회 전 부면에서 걸쳐 전면적인 위기의식이 표출되던 때였다. 『磻溪隨錄』에는 이 같은 상황에 대한 그의 현실인식과 개혁의 방향을 담게 되는 것이다.

3) 『磻溪隨錄』의 이념적 기초

조선의 儒者·官人들은 유학의 학문론을 학습하여 높은 수준의 교양을 획득하고 최고의 정치론을 익혀 治者·지식인으로서의 자질을

---

20) 이에 조선왕조는 生産力 復元을 비롯한 여러 사회정책·재정정책을 추진하여 당면한 위기를 벗어나고자 하였다. 특히 생산체계 및 農業勞動力의 시급한 회복과 복귀를 위해 다각도의 구체적인 대응책을 강구하였다. 戶口와 田結의 확보란 民의 생존조건의 회복과 국가재정체계의 확립이라는 民利·國計의 목표를 동시에 이루어낼 수 있는 전제조건이기 때문이다. 따라서 이 시기 사회·경제·재정정책은 17세기 전기간을 통해 집중적으로 제기되는 가운데 조선왕조는 당시 국가적 현안과 향촌사정 그리고 政權擔當層의 입장 등을 감안하여 국가정책으로 수렴·확정하였다. 이러한 정책들은 生産·租稅收取·統治의 기반인 향촌사회의 제도적 정비가 수반되어야만 정책도 효율적으로 운영될 수 있는 것이다. 이에 따라 조선왕조는 향촌의 기저적인 변화에 대응하고 國家再造를 위한 法制의 완성으로서 지방제도의 정비에 적극 나서고 있었다(오영교, 「17世紀 朝鮮王朝의 鄕村支配政策의 推移」, 『梅芝論叢』 13, 연세대학교 매지학술연구소, 1996).

지니고 있었다. 그들은 현실에 대한 명확한 인식 위에서 사회의 제반 폐단과 모순을 극복할 수 있는 이상적 정치론을 끊임없이 마련하고 이를 실현하고자 했다. 이들의 주된 관심은 향촌사회를 비롯한 전체 국가경영을 염두에 두고 이상국가의 성립을 기도하는 것이었다. 더구나 앞서 살펴본 것처럼 17세기는 대내외적인 변동에 대응하는 문제가 긴박하게 제기되던 때였다. 조선전기 '경국대전 체제'의 여러 사회법제가 제대로 작동되지 않은 채 이를 대체할 새로운 법제가 만들어지지 못하고 있었다. 구체적인 개혁이 모색되어야 할 시점이었다. 유형원은 자신이 살고 있는 시대의 역사적 모순을 제대로 파악하고 그에 대한 개혁안을 제시한 학자 가운데 한 사람이었다.

유형원은 1622년(광해군 14) 외삼촌 李元鎭의 집에서 태어났다. 그의 본관은 文化, 우의정 寬의 후예로서 조부 成民은 副護軍(贈兵曹參判), 부친 흠은 說書를 지냈다. 모친 여주 이씨는 右參贊(贈領議政) 志完의 女息이며, 외삼촌 이원진은 參議를 지냈고, 星湖 李瀷의 從叔이 된다. 처 풍산 심씨는 우의정 守慶의 증손녀이다.[21] 유형원이 2살 때 부친 유흠은 광해군의 복위를 도모하였다는 '유몽인 옥사'에 연루되어 옥사했다. 그후 외삼촌 이원진과 고모부 金世濂에게 학문을 배웠다. 유형원이 『磻溪隨錄』을 쓰기 시작한 시기는 31세(1652년, 효종 3)때이다. 그는 이듬해 그의 王父가 胡亂때 피난지로서 연고가 있는 扶安縣 愚磻洞으로 이사했다. 그는 그곳에서 생활하면서 18년간에 걸쳐 『반계수록』을 저술하여 1670년(현종 11)에 완성하였다. 그리고 3년 후 52세(1673, 현종 14)를 일기로 세상을 떠났다.[22]

---

21) 『萬姓大同譜』 上, 여주이씨, 119～120쪽.

22) 「磻溪先生年譜」 崇禎 10년 丁丑, 孝宗 4년 癸巳條. 정구복, 「생애와 학술사상」, 『반계 유형원의 생애와 사상 - 1999년도 역사학술세미나 - 』, 한국정신문화연구원, 1999 참조.

유형원은 33세 때 進士試에 等第한 뒤 9번 京師에 출입했으나 다시는 應擧한 일이 없으며, 閔維重의 천거 등 몇 차례의 仕宦 기회를 거절한 것으로 보인다. 그의 사상은 특별한 師承關係가 없었다고 보는 것이 일반적이나, 그의 당색이 일단 과거의 北人에 연결되는 南人계통이었으므로 학풍 역시 서울 중심의 남인 실학자라고 할 수 있겠다. 그런데 그를 관직에 추천한 사람은 서인이었고[23] 그가 政制論에서 많이 인용한 先儒의 견해 역시 남인계가 아니라 서인으로 분류되는 李珥와 趙憲의 것이었다. 그렇지만 유형원의 사상의 핵심을 이루는 公田論의 기본구상은 남인계 韓百謙의 견해에서 시사 받은 것이 많다. 理氣論에서도 한백겸과 가까웠다.[24] 그의 학문은 "前人의 語言을 死守하지 않았다"는 평가를 받았다.[25] 이는 적어도 특정한 先儒·師門의 敎說을 墨守·追從하지 않았다는 것이며, 自家說의 新創에

---

23) 「磻溪先生年譜」, 『磻溪隨錄』 顯宗 6년 기사 참조.

24) 근년에 와서 역사학계의 한국 실학 연구는 主理論 및 이황 계열의 학맥과의 관련성을 보다 높은 가능성으로 보고 있는 듯하다. 바로 이 점은 실학의 형성과정과 관련하여 언급되어야 할 부분이다. 기호남인인 유형원이 서경덕·이황의 학문을 흡수하고 특히 서경덕 계열의 학자인 한백겸의 영향을 받았다는 것은 주지의 사실이다. 그런데 한백겸은 '四端七情論'에서 율곡의 氣發理乘一途說을 맹공하고 퇴계의 理發氣發說을 적극 지지하였다. 유형원의 性理說은 한백겸의 논리와 너무나 상통하는 점이 많음을 알 수 있다. 조선 후기 실학발생 형성기에 성리학과의 관계를 보여주는 것이다. 그러나 유형원이 37세때 친구인 鄭東稷에게 보낸 편지에서 주자에 대한 불만은 물론 靜庵과 花潭에게까지 의문이 생긴다고 지적하고 있다(이우성, 앞의 글, 결론부분 ; 柳發草錄, 安鼎福修輯, 李家源校寫, 『磻溪年譜』, 연세대학교 인문과학연구소, 1977,. 37세조).

25) 『磻溪隨錄』 附錄, 傳 2쪽. 유형원이 "吾少時 不得賢師 枉費工夫 年來讀書漸知其味"라고 자신의 학문을 '獨學自成'한 것임을 말했고, 자제들에게 "비록 명문의 師에게서 受業傳道하지 못해도 道가 내 몸에 있고 聖賢 經傳이 갖추어져 있으니 진실로 스스로 구하면 그 이치를 깨닫지 못할 것이 없음"을 말했다고 한다(『磻溪隨錄』 附錄, 行狀).

의미를 부여하는 자세인 것이다. 이러한 학문태도는 師承·道統을 절대시하고 異說·新論을 異端邪說로 단죄하기를 주저하지 않는 그 무렵 정통주자학의 학문자세와 비교된다.26) 당시 그는 부안으로의 퇴거를 통해 중앙의 정계·학계로부터 인연을 스스로 단절한다. 이에 따라 모든 官人·儒者들이 결코 자유로울 수 없었던 학연·당색에도 구애되지 않았던 것으로 보인다. 이처럼 유형원은 지방에 머무르며 사회·정치적 환경을 변화시켜 아무런 정치적 이해관계가 없이 사회개혁안을 정리할 수 있었다. 그는 당시 사회상을 정확히 파악하고, 현실적으로 가장 시급한 문제들의 개혁을 구상하였는데, 무엇보다 그 범위가 방대하였다. 당연히 당시의 관인들이 기득권을 지키기 위해 시행하고자 했던 소극적 개혁론과는 달랐던 것이다.

'隨錄'이란 '책을 읽다가 수시로 베껴둔 기록'이라는 뜻이나 제목과 달리 본서는 치밀하게 조선사회의 현실을 분석하고 그에 대한 대책을 제시한 것이다. 스스로 쓴 서문에서 "누 천년간 폐단이 쌓여서 세상이 다스려지지 않고 生民의 화가 극에 달한 현실을 안타까워하여 이를 바로 잡는데 조금이라도 도움이 될까 하여서"라고 심정을 밝히고 있다.27)

『반계수록』은 총 26권으로 구성되었다. 권1~2는 田制, 권3~4는 田制後錄, 권5~6은 田制攷說, 권7~8은 田制後攷說로 저자가 토지제도의 개혁과 그 운영 실태에 대해 깊은 관심을 지녔음을 확인할 수 있다. 권9~10은 敎選之制, 권11~12는 敎選之說로 교육과 과거의 문제점과 그 대책을 담고 있다. 권13은 任官之制, 권14는 任官攷說, 권15~16은 職官之制, 권17~18은 職官攷說로 조선 관료제의 문제점과 정비방안을 제시하고 있다. 권19는 祿制, 권20은 祿制攷說로 관료의

26) 김준석, 앞의 책, 2003, 96쪽.

27) 『磻溪隨錄』, 磻溪隨錄序.

봉급체계에 대한 합리적인 정비방안을 제시하고자 했다. 권21은 兵制, 권22는 兵制後錄, 권23은 兵制攷說, 권24 兵制後錄攷說 등 국방과 군사제도에 대한 내용을 담고 있다. 권25~26은 續篇으로 의례, 풍속, 노비 등에 대해 정리하고 있다. 그밖에 행장과 疏를 담은 부록과 군현제에 대한 유형원의 구상을 담은 磻溪隨錄 補遺가 있다.

『磻溪隨錄』에 나타난 유형원의 구상은 사회·정치의 전반에 걸친 法制의 改革에 있었다. 그의 改革論이 조선왕조 集權體制의 기본구조를 문제 삼고 있는 이상 그 기초에는 확고한 변혁·변법 이념이 전제되지 않을 수 없었다. 우선 『經國大典』의 체제를 전면 수정하는 입장이다. 즉 그의 變法論은 17세기 중엽 조선왕조 집권체제의 法制·規式에 대한 비판의식을 반영하는 것이었다. 그는 당시의 모순현상을 법제의 붕괴와 혼란에서 기인하는 것으로 보았다. 『경국대전』 법제의 기본이념에서 王道·公田制 이념이 다소 결여되고 일관성이 떨어진다고 지적하였다. 그는 "法의 大體에만 의존해서 條緖와 節目이 그 適宜함을 잃어버린 것"이거나,[28] "일에는 先後緩急이 있어 두루 다 실행할 수도 없고 또 한 가지 일에도 端緖條目이 수없이 많기 때문에 이럴수록 條例를 마련하지 않으면 그 일의 득실을 따져서 밝혀 볼 수 없는 것"이라 하였다.[29] 그런데 유형원은 改革事目의 형태로서 制度·規式을 작성해야 할 논리근거로서 體用論, 혹은 道器論을 수용하였다. 이는 本으로서의 道의 중요성을 강조하고 있지만, 그것은 器의 완성, 즉 制度·規式의 완벽한 실현을 위해서는 道가 전제로 되어야 하기 때문일 뿐, 理·道 자체를 物·事보다 더 근원적인 것으로 인정하기 때문은 아니었다.[30]

---

28) 『磻溪隨錄』 卷26, 書隨錄後.
29) 『磻溪隨錄』 卷26, 書隨錄後.
30) 『磻溪隨錄』 序, 1쪽.

다음으로 變法思想의 기저에는 '天理人慾說'의 논리가 깔려 있다. 이는 朱子學에서 강조하는 修養·修道의 개념이 아니라 法制·規範의 모순·폐단을 비판하고 그것의 근거논리로서 天理·人慾說을 원용한 것이다. 法制의 정신에서 보면 三代의 법과 후세의 법은 천리와 인욕의 차이가 있는 것이었다.

> 三代의 법은 모두 天理를 따르고 인도에 순응하여 만든 제도로서 그 요점은 사람들로 하여금 반드시 각자 살아갈 바를 얻게 하여 태평성대를 이룩하는 데 있었다. 그러나 후세의 법제는 한결같이 人慾에 이끌려 구구한 편리를 위해 만든 것으로서, 인류로 하여금 부패타락에 빠지게 하고 천지가 막히게 하였으니 옛 법제와는 진정 상반되었다.[31]

法制를 天理人慾說에 결부시키는 유형원의 관점에서 보면 古法·古制, 가령 井田制, '以田爲本'하는 貢賦, 貢擧制는 天理에서 나온 법제이고, 私田制(地主制), '以人爲本'의 貢役制, 科擧制는 인욕에서 비롯된 제도, 즉 非法·弊法이었다. 그러므로 그러한 비법·폐법에 因習하여 改法을 거부하는 것은 인욕으로 볼 수 있게 된다.

구체적으로 유형원은 고법제를 탐구하고 이를 바탕으로 현실세계에 구현할 이상국가를 기획하고 있다. 그가 탐구하고자 한 이상적인 사회·국가는 "중국 하·은·주 삼대에서 구현된 국가와 왕정"이었다.[32] 이 점 여느 유교 정론가와 다를 바가 없었다. 그런데 유형원은 구체적으로 封建制－井田論－鄕遂制 가운데 크게 비중을 두는 항목을 적출하고 현실 속에서 실현할 방안을 제기하고 있다. 그리고 삼대 고법제의 이상과 현실을 감안한 이상국가가 가까운 시일 바로 조선의

31)『磻溪隨錄』卷26, 書隨錄後.

32)『磻溪隨錄』卷1, 田制上.

땅에 실현되기를 희망하였다. 원리에 대한 탐구로부터 그 원리를 실현하는 구체적 세칙과 절목에 관한 탐구에 자신의 사상적 작업을 매진한 것은 인간의 역사 속에 실현해야 할 초역사적 이념에 대한 확신 때문이었다. 그가 희망하고 기획하려는 이상국가·사회는 "上下 貴賤의 사회 구성원들이 그 직분을 얻어서" 인심은 안정되고 풍속은 넉넉한 사회이다. 그는 이를 "四民이 각기 제자리를 얻은" 사회라고도 표현하였다.[33] 이때 국가는 "민을 기르는 일(養民)"과 "선비를 기르는 일(養士)"을 통해서 士民이 각기 제자리를 얻도록 해야 하는 것이었다.

그런데 三代제도가 天理를 따른 것이고 그 이념은 古今을 통해서 관철되지만 제도는 시대적 현실을 반영할 수밖에 없다. 따라서 17세기 조선의 현실 속에서 이상사회를 실현시키고자 했던 유형원은 "(옛날 삼대의) 典章 制度를 끝까지 탐구하여 그 본 뜻을 얻어서, 이를 (오늘날의) 일에 미루어 조목 하나하나까지 빠짐없이 마땅하게 마련하고", "옛 뜻을 탐구하고 오늘날의 사정을 참작하여, 절목까지 상세하게 갖추고자"[34] 하였다. 유형원의 개혁안은 三代의 典章 그대로의 복원이 아닌 본뜻을 살리되 그것을 현실에 맞게 변형하여 제도 절목으로 다시 고안하는 작업을 추가했던 것이다.

그는 논거를 위해 六經을 포함해서 유교 정치사상 전반에 걸친 주요 개념들을 채용하고, 역사연구, 祖宗朝의 법제를 연구하였다. 또한 그는 여러 지방을 실제 방문하였는데 그것을 통하여 土地·營農, 그리고 農民事情 등 생소한 사안에 대해 정리하고, 언제나 田園이나 農家로 나가서 궁금한 사실을 직접 확인한 것으로 추측된다. 아울러 유형원은 토지, 재정, 관직, 군사 등과 관련한 통계를 확보하여, 자신의 구상에 따라 구성원과 토지의 배치, 조세수취와 재정규모의 상당관계,

33) 『磻溪隨錄』 卷8, 田制後錄攷說下.
34) 『磻溪隨錄』 卷26, 續篇下, 書隨錄後.

군사수효 등을 나열하고 배치하여 구상의 실현 가능성, 구상 상호간의 정합성을 논증했다.[35]

유형원은 자신의 개혁안 달성을 위해 강력한 君主權의 확립과 행사를 내세우고 있다.[36] 그렇지만 그는 국왕이 지닌 天理와 公心에서 개혁의 실현의지가 나올 수 있다 하더라도 그 실현을 담보하는 것은 결국 제도와 법이라고 여겼다. 제도·기획의 공공성, 타당성을 강조하였다.[37] 유형원은 자신이 고안해 낸 제도 절목에 대해 "천하 만세의 治亂의 대체가 여기에 있다"고 여겼다.[38] 그러나 유형원은 실현 주체를 자신으로 여기지 않았으며 '有志者'에 의해서 장차 실현되기를 기대했다.[39]

---

35) 김선경, 앞의 글, 2000, 203쪽.

36) 『磻溪隨錄』 卷2, 田制下, 田制雜議附 ; 『磻溪隨錄』 續篇下, 奴隷.

37) 정호훈, 앞의 책, 232쪽.

38) 『磻溪隨錄』 卷25, 續篇 上.

39) 『磻溪隨錄』 卷26, 書隨錄後, "嗚呼 徒法 不能以自行 徒善 不足以爲政 苟有有志者 誠思以驗焉 則亦必有以知此矣". 조선현실 속에서 즉각 실현되기를 기대했던 반계의 바램은 당장 이루어지지 못하였다. 유형원의 사후 20년만인 1693년(숙종 19)에 부안현의 선비들은 그를 향사하는 동림서원을 건립하고 다음해 盧思孝 등이 『磻溪隨錄』을 왕에게 바치고 사액해 줄 것을 상소했다. 1678년(숙종 4) 유형원과 교분이 깊었던 배상유가 상소문을 올려 『磻溪隨錄』에서 제시한 정책은 '經國之大本 至治之養規'이므로 이를 시행할 것을 청하였고, 1741년(영조 17) 承旨 梁得中이 경연에서 『朱子語類』 대신 『磻溪隨錄』을 강론할 것을 청하였다. 이러한 노력의 결과 마침내 1760년 예문관에서 3부를 인쇄 간행하였다.

3. 국가구상론의 구조와 지향

1) 公田論의 구상과 전개

(1) 조선왕조의 소농 보호론과 16·17세기 농업문제

조선왕조는 왕조개창 이후 일련의 개혁정책을 통해 소유권과 수조권에 입각하여 복잡하게 전개되었던 농민·토지에 대한 경제적 지배를 점진적으로 소유권에 입각한 단일의 경제제도로 전변시키고 있었다. 이 같은 변동을 거치는 가운데 조선왕조는 한층 강화된 집권적 봉건국가를 재건하여 갔다.[40] 그것은 토지생산력 발달에 따른 소유권적 토지지배 방식의 확대라는 역사적 추세를 반영하면서 새롭게 추진된 과정이기도 했다. 이 시기 사회적 생산력의 기본은 연작농업의 보편적 실현이라는 농업생산력을 바탕으로 한 것이었다. 또한 앞선 시기보다 국가직속 양인층의 소농경영이 확충되었다. 이 단계에서 양인 자영농을 중심으로 하는 중세적 소농경영이 우리나라 역사상 전형적으로 정립되고, 거기에 상응하는 신분직역제, 計田法的 수취제 등을 바탕으로 한 국가체제와 사회질서를 구현하기에 이르렀다.

소농경제는 중세 儒者들이 이상적인 사회의 건설에서 지주제 발달로 인한 토지불균과 그로 인한 농민층 몰락을 막는 체제개혁 논리로 검토되고 제시되었다. 소농경영의 재생산은 중세국가운영에 있어 기반을 이루는 公經濟 영역이다.[41] 따라서 소농민에 대한 보호는 권농

---

40) 김용섭, 『한국중세농업사연구』, 지식산업사, 2000, 297~298쪽.

41) 소농경제에 대한 이해는 지주제 연구 과정에서 지주제의 발전과 변동을 규명하는 방법의 하나로 제시되기 시작했다. 동양 중세에 있어서 국가의 역할과 그 성격을 추적하기 위한 연구는 지주제 연구의 한계를 극복하고 국가의 전제적 성격과 그에 따른 농민의 존재형태를 보다 명확히 추적하기 위한 방법론으로 제시된 것이다. 소농민경영에 있어 국가가 미치는 영향력은 지대하다. 소농경제란 중세국가의 운영원리로서의 '農者天下之大本'을 실현하기

정책을 통해 지속적으로 배려되고 있었다. 중세국가(조선왕조)의 소농 보호 방안은 지주의 횡포를 견제하는 한편 소농경영을 보장하는 데 있었다. 그런데 지주제의 혁파 논의가 제기되기는 하지만 여전히 지주제는 중세국가의 주요 생산관계로 존속하였고, 결국은 소농민을 보호하기 위한 권농정책만이 유일한 대안으로 나타나게 된다.

조선전기 농업기술의 개량이나 농업생산력 향상, 농지개간은 지주·대농, 자영소농, 전호농민, 빈농 등 향촌사회 여러 계층의 존재를 전제로 하고 또 이들의 생산활동에 의거하여 진행되고 있었다. 따라서 그 과정은 사회분화를 수반하고 있었다. 한편 조선전기 대대적인 농업정책의 전개과정에서 그것을 보다 효과적으로 활용하고 대응한 세력은 부유한 농민층이나 부강한 양반지배층 및 국가 자신이었다. 당시 총력을 기울인 농지개간정책을 주도한 것은 富民과 국가였고 주로 지주제적인 기반 위에서 추진되었다. 조선왕조가 民利·國計를 내세워 자영농 보호, 소농경제 중심의 농업정책으로 전개한 대대적인 개간, 조세감면, 농업기술 개발 등의 정책이 모두 결과적으로 地主·大農에게 유리하였고, 이를 막기 위한 力農論 역시 집약적 농법(精農論)의 강조 사실과 관련되어 역시 지주·대농에게 유리한 것이었다.[42] 力

위한 경제운영 방식이었기 때문이다. 소농경제는 지주제를 중심으로 한 사경제에 대해 공경제의 영역이다. 지주제에 대한 분석을 통하여 중세국가의 계급적 성격을 추적할 수 있다면, 소농경제에 대한 연구야말로 중세국가의 공적 성격을 이해할 수 있는 근거가 된다. 따라서 소농경제에 대한 이해는 중세사회의 두 축인 지주제와 소농경제를 전제로 한 것일 때 그 성격을 명확히 파악할 수 있다(최윤오, 「조선후기 사회경제사 연구와 근대 - 지주제와 소농경제를 중심으로」, 『역사와 현실』 45, 2002).

42) 이경식, 『조선전기 토지제도사연구』Ⅱ, 지식산업사, 1998, 540~542쪽. 力農論은 이념상으로는 신분계급의 상하질서와 지주와 전호, 대농과 소농의 상하관계 및 그 토지의 소유·경영규모의 대소관계가 일치하는 현실을 전제로 하고 동시에 이를 바탕으로 한 사회안정을 도모하고 있었던 것이며, 이 범위

農·精農論은 실제 농업생산의 담당자인 자영소농이나 전호농민의 몰락이 심해지고 사회경제적 분화가 커지면서 동요하게 되어 있었다. 그러나 어떤 형태의 토지개혁도 기대하기 힘든 사안이었으므로 역농 자체는 더욱더 강조될 수밖에 없었다. 15세기 내내 限田法과 五家作統法이 제시된 것은 조선왕조의 소농·자영농 보호정책의 지향에 적지 않은 문제가 있음을 보여준 것이다.[43]

이처럼 조선전기에 전개된 제반 농업정책은 소농민의 보호 육성을 통한 국가의 집권력 확보, 체제 확립을 위한 정책이었으나 계급적으로 대농·지주에게 유리한 결과를 야기했다. 더욱이 16세기로 접어들면서 과전·직전체제가 붕괴되어 토지매매에 가해졌던 제약이 풀리게 되고, 이로 인해서 토지겸병이 성행하게 되었다. 이 시기 토지겸병의 폐해를 극복하기 위한 限田論·토지개혁론이 재차 그리고 강하게 제기되고 있었다. 중소지주와 거대지주 사이의 대립도 점증되어 갔고, 부농과 빈농의 알력, 지주와 전호의 갈등도 증대되었다. 조선의 토지·농업문제는 서서히 새로운 국면 곧 사회경제상의 체제 문제로 전화되었던 것이다. 당 시기 한 사람의 지주가 집적하는 농지는 수백 결에 달하고, 한 고을의 농지는 대지주 5~6명에게 집적되는 상황이 지적되었다.[44] 이 과정에서 명종조에 이르러 '임꺽정란'을 비롯한 '농민

내에서 소경영 농민의 생산 주체성에 입각하여 多耕多耘과 의류작물 재배의 병행 등 농업근로를 최대로 강조하는 精農을 내용으로 하고 있었던 것이다. 이 力農이 추구하는 것은 소경영 농민의 노동집약과 盡力으로 농업생산이 증대하는 위에서 수립되고 또 이를 촉발하고 있었다. 精農論의 농경법은 현실적으로 일반 소농민들에게는 부담스러웠고 地主·大農層에 적절하였다.

43) 오영교, 「향촌대책과 오가작통제의 성립」, 『조선후기 향촌지배정책연구』, 혜안, 2001, 218~226쪽.

44) 『中宗實錄』 卷33, 中宗 13년 5월 乙丑, 15-445, "一邑之內 一人有田百餘結 若過五六年 則一邑之田 必聚於五六人家 是豈可也".

항쟁'이 집중적으로 발생하는 등 사회상황이 어려워진다.[45] 이는 임란 직전의 조선왕조의 농업체제가 안고 있는 모순구조를 보여주고 있다.

이에 대해 조선왕조는 無田농민에게 산업을 주며 소농경제를 안정시키고자 하는 농업정책을 공개적으로 논의하고, 그 방안의 일부를 정책에 반영시키고자 했다. 중종조의 관료들은 대지주층의 토지소유 토지겸병 상황을 문제삼고 사회적 불평균의 모순을 타개하기 위해 균전적 토지개혁론의 시행을 검토하였다.[46] 그러나 당시 균전론의 제기에 대해 이해 당사자인 양반지주층의 반대가 심했고, 국왕 중종도 '均田果是美事 而勢難行'이라던지 '均田之事 其勢今不可行'[47]이라 하여 여론의 대세를 이유로 찬성하지 않았다. 이때 토지소유의 상한을 50결로 한정한다는 限田制와 관련된 논의가 진행되였다.[48] 이는 戶籍定式상의 大戶의 전결소유 하한이나 中戶의 전결소유 상한과 같은 것이었고, 따라서 이처럼 느슨한 규정으로서는 대지주층의 토지겸병을 제약하고 無田之民에게 일정하게 산업을 주어 사회적 불균형을 해소시킨다는 취지를 살리기 어려웠다. 그나마 이 50결 상한제 역시 규정대로 시행되지 못했다.[49]

이로 보건대 임란 직전까지 대지주층의 토지를 몰수 또는 제한하여 무전지민에게 분급하고, 이를 통해 자영소농층을 안정적으로 유지하고자 하는 것은 혁신적인 대책이 아니면 불가능했던 것이다.

---

45) 한희숙, 「16세기 임꺽정난의 성격」, 『한국사연구』 89, 1995 ; 고승제, 「16세기 천민반란의 사회경제적 배경」, 『학술원논문집』 19, 1980.

46) 『中宗實錄』 卷21, 中宗 10년 2월 癸卯, 15-59 ; 卷36, 中宗 14년 7월 癸巳, 15-550.

47) 『中宗實錄』 卷33, 中宗 13년 5월 乙丑, 15-445.

48) 『中宗實錄』 卷33, 中宗 13년 5월 丙寅, 15-446.

49) 無田之民에게 '逃亡絶戶人田'이나 '未耕田'을 경작케 함으로써 점진적으로 산업을 갖게 하려 했다는 점에서, 다소나마 의미가 있는 것이라 하겠다(『中宗實錄』 卷33, 中宗 13년 5월 丙寅, 15-446).

한편 양란 후 어느 계층을 농업재건의 기초로 삼을 것인가 하는 문제는 거듭 제기되었다. 이는 당시 정치운영과 관련하여 집권체제의 상징인 국왕권과 봉건의 상징인 양반지주층 간의 갈등·대립을 수반하는 것이기도 했다. 그런데 당시 국왕 宣祖는 집권체제의 정비를 위해 자영소농층을 기반으로 삼으려는 노력을 시도하였다. 宣祖년간 민간 사이에서 불리어진 「雇工歌」는 임란 직후 복잡한 당시의 농업사정을 반영하고 있는 것이었다. 「雇工歌」와 「答歌(答雇工歌謠)」의 내용이 임란 후 농업재건이라는 목표를 둘러싸고 상호 대립되고 있음을 알 수 있다. 전자는 宣祖 御製 혹은 武人 許墺의 작품으로 알려졌는데 고전유학의 입장에서 자영농민층 중심의 농업·토지론을 근거로 하는 것으로 평가된다. 후자인 「답가」는 梧里 李元翼의 작품으로 알려졌는데, 朱子의 지주층 중심의 농업론을 근거로 한 것으로 평가되고 있다.[50] 특히 전자는 임란 전에 대토지소유가 발달하는 가운데 한전제조차 철저하게 시행할 수 없었던 조건 하에서, 그리고 임란 후 전란으로 인하여 파괴된 농업생산을 재건하지 않으면 안되었던 국가적 위기 상황 하에서, 이를 기회로 삼아 종래의 조선농업이 안고 있던 모순구조(無田농민이 10분의 3이나 되는 농업체제)를 다소나마 개혁하려는 정치·경제적 의미를 내포했다. 물론 현실적으로 지주제 유지론의 주장이 강하게 먹힐 수밖에 없는 구도였다. 그러나 차후에라도 전개될 개혁의 목표와 지향점은 이를 통해 제시된 셈이다.

당시 「雇工歌」의 전승, 1608년(선조 41) 한백겸의 '箕田說' 발표 등이 향촌사회 내에 많은 영향을 끼쳤을 것이고, 그 결과 지식인이나 농민층 사이에서 주자학의 농업 토지론을 부정하고 孔孟學(원시유학)의 토지론을 이상으로 여기는 분위기가 시대사조로서 확산되었을 것이

50) 김용섭, 앞의 글, 2002.

다. 그리고 농업상의 모순구조가 더욱 심화되고, 공맹학과 주자학의 본질이 학자들 사이에서 학문적으로 비교 연구되는 것과도 관련하여 『磻溪隨錄』에서 볼 수 있는 바와 같은 체제변혁·국가재조론을 위한 농업개혁 토지개혁사상이 자연스럽게, 그리고 적극적으로 전개될 수 있었던 것이다.

(2) 유형원의 공전론

17세기 政論家·儒者들 사이에서는 당 시기 최대 현안인 토지문제·농업문제를 둘러싸고 다음과 같은 의견이 대립되고 있었다.

먼저 朱子學的 農業論에서는 身分制와 아울러 地主制를 긍정하고 이를 보수·유지할 것을 목표로 하였다. 朱子 자체가 토지문제의 해결을 위해 井田的인 이념을 지닌 均田制를 시행할 것을 언급하면서도, 그러한 토지제도가 현실적으로는 실현될 수 없다고 하였다. 결국 토지문제를 해결하기 위한 朱子의 주장은 지주와 전호가 각자의 봉건적인 본분을 지키는 가운데 협조하는 것과 현 체제 내에서 제도운영을 잘 하면, 사회질서가 안정되리라는 것이었다.

朱子道統主義者들은 儒者－官人－地主의 입장에서 井田論·箕田論으로 집약되는 토지제도 개혁론에 반대하였다. 사실 箕子 井田을 긍정하는 점에서는 당시의 정전론자·토지제도 개혁론자와 일치하였지만 그 실현 가능성에 대해서는 부정적인 입장을 취하고 있었던 것이다. 그들은 토지제도의 개혁보다 더 우위에 두어야 할 사안이 綱常倫理에 의한 사회기강의 정상화라고 생각하였다. 즉 농민층의 최저재생산을 보증하는 선에서 賦稅制度를 개선하고 대신 綱常질서의 확립을 최대한 도모하여 사회불안·민심의 동요를 규제해 가려는 것이었다.

반면 朱子學的 農業論에 반대하는 학자들은 봉건적인 신분제의 폐지와 아울러 地主佃戶制를 중심으로 토지제도를 전면적으로 개혁할 것을 주장하였다. 특히 양란 후 국가재조의 문제와도 관련하여, 반주자학적 토지론의 주장과 시행방안을 본격적으로 제시하였다. 주자가 시행하기 어렵다고 여긴 지주제·대토지소유제를 개혁함으로써 小農經濟를 안정시키려는 견해였으며, 그 바탕 위에 조선왕조를 탄탄하게 재조하려는 견해였다. 그런데 이것은 이 시기의 국가가 현실적으로 지주층의 입장에서 지주제를 기반으로 추진하려 한 농업정책과는 입장을 달리한 것으로 체제 부정적인 개혁론이 되기도 하였다. 이 시기 이러한 견해는 '井田論'·'均田論'·'限田論'·'減租論' 등으로 다양하게 전개되었다.[51]

후자의 입장에 서 있는 유형원은 토지문제를 모든 제도에 우선하는 중요 사안으로 꼽고 있었다.

> 토지는 천하의 근본이므로 근본이 바로 서면 모든 제도가 온당하게 되며, 근본이 문란하면 온갖 제도가 따라서 마땅함을 잃게 되는 것이니, 실로 정치의 본질을 깊이 이해하는 자가 아니면 天理와 人事의 이해득실이 여기에 귀결됨을 알지 못하는 것이다.[52]

그가 염두에 두었던 삼대의 토지제도는 정전제였으며 정전제의 이상성에 대해 유형원은 다음과 같이 지적하고 있다.

> 옛 정전법은 지극한 것이었다. 경계가 한 번 바로 잡히면 만사가 모

---

51) 김용섭, 「조선후기 농업문제와 실학」, 『東方學志』 17, 1976 ; 「조선후기 토지개혁론의 추이」, 『東方學志』 62, 1989.

52) 『磻溪隨錄』 卷1, 田制上, 分田定稅節目.

> 두 제대로 거행되어, 민은 항구한 생업을 갖게 되고, 兵은 搜括하는 폐단이 없어지고, 貴賤 上下는 각기 그 직분을 얻게 된다. 이로써 민심은 안정되고 풍속은 적적해진다. 옛날 수백 천년 동안 나라를 튼튼히 유지하고 禮樂이 떨쳐 일어났던 것은 이 같은 근본이 바탕에 있었기 때문이다.[53]

민들은 정전제에 의해 토지를 받아 경작하고 군사적 의무와 조세의 의무를 진다. 유형원은 이러한 삼대사회야말로 민이 恒産을 지니며, 도덕이 실현되고 군자와 선비가 교화와 정치를 담당하는 이상사회가 될 수 있다고 보았다. 이처럼 井田制는 恒産의 보장이라는 이른바 仁政論·王道政治論의 핵심이었다. 따라서 儒者라면 누구나 井田制의 이념과 實在를 인정하는 것이었다. 이에 유형원은 정전제의 이념에서 자신의 토지개혁의 이념을 가져오고자 했다. 그러나 비록 정전제가 이상적인 제도라 하더라도 시대적 조건과 조선의 현실을 감안할 때 문자 그대로 시행할 수 없다고 여기고 별도로 公田制를 구상하게 된다.

그 이유는 우선, 地宜的으로 볼 때 조선의 현실이 정전을 구획할 만큼 지세가 평탄하지 못한 점, 다음으로 8家가 公田(井의 1구획)을 공동으로 경작하여 그 소출을 조세로 내는 방식은 관리가 어렵다는 점, 그리고 정전제와 봉건제가 결합되어 이루어진 사회체제는 토지, 祿과 爵을 매개로 사회·정치적 관계가 이루어짐을 감안할 때, 조선사회는 실질적으로 군현제가 시행되고 있어 봉건제 체제 하에서 가능한 采地나 世祿이 없는 士夫와 士에 대한 별도의 대책이 필요하다는 것이다.[54]

결국 유형원은 17세기 중엽 조선의 최대 사회·정치 현안인 토지문

---

53)『磻溪隨錄』卷1, 田制上.
54)『磻溪隨錄』卷1, 田制上.

제에 대해 公田論을 시행하여 '重民勤國 均賦薄斂'하는 방법으로 해결하려 하였다.

> 公田은 공평하고 고르며 私田은 사사롭고 편벽된 것이다. 공전이라야 민의 산업이 항구하며 인심이 안정되고 교화를 이룰 수 있고 풍속을 넉넉히 할 수 있어서 만사가 그 분수를 얻지 않음이 없게 된다. 사전은 일체 이와 상반된다.[55]

개인과 국가사회의 존재·목표를 실현하는 방법은 당연히 토지의 사유에서보다 공유에 의한 관리·지급방식에 있다고 할 수 있다. 이에 따라 공전제는 여타 모든 제도의 근간이 되는 것으로 빈부의 均平, 호구와 軍丁의 파악, 분수와 教化의 확립, 토지와 부역의 일치를 기대하는 방안으로 제시되었다.

유형원의 공전론은 井井方方의 토지구획과 900畝·9家라는 정전의 외형에 구애받지 않고 지형지세의 실정에 맞추어 구획하되 본래 이념에 충실한 토지분급 방식을 고안해내는 일이었다. 또한 공전론의 특징은 土地와 人丁의 一致를 통해서 民의 恒産을 보장하는 가운데서도 국가의 수취는 적절히 달성한다는 데 있었다. 그리고 이때 토지와 인정의 결합방식은 '以靜制動', 즉 '以田爲本'의 원리였다.[56]

이와 같은 이념과 원칙 위에서 마련된 토지구획과 受田의 방법을

---

55) 『磻溪隨錄』 卷2, 田制 下 田制雜議附.

56) 周나라 철법 단계에서는 夏나라의 공법과 殷나라의 조법이 결합된 형태로 정전제를 시행하였고, 하·은·주 모두 1/10세를 이상적인 세율로 삼고 있었다. 箕田과 철법 정전제는 '以地爲本'으로서 전제문란의 제현상을 일거에 혁파할 수 있으며, 나아가 '以人爲本'하는 균전제의 제반 모순을 일거에 타개할 수 있는 것으로 주목되었던 것이다(『磻溪隨錄』 卷25, 續篇上 序 ; 최윤오, 「반계 유형원의 정전법과 공전제」, 『역사와 현실』 42, 2001, 152~153쪽).

'分田定稅節目'을 중심으로 정리해보면 다음과 같다. 첫째, 전국의 토지는 實績 기준의 頃畝法에 의거해 구획하되 이것이 불가능한 지형지세에서는 開方法을 써서 '折補以成頃'하며, 짜투리 땅은 餘田(수십畝 혹은 1, 2 畝)이라 하여 이를 다시 모아 경작하도록 했다. 4頃=1田(=1町)을 한 단위로 하여 4人 농부가 1頃(=1田)씩 경작하고 4경 4인 가운데서 1인이 丁兵, 나머지 3인은 保로서 米 12斗나 綿布 2疋을 내어 군역에 충당한다. 이때 公私外居奴도 당연히 受田하되 다만 2경 가운데서 1인이 束伍軍에 출역하고 1인은 丁兵과 마찬가지로 그 보가 되게 한다. 壯丁 4인을 공동책임으로 병농일치제를 운영하는 방안으로서 토지와 인민을 동시에 관리하여 전제와 역제의 문제를 해결하는 형태이다.[57] 상위 신분층을 우대하면서도 良賤을 막론하고 농민에 대해 동일한 受田原則을 마련한 점에서는, 그 군역의 차등한 규정에도 불구하고 생산노동력의 균질성을 인정하고 있는 것으로 보인다. 농본주의·소농경제 확립의 인적 기반 구축을 의도한 것으로도 볼 수 있겠다.

둘째, 농지를 구획하여 田野頃으로 하는 것과 마찬가지로 경무법을 써서 閭里頃·站店頃·城邑頃을 설정하도록 하였다.[58]

셋째, 士(양반)는 관직에 나가지 않아도 입학만 하면(增廣生이나 外舍生·內舍生) 2경이나 4경의 토지를 받을 수 있고 군역의 의무는 면제하도록 했다. 관인이 되면 資品에 따라 6경에서 12경의 토지를 받으며(退官 후에도 계속 耕食함), 또 1佃1人의 출병이 면제되고 仕宦 중에는 별도 소정의 祿을 받도록 했다. 특히 왕실의 (大)君·公(翁)主 등에게는 모두 12경의 기본 지급 이외에 별도로 賜稅를 최고 500斛地에

57) 윤용출, 「유형원의 役制 개혁론」, 『한국문화연구』 6, 1993, 397~398쪽.

58) 이에 관해서는 본서 수록 「조선후기 실학파의 지방제도 개혁론」 2장에서 상론.

서 최저 100곡지에 이르기까지 차등 있게 지급하도록 하였다. 胥吏·僕隷에게는 京商의 경우 오직 祿만 지급하고 외방에서는 祿과 田을 반반으로(田50畝限) 入役 후 지급하고 軍役은 모두 면제하였다. 工·商人에게는 50畝를 급전하고 保布(軍役)도 半額만 부과하여 공·상의 專業만으로는 불완전한 생계를 藉賴하도록 하였다.

유형원이 구상한 토지분급 방식은 민에 대하여 그 신분과 資級에 따라 차등적으로 토지를 분급하고, 이를 근거로 전세를 수취하여 국가를 운영하려 하였다. 민은 생업에 따라 농민, 상인, 장인, 어염 종사자로 분류되며 농민에게만 1경을 분배하고 공상은 그 절반이고 어염업 종사는 그것만으로 생업이 가능한 경우는 토지분배에서 제외된다. 그리고 민은 토지를 받는 대신에 조세를 부담하며 특히 일반 군역, 속오군역, 기타 잡색역의 대상이 된다. 유형원은 노비를 민의 범주 내에 통합시키고 있다. 따라서 노비도 평민과 마찬가지로 그 생업에 따라 분급받는 토지의 규모가 달라질 뿐이다. 다만 아직 노비제가 유지되고 상전에 대한 신역을 지고 있으므로 부담이 덜한 신역인 속오군역에 편제하고 있다. 이처럼 노비의 受田과 出軍을 명시한 단계에서 유형원은 기존 노비가 담당한 노동력 부분을 해결하여야만 했다. 노비신분의 세습제도는 폐지를 전제하였으나 급속하고 전면적인 전개에는 무리가 있다고 보았다. 노비가 사대부의 세습적 발판이 되고 있다는 점을 고려하였다. 따라서 노비제의 전면폐지보다는 철저한 奴婢從母法을 실시하고 노비 傭役制(雇工制)의 확립을 통해 점진적으로 목표를 달성해야 할 것으로 생각했다.[59] 노비종모법은 노비의 양인화와 노비인구의 자연감소, 양인의 상대적 증가를 도모화하려는 방안이었다. 또한 고공제의 실시 모색은 농업생산력과 상품화폐경제의 발전, 이에 수

---

59) 『磻溪隨錄』 卷26, 續篇 下 奴隷.

반해서 전개되는 농민층분해와 임노동층의 형성 등 사회경제구조 전반에 걸친 변동이 일어나고 있던 시기적 상황을 반영한 것이었다. 인신적 지배예속관계에 기초하는 노비 사역제가 개인의 성취동기를 일체 부정하고 오직 강제에 의한 생산성 보장이라는 한계가 있는 것임에 비해 용역제는 임의의 선택에 의한 계약노동관계라는 점에서 雇主와 雇工의 상호 권리와 책임을 전제로 한, 노동생산성의 향상을 기대할 수 있는 제도였다.

受田原則에서 유형원은 상대적으로 士類를 우대하는 규정을 마련하였다. 이들이 봉건사회와 달리 治者로서의 직분과 지위를 보장받지 못하는 점을 감안하여 일반 민보다 더 많은 토지를 분급 받도록 배려하고, 학문과 도덕을 닦는 일에 전념할 수 있도록 學生이라는 직역을 부과하여 군역을 지지 않도록 조치한 것이다. 결국 그는 토지를 지급받는 자의 신분과 처지에 따라 토지 규모에 차등을 주는 限田制를 겸용하였던 것이다.[60)]

그런데 유형원은 수전자의 신분에 상관없이 모든 토지 및 대지는 공전으로 상정하고 있다. 이들 토지는 개인에게 분급되어 개인이 이용하지만 분급 이후에 사정이 바뀌면 다시 환급되고 재분급되어 그 소유권은 공공의 것이라 하였다. 이러한 토지분급 방식의 특성은 士類의 기득권을 어느 정도 인정해 주면서도, 토지의 授受管理 기능에 의거하여 이들의 사회경제적 기득권을 제한하게 되어 상대적으로 소농중심의 농업생산력 발전을 도모할 수 있는 것이 된다. 이와 더불어 사류 외에 사회 각 직종에 종사하는 자들의 형편을 자세히 헤아려 모두가 受田할 수 있도록 배려하고 항산을 지닐 수 있게 한 것은 이들과 연계하여 차후 유통경제・상공업의 육성을 구상하려 한 것으로 보인

---

60)『磻溪隨錄』卷1, 田制 上, “今兼取限田法 儒士以上 定田有加 而免其出兵”.

다.[61]

이와 같이 유형원의 공전론은 지주제, 소농경제와 국가의 관련성을 체계적으로 검토한 개혁론이었다. 국가와 지주, 소농 三者의 이상적인 관계를 설정함으로써 국가를 부강하게 만들고 농민에게는 항산을 제공한다는 방안이다. 그가 공전론을 주장한 것은 토지소유의 不均과 過大化, 즉 私田化되어 가는 지주전호제의 모순을 목격하고 그것을 비판하는 데서 비롯되었다. 토지의 사유와 지대의 수입을 통한 경제적 이익의 확대가 보장되는 한 토지의 매매, 농민의 유리와 호구·군정의 감소, 신분의 귀천과 分數의 혼란 등 사회경제적인 부조리·무질서로 이어진다는 것이었다.

이러한 비판은 양란 후 더욱 가중된 사회경제적인 모순과 이로 인한 집권체제의 위기를 정확하게 인식한 것이라 할 수 있다. 개인과 국가사회의 존재·목표를 실현하는 방법은 당연히 토지의 私有에서보다도 公有에 의한 관리·지급방식에 있다고 여긴 것이다. 공전론은 토지와 인간의 효율적·합리적 결합방식이므로 각 개인의 성취기회를 균평히 조정하는 일이기도 하지만 동시에 '분수'로 표현되는 각 개인·계층의 사회적 지위와 所任을 정상적으로 수행하도록 보장하기 위한 방안으로도 생각되는 것이었다.[62] 유형원이 제시하는 공전론의

61) 유형원의 공전구상은 '토지에 민을 긴박시키려는 중세봉건체제의 논리가 아닌가에 대한 질문'이 제기되고 있다. 이에 대해 유형원이 '民是吾民 地是吾土'(『磻溪隨錄』 卷2, 田制 下, 田制雜議附)라는 것처럼 공전을 민과 토지의 상호관계에 뒷받침되는 제도로 인식하고 있는 것에 비추어 볼 때, 공전을 받는다는 것은 스스로 받을 자격이 주어졌기 때문에 주는 것으로 분급 받는 자의 주체성이 있음을 강조하고 있다는 것이다(김선경, 앞의 글, 2000, 216쪽 참조).

62) 김준석, 「柳馨遠의 公田制理念과 流通經濟育成論」, 『人文科學』 74, 1996, 230~236쪽.

현실적인 의의는 일단 사적 소유권에 입각한 대토지소유와 지주제 경영방식을 부정하고 소농경제 중심의 농업체제를 지향하는 데 있었다. 농민의 이익과 요구를 반영하여 농민의 부담을 줄이고 사회 생산력의 향상을 도모하는 것으로서 진보적인 의미를 지닌다고 할 수 있다.

2) 鄕政論－閭里頃·鄕里制·鄕官制

촌락이 자연촌 내지 광역의 자연촌과 치환될 수 있다면, 이러한 자연촌을 국가의 공적 사회제도인 면리제로 포섭하여 상위의 군현범위로 그 외연을 확대시킨 것이 향촌사회라고 할 수 있다.

향촌사회는 향교를 기준으로 향회, 향음례, 향사례 등이 수행되는 공동체적 특징을 지니며 행정구역상 군현의 단위를 일컫는다.[63] 따라서 향촌사회에는 성씨별 문중·가족·친족 등의 원기적 사회단위와 촌락·동족마을·향약·계·향안 등의 사회조직이 내재화되어 있다. 이 위에 공적 사회제도가 존재한다. 사회제도란 사회의 단위와 조직을 국가차원에서 지배의 논리에 적합하게 재편한 것으로 국가의 민에 대한 지배양식을 표현한다. 사회제도의 정치영역으로 각종 지방제도 즉 郡縣制(守令制)·面里(洞·村)制·五家統制 등을 들 수 있다.

이처럼 향촌사회는 사회단위와 조직을 바탕으로 역사주체로서 성장하여 가는 민이 그 주체로서 역량을 실현할 수 있는 일차적 정치영역이 되는 곳이다. 무엇보다 지역 내 행정적인 제도 차원에서 이루어지는 일상적 정치과정은 물론이고 여기에 포괄되지 않는 광범한 사회적 욕구의 결집 또는 조직화와 그들간의 대립, 타협, 배제 등의 넓은 의미의 정치과정이 행해지고 있었다. 다음으로 경제적 영역에서 경제

63) 정승모, 「농촌정기시장체계와 농민 지역 사회구조」, 『호남문화연구』 13, 1983, 156쪽.

체제와 계급관계의 재생산관계가 역동적으로 작동하고 상호 연계되어 있었다. 또한 이데올로기 영역에서 사회통합과 권력관계 내지 사회체제의 안정화를 위한 헤게모니 혹은 지배적 상징질서가 재생산되고 있었다. 이처럼 향촌사회 내에는 미시적 행위나 규범, 관행 및 제도, 구조들이 존재한다. 향촌사회의 생활세계는 서로 상대적 자율성을 지닌 채 구조적 인과력을 가지는 정치, 경제, 이데올로기(문화)로 구성되지만 그 각각이 단편화되어 있지 않고 복합적 중층적으로 얽혀 사람들의 일상생활과 상호작용이 이루어지는 총합적인 생활세계를 형성하고 있었다.[64]

특히 17세기 들어 공적 사회제도(郡縣制・面里制・五家統制)의 운영과 지배실체, 또한 '중앙정부 차원에서 마련된 향촌지배정책이 향촌 현장에서 구체적으로 어떻게 시행되는지'의 문제, 그리고 재지사족의 존재와 사적 사회조직으로서 향회, 향약・동계의 운영실태의 문제에 대한 유자・정론가들의 정치・사회적인 정견이 집중적으로 제기되었다. 이는 왕도정치가 口頭善만이 아닌 구체적으로 실천되어야 하는 명제라 할 때 그 실현의 場은 향촌사회였고 향촌문제의 해결이야말로 政事의 要諦라는 인식에서 비롯되었다.

유형원은 국가 전체계에 걸친 개혁방략을 제시한 가운데 특히 지방제도의 정비, 鄕政論의 운영논리를 설명하고 있다. 지방사회는 국가의 하부단위인 군현과 자치적 성격을 지닌 향촌사회(鄕黨)가 중첩되는 공간이었다. 향당은 봉건제 하에서 실질적으로 養民, 敎化, 政令, 형벌 등을 담당한 지방조직인데, 조선적 현실(군현제) 하에서 향당제의 본질을 군현제와 어떻게 조화할 것인가 역시 중요한 사안이었다. 특히 군현의 수령과 향당의 지배층과의 관계 설정이 과제였다. 앞서

64) 이윤갑, 「생활세계로서의 지방사회와 지방사연구」, 『대구사학』 64, 2001, 17~18쪽.

살펴본 것처럼 유형원의 개혁안은 토지제도의 근본적인 개혁, 소농경영의 확립을 바탕으로 재정체계・국방・학교제・공거제(관료제) 등의 정비가 핵심 사안이다. 따라서 그의 대향촌정책, 향정론은 이상의 정치제도 개혁론과 구조적으로 연결되어 있었다. 유형원의 향정론은 향촌공간 구조에 대한 개혁론으로서 閭里頃・鄕里制, 재지세력에 대한 대책으로서 鄕約制・鄕官制 개혁론이 있다.

유형원은『磻溪隨錄』의 田制 敎選之制와「補遺」의 郡縣制條를 통해 일정 공간을 법제적으로 조직하고 생산의 담당자인 기층민을 편제시킨 향촌제도의 개혁안을 제기하였다. 그는 封建 즉 '設官分土'야말로 天下를 經理하는 '大綱大器'라 규정하고 백성으로 하여금 항산을 누리고 '各得其所'하게 하는 고법제 상의 표상이 봉건제라고 규정하고 있다.[65] 이에 따라 先王의 古制인 周代 封建制의 이념을 도입하고 이에 입각하여 실질적인 향촌내 조직체계와 諸職任을 임명하고자 했다.

유형원은 鄕村의 政制를 기본적으로 復心이 되는 京師에 대응하여 四方을 藩屛으로 설정하고 諸候가 天子의 번병을 다스리듯, 조선의 경우 監司가 번병을 감당하도록 했다. 번병을 강고하게 하는 것이 곧 국가를 반석의 기세 위에 올려놓는 것이라 하여 주대 봉건제의 '굳건한 번병이 외침을 막고 宗室을 보호할 수 있다'라는 논리를 적극적으로 추종하고 있다.[66]

---

65)『磻溪隨錄』卷17, 職官攷說 上.

66) 이는 李珥의 '서울은 곧 腹心이요 四方은 곧 울타리니 울타리가 完固한 뒤에야 腹心이 믿는 바가 있어 편안한 것인데 지금 四方 고을은 쇠잔하여 해어지지 않음이 없고'(『磻溪隨錄』卷13,「任官之制」, 263쪽)라는 논리를 계승한 것이다. 그 밖에 李珥가 통치기구의 재편을 위해 비대화된 통치기구를 축소하고자 하는 '冗官革罷論', 對民支配의 일선을 담당하는 지방관을 보다 중시하자는 '外任重視論', 책임행정의 구현을 위해 관직의 재임기간을 충분

유형원은 군건한 번병의 완성을 위해 첫째, 행정구역의 정비로서 郡縣의 倂省을 도모하였다. 그는 면적이 협소한 조선의 현실에 비추어 小邑이 난립하는 地小邑多 현상으로 인해 제대로 된 政事의 수행과 부역의 부과에 어려움이 많음을 지적하였다. 결국 쇠잔한 縣은 합치고 줄여야 한다고 하여 이를 위해 『경국대전』 상의 330여 개의 군현수를 3분의 1 정도로 감축하려 했다. 군현통합의 기준은 山川의 形勢와 田野의 크기·人民의 다소, 그리고 守備상의 關防城池, 交通상의 道路, 軍事상의 要害 등이었다. 이상의 요소를 참작하여 大府·都護府(4萬頃), 府(3萬頃), 郡(2萬頃), 縣(1萬頃)의 규모를 설정하고자 했다.[67]

둘째는 번병의 諸侯에 해당하는 감사가 오랫동안 임직을 수행하여 제반 鄕村事의 緩急을 감당해야 한다는 점이다. 이의 연장으로 수령에 의한 향촌사회 主宰權의 정립도 강조하고 있다. 그리고 감사·수령의 久任論을 통해 정치에 있어서 人心 즉 민의 신뢰를 얻는 것이 제도의 시행보다 우선한다는 점을 강조하였다. 이와 관련하여 수령의 경우 임기 9년, 觀察使·都事의 경우 6년을 임기로 정하도록 했다.[68] 또한 守令을 거치지 않는 자는 堂上官(正3品)職에 陞遷하지 못하도록 규정하였다.[69] 즉 외관중시론, 내외관 순환론을 강조하여 外職 기피풍조를 비판하였고 향촌사회에 농민에 대한 진정한 장악력 강화를 도모하였다.[70]

히 해야 한다는 '官職久任論'을 주장했는데 그 이념을 柳馨遠이 계승한 것으로 볼 수 있다(李先敏, 「李珥의 更張論」, 『韓國史論』 18, 1988, 266~267쪽).

67) 『磻溪隨錄』 卷15, 職官之制 上 外官職, 313쪽 ; 『磻溪隨錄』 「補遺」 卷1, 郡縣制.

68) 『磻溪隨錄』 卷13, 仕官之制.

69) 『磻溪隨錄』 卷13, 任官之制.

하부구조인 향리에 대한 유형원의 조직안은 생산수단인 토지의 지급과 이를 담당할 생산주체로서의 가호를 일정 수 배치하는 것이었다. 집단 취락지로서 閭里頃의 설정과 기존 면리제의 정비를 전제로 한 鄕里制의 시행을 들 수 있다. 전자는 「田制」 上篇에서 후자는 「田制後錄」 上篇 및 「補遺」 郡縣制條에서 각각 언급되었다.

유형원은 토지분급제의 전면적인 실시를 주장하면서, 이와 관련하여 생산을 도모할 집단거주지, 즉 여리경을 설정하려 했다. 여리경은 20가 단위로 1경을 定置한 것으로 생산단위를 최하 공적 사회제도에 결부시키고자 했던 것이다. 유형원은 거주지로서 여리경, 城邑頃 및 大路沿邊의 站店頃을 두어 경작지인 田野頃과 구분하였다.[71] 그런데 여리경의 시행은 대대적인 전제개혁과 맞물려 있었다. 즉 지급해야 할 토지와 受田人의 지역 조정을 목표로 인구가 많은 狹鄕에서 토지가 넓고 사람이 드문 寬鄕으로 옮기도록 유도하고 있다. 이와 같은 인구분산은 토지 지급시 일어날 수 있는 문제를 사전에 해결하려는 것이며, 이를 통해 향촌의 균형적 편제가 가능함을 보여주는 것이다. 이상의 원리가 여리경에도 반영되어 徙民策의 단행이 모색되었다.[72]

이와 같이 유형원의 여리경은 토지분급을 전제로 20가내의 隣保關係와 相互扶助의 원칙을 관철시키고자 한 집단취락지의 설정 방안이었다. 즉 여리경은 강력한 토지개혁과 궤를 같이하며 봉건제·정전론의 遺意에 부합한 것이었다. 그러나 이 방안은 유형원 스스로 지적하듯 당시의 사세로 보아 실현 가능성이 적었고 그의 개혁안의 최종적인 지향점을 제시한 것이었다.[73]

---

70) 上同, 269쪽, "輕郡守縣令 是輕民也 民輕則 天下國家輕矣".
71) 『磻溪隨錄』 卷1, 田制 上.
72) 『磻溪隨錄』 卷1, 田制 上, 19쪽.
73) 柳馨遠 스스로도 현실을 전제로 그 시행을 강권하지 않았다. 우선 "토지가

다음으로 유형원의 향리제 개혁안은 조직과 이념의 측면에서 주대 봉건제 및 역대 중국과 조선의 행정촌의 운영사례를 따르고 있다. 그러나 실제 시행되는 地形의 便宜와 인구의 稠密을 참작하고 있다. 이에 따라 各邑에 5家 1統의 五家統制를 근간으로 하고 10統 정도의 호구를 里로 규정하였다. 유형원은 향리제의 예하 조직이자 호수에 따른 조직단위인 오가통제를 통해 실질적으로 민을 管束하려 했으며, 여기에 朱子의 「社倉事目」에서 나타나는 隣保機能을 접목시키려 했다.[74] 그는 鄕里條에서 500가 700경 규모의 鄕(坊)을 생산과 통치단위로써 규정하며, 이를 재차 50통 10리의 행정체계로 편제하려 했다.[75]

한편 향리제에는 다음과 같은 직임이 설정되어 있었다. 유형원이 통치의 근간으로 삼은 행정단위인 鄕에는 鄕正(坊正)－里正－統長이 각 통치단위의 직임자로 임명되었다. 鄕正의 자격은 鄕內 內外舍免番生으로서 '淸平正直者' 혹은 '有蔭有親之類'이며, 수령이 향촌내 衆議를 택하여 관찰사에 보고하고 帖을 수여함으로써 임용하도록 했다. 이들에게는 每員 10斛씩의 祿俸과 伺候 6人을 인적 자원으로 지원하게 했다. 이는 17세기 당시 향정을 천임시하는 풍조가 전개되어 士類들이 필사적으로 謀避하는 사실에 대한 대응책이기도 했다.

유형원은 현존하는 재지세력 대책으로 鄕約制와 鄕官制의 설정을 도모하였다. 국가의 목적 하에 편제된 향리제·오가통제에 비해 향촌

이미 개인의 사유가 되어 민이 흩어져 살게 됨을 事勢로써 파악된다."라고 하였고 특히 田籍式의 작성에서 기존 토지제도를 인정한 위에 "만일 閭里頃이 있다면"이라는 표현으로 후퇴하고 있다(『磻溪隨錄』 卷1, 田制 上, 23~24쪽).

74) 柳馨遠은 朱子의 「社倉事目」 가운데 保(19인)·社首·隊長직임의 존재와 운영상황이 수록된 保簿를 향관에게 보고하는 체계 및 그 민호들이 서로 약속하고 공로와 범죄를 서로 보증하는 사실을 주목하고 있다(『磻溪隨錄』 卷3, 田制後錄 上, 鄕里).

75) 『磻溪隨錄』 卷3, 田制後錄 上.

민의 내적 자율의식을 이끌어내는 데 있어 전통적인 향약기구의 활용이 절실하였던 것이다. 한편 향리제와 향약기구를 지방통치의 兩輪으로 구상하면서 조선전기 이래 지방기구였던 鄕官(鄕所)의 존재를 주목하였다.[76] 그의 견해에 따르면 향관은 봉건제의 유의를 지니며 鄕遂制의 직임인 公侯(族師・黨正)에 비유되는 존재이나 事勢가 달라져 군현제하에서 수령이 主治之官이 됨에 따라 상대적으로 통치의 분담 직임으로 전변되었다는 것이다. 그러나 治郡・治民에 있어서 어질고 덕망 높은 사대부가 임용되어 수령과 共治하지 않으면 올바른 교화와 정사는 이루어질 수 없다고 주장했다.[77] 이에 대한 방안으로 座首에게 일정한 官品을 부여하도록 했다. 그는 國制에서 조선초기 土官을 향관과 유사한 직임으로 상정하였다.[78] 좌수는 從9品의 典正으로 하고 別監은 典檢으로 정하여 임명하게 했다. 이들은 조선왕조의 관료기구・품계체계에 편제시키고자 했다. 한편 적절한 인물의 擇任이 중요함을 강조하였다. 좌수의 자격은 前職 7品官 以下者, 選士, 營學生 및 內舍生免番者로 하되 本邑에 적절한 인물이 없으면 隣界邑의 인물까지 가능하다고 했다. 향관의 仕滿은 6周年이며 이후 陞遷하도록 했다. 좌수의 경우 수령이 사만을 감사에게 보고하면 감사가 考講하고 재차 移文하여 吏曹에서 考講케 했다. 才能을 가늠해서 正7品 이하 從8品 이상 內外官에 제수하되 만약 특이한 재능을 지닌 자는 곧바로 5, 6品官으로 올리도록 했다. 유형원은 이를 통해 향촌통치에 있어서 향관의 위치를 공고히 함과 동시에 貢擧에 의한 인재선발의 중요성을 강조하였던 것이다.

---

76) 『磻溪隨錄』 卷3, 田制後錄 上, 鄕里, 52쪽.

77) 『磻溪隨錄』 卷9, 敎選之制 上, 鄕約事目.

78) 吉田光男, 「十五世期朝鮮の土官制」, 『朝鮮史硏究會論文集』 18, 1981, 18~27쪽 ; 李載龒, 「朝鮮後期의 土官에 對하여」, 『震檀學報』 29・30, 1966.

이상 유형원은 17세기 정치·사회 상황에 대한 인식을 바탕으로 전체제적인 개혁론과 함께 적극적으로 향정론을 개진하였다. 그의 향정론은 주대 봉건제의 이념을 전제로 한 王室－藩屛의 확립과 郡縣 弁省論을 담고 있으며 구체적인 향촌조직으로서 향리제를 강조하였다. 향리제에 따르면 오가작통제를 근간으로 하되 10통을 里로, 다시 10리를 鄕, 坊으로 명명하여 최하부의 행정단위로 삼도록 하였다. 여기에 생산주체로서의 가호를 일정수 배치하고자 했다. 따라서 유형원은 500家 700頃 규모의 鄕(坊)을 적절한 생산·행정 단위로 규정하였다. 鄕의 직임으로 鄕正(坊正)－里正－統長을 계열화하여 특히 士類의 鄕正 임명을 강조하고 常祿, 伺候를 덧붙여서 실질적인 권한을 담보해 주고자 하였다. 또한 재지사족의 향촌운영의 참여를 유도하기 위한 보조기구로서 향약의 조직·직임과 洞契의 기능을 적극 활용시키고 향관(향소)과 같은 기존 재지기구를 보다 활성화시키는 데 목표를 두었다. 즉 유형원은 국가와 향당과의 관계를 현재의 정치체제에서 크게 벗어나지 않는 범위 내에서 국가가 향당에 독자성을 부여하고 그것의 자율성을 인정해주는 대신에, 역으로 국가는 수령의 주도권 아래 향당을 포섭함으로써 국가의 공적인 임무를 수행하도록 구상했다. 유형원은 국가에 의한 전국의 일원적 통치를 통해 지배층 개개인이 중앙정부에 의해 토지·지위를 부여받은 존재로 설계하면서도 동시에 어느 정도는 사대부층이 향당에서 자율적으로 민을 다스리며, 자신의 기반을 재생산하는 구조를 고안하였던 것이다.

4. 맺음말－국가구상론의 역사적 의의

17세기는 중세지배질서가 전면적으로 동요·해체되어 ‘經國大典的

體制'로 표징되는 조선전기적 질서가 변화하고 새로운 사회경제체제가 모색되고 있었다. 이러한 상황 아래 당 시기 政論家·儒者들은 정치·경제·사회 등 전 측면에서 야기되는 조선사회의 내적인 변화상을 염두에 두고 그들의 개혁론·정론을 전개하고 있었다. 이들은 현실에 대한 분명한 인식 위에서 사회의 제반 폐단과 모순을 극복할 수 있는 이상적 정치론을 끊임없이 마련하고 이를 실현하고자 했다.

반계 유형원은 "삼대의 왕도정치는 典章제도를 통해서 구현되었는데, 이러한 삼대 전장제도의 이념과 내용을 회복한다면 오늘날에도 三代之治는 되살려 낼 수 있다"고 보았다. 또한 삼대사회는 '養民' '養士'를 통해 '四民이 저마다 제자리를 얻은 사회'인 점에 있다고 전제하고, 현실의 조선사회에서 이를 구체적으로 재현하고자 염원했다. 유형원은 목표의 실현을 위해 17세기 조선사회에 대한 비판적 인식을 전제로 각종 유교 경전연구, 중국과 조선의 역사연구, 祖宗朝 선학들의 논거를 세밀하게 정리하였다. 이와 같은 작업을 통해 전장·제도·절목을 포함하여 종합적이고 체계적인 국가구상론을 펼치게 되었다. 유형원이 원리에 대한 탐구로부터 그 원리를 실현하는 구체적 세칙과 절목에 관한 탐구에 매진한 것은 인간의 역사 속에 실현해야 할 초역사적 이념에 대한 확신 때문이었던 것으로 보인다. 그것은 성리학의 원리에 대한 추적에만 치중하고 그 시행방법에 대한 탐구를 소홀히 하는 기존 주자학자들과는 궤를 달리하는 모습이었다.

유형원은『반계수록』을 통해 정치제도의 개혁과 '耕者有田'의 원칙을 제도적으로 담아내려 했다. 이를 위해 공전제의 농정이념을 전개하였으며, 토지제도에 의한 '均産均賦'의 원칙을 제도적으로 보증하기 위한 법제로서 여리경과 향리제를 결합시키고자 했다. 즉『반계수록』에서는 국가의 기본적인 틀을 소농경제 체제에서 구하였다. 농민이 토지를 균등하게 점유한다는 공전제를 기축으로 하는 체제였다. 그것은 지주전호제적 질서를 전면적으로 해체하고, 소농 중심의 균등 경제체제를 지향하는 구상이 담긴 것이었다. 소농경제는 중세 유자들이 이상적인 사회로 제시하듯 지주제 발달로 인한 토지불균과 그로 인한 농민층 몰락을 막는 체제개혁 논리로 검토되었다. 이때의 방법은 토지재분배를 통해 농민으로 하여금 항산을 갖도록 하자는 혁명적인 논리로부터 부세불균을 해소하기 위해 수취제도 운영상의 모순을 해결함으로써 현실적으로 가능한 재분배 방식을 강구하는 형태까지 다양하게 제시되었지만 역사적으로 시행된 것은 대개 후자의 방법이었다. 그런데 『반계수록』은 적극적으로 전자의 방법론을 강조하고 소농경제체제에 입각하여 구축된 국가개혁론을 표방하였다.

유형원은 조선사회를 전면적으로 변혁하는 데 있어 정치적 핵심체는 군주임을 주장하였다. 군권강화론은 현실의 사회경제구조를 변혁할 수 있는 힘은 국왕이 가진 專制權으로부터 도출됨을 합리화하는 논리였다. 한편으로 국가의 법제가 天理의 절대도덕을 구체적으로 실현한다는 논리를 통해 이 시기 국가의 전면적 개혁의 정당성을 주장할 수 있었다.

그의 신분제론은 토지제도를 바탕으로 과거제와 관료제를 연계하여 제시된 것이었다. 첫째, 공전제 하의 受田대상에 민과 함께 士類를 포함시켰다. 특히 사류들에 대해 일반민보다 더 많은 토지를 받도록 배려하고, 학문과 도덕을 닦는 일에 전념할 수 있도록 學生이라는 직역을 부여하여 군역을 지지 않도록 조처했다. 동시에 그는 일반민 가운데도 학생이 될 수 있도록 하여 사류를 개인의 성취에 따라 들어갈 수 있는 개방적인 범주가 되도록 했다. 둘째, 貢擧制 하에서 민들에게 교육기회를 제공함으로써 지배층으로의 문호를 열어 놓았다. 그는 신분차등을 당연히 유지되어야 할 질서로 보았다. 그러나 그것은 혈통이나 문벌에 의하여 규정되는 세습적인 신분차등제가 아니라 학교에서

닦여진 학식에 의해서 결정되는 비세습적 지위, 즉 능력과 직분이 일치가 되는 인간관계이어야 함을 주장한 것이었다.[79] 셋째, 奴婢계층에 대하여 즉각적인 해방을 요구하지 않았지만, 노비의 수를 줄여 양민으로의 편제를 도모하였다는 점이다. 이는 노비의 단계적인 해방으로 양민의 수를 증대하여 국가의 재정운영에 도움을 주고자 한 것이다. 또한 노비제를 대치할 방법으로 雇工制를 제시한 것은 16·17세기 당시 '고공노동의 활성화'라는 경제상황을 정확하게 파악하고 있었음을 보여준다.

유형원의 국가구상론은 그가 살았던 시기에 곧바로 시행에 옮겨진 것은 아니었다. 다만 이후 실학자·정론가들에게 중요한 영향을 끼쳤다. 가령 이익은 유형원의 사상에 대해 "그 規制가 우리나라의 고루한 유학자로서는 감히 입을 열수 없을 정도로 宏遠하다",[80] "국조이래 시무를 알았던 분을 손꼽아 보아도 오직 李栗谷과 柳磻溪 두 분이 있을 뿐이다. 율곡의 주장은 태반이 시행할 만하고, 반계의 주장은 그 근원을 궁구하고 일체를 새롭게 하여 王政의 시초를 삼으려 했으므로, 그 뜻이 진실로 컸다."라고 하여 학문과 개혁정신을 높이 사고 계승하려 하였고,[81] 배상유는 수록의 내용이 '經國의 大本이며 至治의 養規'임을 강조하였다. 1741년(영조 17) 영조에게 『반계수록』을 공간하여 세상에 알리는데 결정적 역할을 한 양득중은 상소문에서 "이 책은 고금의 시세를 참작하여 시행하는데 충분히 정당하다"고 평했다. 국왕 정조 역시 『반계수록』에 주목하였다. 정조는 화성을 건설하면서 역대 학자들의 城制에 관한 이론을 검토한 끝에 유형원이 수원에 城池를 건

---

79) 김준석, 「柳馨遠의 政治·國防體制 改革論」, 『東方學志』 77·78·79합집, 1993.

80) 『星湖續集』 권6, 「書」答趙正叔, 癸酉.

81) 『星湖僿說』 권11, 「人事門」 變法, 399쪽.

설해야 한다는 주장을 주목하였다. 정조는 "1백년 전에 마치 오늘의 역사를 본 것처럼 논설하였다"면서 유형원을 높이 평가하고 그 이론을 참조하고 있다. 결국 『반계수록』은 유형원 당대의 시대를 넘어 영조와 정조시기에 이르러 그 가치를 더욱 인정받게 되었다. 또한 이익, 정약용으로 이어지는 남인 실학자의 개혁사상의 원류가 되었던 것이다.

그의 국가구상론은 명분과 古制의 옛 형태에 의존하면서도 법제·제도의 탐구를 통해 현재의 문제를 해결하고 역사적인 대전환을 도모한 것으로, 차후 실학자들이 자기 사회의 문제를 포착하고 대안을 제시하는 데 방법론의 측면에서 커다란 영향을 미쳤다. 즉 그들에게 사회와 정치에 대한 새로운 개입방식, 국가운영과 경세학의 새로운 방법론, 새로운 사유의 세계의 가능성을 열어 주었다. 이상사회의 전형을 삼대의 왕정에 두고 그것을 법과 제도를 통해서 달성하려고 하는 시도는 새로운 학문 방법론, 새로운 정치론의 출현을 의미하는 것이기도 했다.[82]

자기가 살았던 시대의 현실적 문제점을 탐구하고 그 해결책을 제시하며 역사적 전환기를 이끌어 가려는 지식인은 적지 않았다. 17세기 유형원은 선학들의 영향을 받아들이면서도 한편으로 이들과는 다르게, 사회문제의 전 영역을 체계적으로 문제 삼고 있다. 그는 구체적이며 실제적 대안 제시를 통해 기존 제도, '경국대전적 체제'를 비판하

82) 이에 대해 김태영은 "그것은 현실인식의 역사적 각성을 통하여 역사적으로 적체되어 온 구조적 비리와 인습의 국가체제는 근원적으로 개혁한다는 변혁의 논리를 제시한 것이었다. 古經의 원칙은 그 변혁의 논리를 객관적으로 정당화하는 기준으로 원용한 것이었다. 그것은 중세해체기를 맞은 조선후기 사회에서, 우리나라 학술사상 처음으로 그리고 자생적으로 제기한 국가체제 변혁론으로서 새로운 학풍의 탄생에 값하는 역사적 의의를 지니는 것으로 이해된다"고 평가하고 있다(김태영, 앞의 책, 1998, 233쪽).

고 있다. 그의 개혁안은 17세기의 조선사회의 위기를 극복하기 위한 절박함에 기인한 것이었기에 매우 현실적이고 완결성이 높은 것이었다. 『반계수록』의 새로운 국가구상은 그 구성이념상, 운영원리상 17세기 주류 사상의 범위를 훨씬 뛰어넘고 있었다. 다만 유형원의 개혁사상에 나타난 한계는 그만의 것이라기보다는 시대적 한계라 보는 것이 타당할 것이다.

『經世遺表』와 새로운 국가구상

1. 서

19세기 初 茶山 丁若鏞(1762~1836)에 의해 저술된 『經世遺表』는 새로운 국가구상으로 이전 시기의 개혁과 진보의 전통을 계승하면서도 세도정치가 갖는 한계를 돌파하고자 하는 고민의 결과물이었다. 그것은 국가의 공적 요소, 공적인 성격을 극대화하여 새로운 정치·경제체제를 구축함으로써 당시 조선사회가 안고 있던 모순을 해소하고, 아울러 조선사회의 발전적 요소를 적극적으로 신장시키고자 한 정치개혁론이었다.

다산이 이룬 학문적 사상적 성취에 대한 학계의 검토는 그동안 다양한 방면에서 치밀하게 이루어져 왔다.[1] 이로 인해 실학의 집대성자

---

1) 茶山에 관한 연구는 1930년대 '朝鮮學運動'의 일환으로 본격적으로 시작된 이후 남북한 학계에서 지속적으로 이루어졌다. 정치(정치사상·중앙관제·지방제도·군사·행정), 경제(토지·재정·농학·상업·경제사상), 사회(신분·교육·과거), 문화(역사·지리학·대외인식·문학·언어·과학기술·예술·생활), 사상(경학·철학·학문관·종교·윤리·예론·예학) 등 각 분야에 걸쳐 진행된 다산 연구는 현재 거의 1,000여 편 정도에 달한다(조성을·이동인·유승희 편저, 『실학연구 논저목록』 下, 경기문화재단, 2005 참조). 그 성격을 둘러싸고 다양한 의견이 제기되기도 하지만, 이를 통해 다산이 추구한 것은 지주전호제와 신분제 개혁을 축으로 현실의 조선국가와는 성격을 전혀 달리하는 새로운 국가를 전망하였음을 알 수 있다. 최근 학계에서는 실

로서의 그의 면모는 어느 정도 밝혀졌다고 할 수 있다. 그러나 그의 정치사상에 대한 연구는 아직도 보완될 부분이 있다고 본다. 그 가운데 다산의 정치적 구상이 집약된 『경세유표』 그 자체에 대한 연구는 다소 미진한 것으로 보인다. 『경세유표』는 다산의 사회변혁의 이상과 열망이 응축되어 있는, 새로운 국가를 구상하는 정치적 설계서였다. 그가 구축한 독자적 經學觀, 조선사회에 대한 비판적인 현실인식은 『경세유표』의 내용 곳곳에서도 그대로 드러나고 있으며, 이에 기반한 개혁추진과 국가구상의 실체를 보다 명확히 할 필요가 있다고 판단된다.[2)]

본 연구에서는 다산이 『경세유표』를 통해 표출하고자 했던 국가제도의 법제적 정비의 의미를 살펴보고자 한다. 구체적으로 중앙관제와 지방제도의 개혁을 기반으로 한 새로운 정치체제의 구축과 정전론·부세제도·산업기술 진흥책을 통한 물적 토대의 실현 모습이 검토 대상이다. 아울러 다산의 구상이 앞선 시기의 사상 전통을 어떻게 계승하는지, 그리고 그 국가구상에서 표출되는 이상적 열망이 18세기 말, 19세기 전반의 조선 농민들의 사회적 불만을 어떤 방식과 대안으로 수렴하며 해결하고자 했는가에 대해 주목하고자 한다.

학의 연구 방법론 및 실학사상의 기조에 대한 다양한 논쟁이 진행되고 있다.

2) 『經世遺表』를 포함한 茶山의 저술은 1936년 신조선사에서 간행된 활자본 『與猶堂全書』 154권 76책에 수록되어 있다. 이를 1981년 경인문화사에서 6권으로 압축되고 「부록」과 「補遺」편이 첨가되어 재차 영인하였다. 본고에서는 경인문화사의 영인본을 이용하였다.

2. 『경세유표』의 구성체계와 사상적 기저

1) 구성체계

조선후기의 실학은 당대 조선사회가 안고 있는 정치 경제상의 모순과 문제를 여하히 극복할 것인가 하는 점에 초점을 맞추어 성립, 발전하였다. 실학의 시기적 단계적 특성과 당파·학파별 지향에서는 적지 않은 차이가 나지만 남인계 실학의 경우, 전면적인 국가개혁론, 변법적 국가개혁론을 구상하고 이를 법제의 완성이라는 방식으로 드러내려 하였다. 17세기 磻溪 柳馨遠은 『磻溪隨錄』을 통해 국가체제 전반에 걸친 개혁안이자 조선의 이상적 국가상을 제시하였고, 18세기에는 星湖 李瀷, 順庵 安鼎福, 茶山이 등장하여 개혁안을 펼쳐 보이고 있다.

다산은 1789년 28세가 되던 때 抄啓文臣으로 시작하여 중앙·지방에서 다양한 관직을 역임했고, 1801년부터 18년 동안 유배생활을 경험하였다. 다산이 살았던 18세기 말, 19세기 초의 조선은 사회경제적 변동이 극심하여 중세사회의 심화된 모순이 총체적으로 표출되고 있었고, 서학의 급속한 유입과 더불어 사상적인 갈등이 격화되고 있었다. 다산은 국가 전반에 걸쳐 드러난 모순의 원인을 깊이 인식하고 있었다. 그리고 현실을 개혁할 수 있는 다양한 방안을 구상하였다. 그는 오랫동안 『周禮』·『尙書』에 대한 經典 연구에 힘쓰며, 개혁론의 전거를 모색하였고, 동시에 조선의 사회·경제·정치 등 국가를 구성하는 거의 전 부문에 걸친 체제개혁론을 마련하는 데 최선을 다하였다.

다산은 조선의 현실 속에서 달성할 개혁의 이상적 모델을 이념적으로는 夏·殷·周 3대의 정치이상과 통치형태에 근거하고, 다시 조선의 현실에 걸맞는 구체적인 국가체제를 염두에 두었다.[3] 다산은 이러한 목표를 단계적으로 풀어가려 했고, 우선 『經世遺表』에서는 관직체계의 정비, 실현 가능한 田制개혁으로서의 井田制의 운용, 그리고 賦貢制를 비롯한 조세정책을 새로이 정립하고 있다. 특히 정전제의 조선적·현실적 변용은 다산의 개혁론에서 가장 중요한 핵심 사안으로 제기된 부분이었다. 또한 다산은 현실적으로 국가의 조세수입원이자 국가를 구성하는 근간이며 이상적인 국가권력의 창출 주체로서 '민'의 존재를 상정하며 중요한 논의의 대상으로 삼았다.

다산은 1801년 유배 이후 1816년에 이르기까지 '六經四書'에 관한 독특한 해석과 연구를 진행하였다. 이후 1817년 『경세유표』를, 1818년 봄 『牧民心書』를 저술하였다. 그 해 8월에 해배되어 馬峴 본가로 돌아오게 된다. 그리고 이듬해인 1819년 여름에 『欽欽新書』를 저술하였다. 제도개혁에 있어서 『경세유표』가 전국적 범위에서 국왕·국가가 집행할 제도·법제를 모색한 데 비해 『목민심서』는 군현의 범위에서 목민관에 의해 수행되어야 할 것을 강조한 것이다. 또한 『흠흠신서』는 『목민심서』의 刑典 부분을 보충하는 것이기도 했다. 이처럼 유배 중 경학사상의 진전을 바탕으로 사회개혁방안을 체계화한 一表二書는 저술동기와 내용에서 다소의 차이는 있으나 상호 유기적인 관련 속에서 1817~22년에 완성, 수정됨으로써 다산의 후기 개혁론의 대계를 보여주고 있다. 다산은 자료의 수집에서 제술에 이르기까지의 작업에 많은 제자들을 동원하였으며 특히 저술행위 자체보다도 그 자료의 수집과 체계를 잡는데 더 오래되고 정밀한 고심을 기울였다고 알려지고 있다.[4)]

다산의 개혁론은 조선의 정치·경제·사회제도에 대한 전면적·총체적인 것이었다. 그러나 이 같은 규모의 개혁은 당장에 실시될 수 있

---

3) 김태영, 『실학의 국가개혁론』, 서울대학교 출판부, 1998.
4) 정규영 편, 『俟菴先生年譜』, 1817년 조, 200쪽(正文社 영인본).

는 것이 아니었다. 따라서 그는 근본적 개혁을 지향하면서도 실질적으로는 단계적인 개혁을 통하여 궁극적 목표에 접근하여 가려는 방안을 구상하였다. 우선 강진 유배시절 다산은 국가제도의 전면적 개혁을 추구하는 『경세유표』를 저술하다가 완성시키지 못하였다.[5] 이어 목민관(지방관)의 양심에 호소하여 지방 행정의 운영을 개선함으로써 소민층의 현실을 다소나마 완화시켜 보려는 방편으로 『목민심서』를 저술하였다. 그 가운데 지방행정 운영개선안은 다산 자신의 직접, 간접 경험을 바탕으로 정리된 것이다. 吏典의 赴任·律己·奉公 항목에서 지방관이 자기 규율을 어떻게 해야 하는지에 대해, 戶典·兵典 부분을 통해서는 三政·雜役稅 운영상의 폐단을 진단하고 이의 해소 방안을 제시하고자 했다. 한편 『경세유표』는 미완인 채로 남겨진 부분이 있었는데 이에 대한 보존은 1년 뒤에 저술된 『목민심서』의 내용을 참고하라는 기사가 여러 곳에서 산견된다.[6]

『경세유표』의 원래 이름은 『邦禮艸本』이라 하였다. 이에 대해 다산은 그 서문에 法制를 禮라 칭하는 이유를 설명하였다.

> 이 책에서 논하는 것은 법이다. 法이면서도 명칭을 禮라 한 이유는 무엇인가. 옛날 성왕들은 예로써 나라를 다스리고 예로써 백성들을 인

5) 정규영 편, 앞의 책, "邦禮草本 輯功起而未卒業".

6) 김태영, 「경세유표에 나타난 정약용의 국가개혁론」, 이익성 譯, 『경세유표 해제』, 한길사, 1997. 물론 각 개혁론에 따라 사회세력의 이익반영도 달라지고 있어 현실적으로 존재하는 각 사회세력의 요구와 관련하여 이해될 수 있을 것이다. 따라서 당장 『목민심서』의 체계적인 저술이 우선되었다. 『경세유표』에서 제기하였거나 구상에 그친 방안 중 『목민심서』 차원에서도 실현 가능한 것은 『목민심서』에서 보완하여 제기되고 있었다. 예컨대 『경세유표』에서 다룰 농업분업문제, 각 분업을 중심으로 한 권농문제 등은 점진론적 개혁론의 일부로 『목민심서』에 수록되고 있다(김용섭, 「18·9세기 농업실정과 새로운 농업경영론」, 『한국근대사연구』, 일조각, 1975, 125~126쪽).

도했다. 그런데 예가 쇠퇴해지자 법이라는 명칭이 생겨났다. 법은 나라를 다스리는 것도 아니고 백성을 인도하는 것도 아니다. 헤아려 보건대, 온갖 천리의 법칙에 합당하고 모든 인정에 화합하는 것을 예라 하며, 두렵고 비참한 것으로 협박하여 백성들로 하여금 벌벌 떨며 감히 죄를 저지르지 못하도록 하는 것을 법이라 한다. 고대의 성왕은 예로 법을 삼았고 후대의 제왕은 법으로써 법을 삼았으니, 이것이 고대와 후대가 같지 않은 것이다. 주공이 주나라를 경영할 때에 洛邑에 살면서 법 육편을 제정하고 이것을 예라 이름하였으니 그것이 예가 아닌데도 주공이 어찌 그것을 예라고 하였겠는가.[7]

이어 다산은 『周禮』를 이념으로 삼으면서 별도로 조선을 경영하기 위해 邦禮를 논한다고 하였다. 즉 "『주례』는 천자의 예인데 우리나라는 제후국이니 제도를 모름지기 작게 만들어야 한다"[8]고 하여 『주례』와 대비된 방례를 만들었던 것이다. 그 후 다산은 스스로 『경세유표』로 제명을 고쳤다. 다산은 "禮란 法의 상위 개념이니, 邦禮란 國法의 다른 이름으로 여길 수 있다"고 했다. 경세는 나라를 다스린다는 뜻이며, 遺表에서 '표'란 문체의 이름으로 임금이나 나라에 제출하는 정책 건의서를 일컫는다.[9] 그는 1822년 「自撰墓誌銘」에서 경세의 뜻을 스스로 풀이해 놓았다. 즉 경세란 "官制・郡縣制・田制・賦役・貢市・倉儲・軍制・科擧制・海稅・商稅・馬政・船法 등 나라를 경영하는 모든 제도에 대해서 현재의 운용에 구애받음이 없이 기본 골격을 세우고 요목을 베풀어 그것으로써 우리 舊邦을 새롭게 해 보겠다는 것"이라고 하였다.[10)

---

7) 『與猶堂全書』Ⅴ-1(第5集 第1卷, 경인문화사 영인본의 책수와 권수, 이하 같음) ; 『經世遺表』 卷1, 引, 3쪽(경인문화사 영인본, 이하 『經世遺表』라 약함).

8) 『經世遺表』 卷1, 天官吏曹 제1.

9) 김태영, 앞의 논문, 1997.

다산은『經國大典』,『續大典』,『大典通編』등 법전의 중요성을 누차 강조하면서도 이러한 법전이 당시의 사회를 조율해 나가는 기능을 제대로 수행하지 못하고 있음을 지적하였다. 그가『경세유표』서문에서 밝힌 바에 따르면 "우리나라의 법은 대개가 고려의 옛 것을 인순한 것으로 세종대에 이르러서 다소 손익을 가하였으나 한 번 임진왜란을 겪은 후로는 백 가지 법도가 무너져 모든 일이 어수선하게 되었다"고 하였다. 그럼에도 불구하고 자신이 구상하고 있는 국가개혁 또한 國典에 의지하지 않을 수 없음을 인식하였다. 따라서 현행 국전이 지니고 있는 미비점을 보완하고 자신의 국가개혁론의 내용과 그 방법을 실현시키기 위해 일련의 저서를 구상하였고 일선 수령들은 이를 정법서로서 참고해주기를 바랬다. 바로 이들 저서는 다산이 지향하고 있던 본연의 예치적 사회를 이루기 위한 법치론적 방법론의 발현이었던 것이다.[11]

『周禮』는 유교적 규범의 국가 통치체제를 가장 완벽에 가까운 형태로 담고 있는 고경전으로 평가된다. 다산 역시『주례』를 크게 참조한 것으로 나타난다. 즉『경세유표』에서는 각 국가기관과 그 기능을 분류, 설명할 때 대체로『주례』를 기준으로 재편하였다. 다산이 왕정을 운위할 때 '일체로『주례』를 준수하지 않을 수 없다'는 입장에 서 있었기 때문이다. 이는 현실의 六曹체제를 따르는『목민심서』와 비교된다.

10)『與猶堂全書』I-16,「墓地銘」, 337쪽.

11) 조윤선,「정약용의 사회개혁 방법론 - 법치적 관점에서 -」,『사총』46, 1997, 110쪽.

『經世遺表』와 『周禮』의 체제 비교

『經世遺表』의 六典	『周禮』의 六典
天官吏曹	天官冢宰
地官戶曹	地官司徒
春官禮曹	春官宗伯
夏官兵曹	夏官司馬
秋官刑曹	秋官司寇
冬官工曹	冬官考工記

『경세유표』의 1권은 천관이조와 지관호조 및 춘관예조의 소속기구를, 제2권은 하관병조와 추관형조 및 동관공조의 소속기구를 배치, 설명해 두고 있다. 그리고 제3・4권은 천관수제라 하여 이조 각 기구의 운용에 관한 개혁안을, 그리고 제5~13권의 지관수제에는 정전제를 중심으로 하는 전제개혁과 그 역사적 유래, 賦貢제도, 倉廩제도, 호적제도에 관한 개혁안이 자세히 서술되고 있다. 제14권은 균역사목을 논한 것이다. 그리고 제15권은 문관 등용의 선거제도를 언급한 춘관수제와 무과・鎭堡제도를 논한 하관수제이다. 『경세유표』에는 천・지・춘・하・추・동의 육조에 각기 20개의 소속 기구를 배치해 두었으나 각 기구의 개혁안에 관한 구체적 설명은 완결되어 있지 못하다. 예조와 병조에 해당되는 춘・하관제도 개혁안이 너무나 소략할 뿐 아니라 특히 형조 및 공조의 개혁안에 해당되는 추관수제와 동관수제에 관한 설명은 빠져 있다.[12)]

그런데 다산은 많은 의론을 전개하는 가운데 반드시 『주례』의 내용만을 교조적으로 따르지 않았다. 그는 강진 유배기에 집중적으로 『尙

12) 다산은 이후 20년 동안 그 빠진 부분을 보충하여 완결하지 않았다. 다산은 『흠흠신서』를 통해 형벌의 운용에 대한 설명을, 추관수제와 동관수제는 그 기구배치에 관해 언급한 하관병조와 동관공조의 설명으로 다소나마 대신하고 있었다. 또한 『목민심서』의 형전과 공전 분야도 보완의 차원으로 볼 수 있다.

書』 연구를 진행하여 1810년 『梅氏書平』 9권, 『尙書古訓』 6권, 1811년 『尙書知遠錄』 7권 등을 저술하였다. 다산은 『상서』의 연구를 통하여 '治國平天下'의 근본원리가 『주례』 이전의 요·순에서 발원하고 있다는 사실을 파악하였던 것이다. 예를 들어 田·賦제도의 서술에서 요순시대 제도의 원형이 남아있다고 보는 『尙書』 禹貢편을 이념적 근거로 하면서 『주례』의 田·賦를 고찰하고 있다.[13] 또한 다산은 鄭玄과 다른 六鄕制의 해석을 시도한다.[14] 그리고 1822년 申綽과의 토론을 거치면서 6향제에 대한 인식을 보완하여 『경세유표』에 「匠人營國圖」 부분을 추가하였다.[15] 다산은 王城 근교지역의 구획,[16] 知人(군자)의 실천방안인 교육제도와 과거제,[17] 安民의 실천방안인 전제와 군제[18]에 6향제를 적극 반영시키고 있다. 즉 다산은 6향제의 위치비정을 비롯한 새로운 견해를 제시할 뿐 아니라 時宜와 地宜에 따른 조선적 현실을 적절히 반영하여 조선사회의 제도개혁안으로 수용하고 있다.

2) 『경세유표』의 이념－『주례』와 관련하여

『주례』의 국가론에는 분업적 위계체계를 법치적 시스템에 의해 운용하는 적극적인 전제국가론의 성격과 예를 높이고 현자를 존중하는 왕도정치의 이상 추구라는 두 가지 기획의도가 담겨 있다.[19] 『주례』의

---

13) 『經世遺表』 卷10, 地官修制 賦貢制1 九賦論.
14) 『與猶堂全書』 I-16, 「自撰墓地銘」, 338쪽.
15) 김문식, 「丁若鏞과 申綽의 六鄕制 이해」, 『한국학보』 61, 1990, 189～194쪽.
16) 『經世遺表』 卷6, 田制6.
17) 『經世遺表』 卷13, 地官修制 敎民之法 ; 『經世遺表』 卷15, 春官修制 科擧之規.
18) 『經世遺表』 卷5～9, 地官修制 田制1～12.
19) 장동우, 「주례의 경학사적 위상과 개혁론 - 왕권과 예치에 대한 문제의식을 중심으로」, 『한국중세의 정치사상과 주례』, 혜안, 2005.

수용이나 상고적 이상론은 다산에 있어서만 특이한 것은 아니다. 이미 정도전은 『朝鮮經國典』의 통치규범을 『주례』의 육전체제에서 찾고 있었다. 또한 17세기 國家再造 차원에서 유자·정론가들은 『주례』의 국가론을 최대한 활용하고자 하였다. 이 가운데 다수의 남인학자들이 『주례』의 연구와 함께 정치적 활용을 모색하였다. 유형원의 『반계수록』에서 검토하고 있는 이상국가론의 모델이 대표적이다. 남인들에 의한 주례 연구와 이에 기초한 새로운 국가론의 모색은 차후 조선국가를 변화시킬 이념을 적극적으로 모색하던 정론가들에게 하나의 초석이 되었다. 18세기가 되면 『주례』를 연구하고 『주례』를 통하여 사회개혁론을 마련하고자 하는 노력이 보다 확산되는데, 성호 이익의 통치체제 개편론의 근저에도 『주례』로의 복귀가 깔려 있다. 이처럼 『주례』는 탕평정치와 실학사상의 등장이라는 시대적 상황 속에서 새로운 시대에 조응하는 국가운영체계 확립을 위한 법제와 이념의 전거로 활용되었다. 다산의 『주례』 수용은 그 이전의 여러 유학자들과 다소 달랐다. 그는 『주례』 중에서 정치·경제 개혁에 필요한 어느 특정 부분만을 취합하여 개혁이념으로 삼기에 앞서, 먼저 六經四書의 폭넓은 탐구 속에서 『주례』의 의미와 위상을 설정하려 했던 것이다. 그 과정에서 다산은 『주례』를 근거로 하여 여러 경전에 새로운 해석을 가하며 『주례』를 중심으로 한 經書체계를 수립하였다.[20]

남인계열 학자인 眉叟 許穆이나 다산은 당 시기 주자학의 원용이 아닌 六經을 중심으로 한 尙古시대로의 회귀라고 하는 데서 인식기반이 동일하다고 할 수 있다. 예가 법치, 형률보다 절대 우위에 있어야 한다는 점에서 양자의 입장이 같으나 그것의 실천방식에 있어서 다소 차이가 있다. 즉 미수는 질서, 기강의 확립이 형률의 적용을 통해서가

---

20) 문철영, 「다산 정약용의 주례수용과 그 성격」, 『사학지』 19, 1985.

아니라 예 원리의 확립, 즉 예교를 통해서 이루어져야 한다고 강조했는데 이는 당 시기 유자의 전반적인 입장이었다.[21] 다산의 경우도 공동체 내에서의 자치적인 문제 해결방식, 예의 실천, 통치자의 德治는 법치보다 더 우선하는 가치를 지닌 것으로 보고 있다. 그러나 다산은 상고시대의 실현은 불가능하기 때문에 현실적으로 엄격하고 공정한 법의 적용이 중요함을 주장하였다. 다산의 예법관념은 여타 유자, 관료, 정론가들의 그것과 근본적으로 다르지 않았으나, 적어도 덕치를 이루는데 법치가 중요하며, 법치를 강행하고 법집행을 올바르게 하는 것이 현실적으로 덕치를 가능하게 하는 길이라고 보았다. 그리고 德化가 미치지 못하는 곳을 법으로써 보완한다는 소극적 입장이 아니라 오히려 현실법을 강화하고 강력하게 실행하되 이 법이 미비하여 준거로 삼을 수 없는 경우에는 덕치적인 차원에서 해결해야 한다고 주장하였다. 다산에게 있어서 치밀한 법을 통한 법치는 예교적 이념, 교화나 국왕 개인의 통치력보다 더 현실적이고 구체적인 사회개혁의 방법론이었고, 자신이 정치, 사회, 경제 전반에 걸쳐 구상한 개혁안을 통해 실현하려 했던 상고시대의 사회를 재현하는 데 있어 필요한 도구였다.[22]

---

21) 김준석, 「허목의 예악론과 군주관」, 『동방학지』 54·55·56합집, 1987.

22) 『주례』의 국가 기획의 주요한 토대 가운데 하나는 왕권의 위상을 어떻게 설정하고 있는가 하는 것이다. 『주례』에 따르면 국왕은 일국의 주인으로 官吏任命權, 立法權, 治朝權, 終裁權(사면권), 主祭權, 統軍權 등의 권리를 가지는 것으로 기술되어 있다. 이는 국왕이 입법·사법·행정의 모든 권한을 행사하는 주체임을 의미한다. 『주례』의 개혁성은 단지 왕권의 권위와 위상을 확보하면서도 왕권을 절대화하는 전제국가로 나아가고자 한 것이 아니라, 예치적 시스템에 의해 그것을 내재적으로 제어하는 법치적 시스템을 강조하고 있다(장동우, 앞의 논문). 이에 따라 국가의 공권력 강화와 왕권강화와의 상관관계에 대해, 다산은 국가개혁에서 국왕의 역할, 국왕권의 신장을 크게 중시했으나 국왕의 무제한적인 권력소유나 국왕 개인의 사사로운 기관에 대

다산은 이러한 『주례』 중심의 경서체계 속에서 '上帝(天權)－王者－牧民官－民'으로 통일된 질서체계를 찾고, 그것을 一表二書에 구체적으로 반영하여 현실개혁의 지표로 삼고자 했던 것이다.[23] 다산은 그의 개혁안을 시행하기 위해서는 시비론에 휩싸여 있던 당시 제도권 내의 정치세력들이 아닌 보다 광범위한 계층을 포함하는 새로운 정치세력의 등장을 강하게 희망하였다. 이와 더불어 다산은 개혁안의 추진 주도자로 安民을 위해 事功에 주력하는 강력한 군주를 상정하였다. 따라서 요·순이 실제의 정치운영 과정에서 노력했던 모습을 부각시켰고, 독특한 방법으로 洪範편을 해석하여 상제의 천명에 의거하는 강력한 군주권을 이론적으로 뒷받침하였다.[24] 다산은 왕권과 새로운 정치세력의 결합을 통해 19세기 전반의 세도정국에서 세도가들에 의해 장악된 국가의 공권력을 회복하려 했다.[25]

이처럼 다산의 경세사상은 많은 부분이 『주례』 중심의 경서체계와 논리구조 속에서 전개되고 있다. 그러나 그것이 전적으로 『주례』의 교조적인 채용만이 아닌 당시의 현실인식에 바탕하여 설계된 것임을 주목해 볼 필요가 있다. 즉 국가기구 개혁의 골격은 『주례』의 육관조직에 두고 있지만 그 규모나 방법은 실제 현실에 맞게 적용하려는 다산

해서는 경계를 게을리하지 않았다.

23) 문철영, 앞의 논문, 87쪽 ; 김태영, 「다산 경세론에서의 왕권론」, 『다산학』 창간호, 다산학술재단, 2000.

24) 다산은 19세기 전반에 나타나는 세도정치의 폐해를 군주권의 강화로써 타파하려 하였다. 그는 洪範의 황극조에서 군주가 군주가 되는 소이는 바로 五福之權(壽·福·康寧·攸好德·考終命)으로 표현되는 군주권을 장악하고 있기 때문이며, 만일 이 권한이 아래의 신료들에게 옮겨진다면 군주는 망하는 것으로 보았다(『尙書知遠錄』 卷5, 洪範, 『與猶堂全書 補遺』 5, 172쪽 ; 김문식, 「尙書연구서를 중심으로 본 丁若鏞과 洪奭周의 정치사상 비교」, 『한국사론』 80, 1988, 378쪽).

25) 김문식, 위의 논문, 378쪽.

의 입장을 『경세유표』 곳곳에서 확인할 수 있다.[26)]

3. 『경세유표』에 나타난 국가구상의 전개

다산의 체제 개혁안은 선왕의 왕정을 모범으로 제시한 것으로 『상서』를 비롯한 옛 경전의 연구를 통하여 그 이념적 측면을 계발하고, 『주례』의 유제를 기준으로 삼아 조선의 통치체제를 구상하였다. 『경세유표』의 개혁안은 다음의 두 가지 내용을 담고 있다. 첫째, 새로운 정치제도의 구축방안으로 모든 통치권을 궁극적으로 국왕에게 귀속시키고 이념상으로 국왕과 민이 직접적인 관계를 갖는 체제를 만들고자 했다. 둘째, 정전제의 시행, 주요 산업의 국영화 등 생산수단의 소유관계를 전면 개편하고 국가의 중요 산업행정분야를 전업적으로 전담하여 정밀히 연구하는 국가기구를 조직, 설치하고자 했다. 이를 통해 이상국가를 위한 물적 토대를 실현하고자 했다.

1) 『주례』의 현실적 적용—새로운 정치체제의 정비

(1) 중앙관제 개혁론[27)]

조선시기 관료제도의 특성은 서양이나 중국의 경우, 또는 고려시기와의 비교를 통해 이미 몇 가지 지적된 바 있다. 이를 간략히 나누어

---

26) 이는 '實事를 고려하여 實職을 세우고 實心을 갖고서 實政을 행하려' 했던 다산의 현실주의적 세계관의 반영인 것이다(『經世遺表』 卷1, 春官禮曹).

27) 다산의 중앙관제 개혁안에 대해서는 다음의 논고가 참조된다. 홍이섭, 『정약용의 정치경제사상연구』(한국연구총서 3집), 한국연구원 ; 강석화, 「정약용의 관제개혁안 연구」, 『한국사론』 21, 서울대 국사학과, 1989 ; 조성을, 「정약용의 중앙관제 개혁론」, 『동방학지』 89·90, 1995.

보면, 첫째 중앙집권적인 통치체제가 잘 갖추어져 있다는 것, 둘째 영토 및 인구의 크기에 비해 관서와 관리의 수가 대단히 많으며 중앙관서에서 국왕과 왕실 관련 관서가 매우 큰 비중을 차지한다는 것, 셋째 관서와 관리의 위계질서가 정연하게 갖추어져 있다는 것 등으로 정리할 수 있다. 조선의 관서와 관리가 지나치게 많다는 지적은 일찍이 柳馨遠 이래 조선후기 실학자들에서부터 나온 바 있다. 『경국대전』에 규정된 중앙관서는 80개를 넘으며, 지방의 군현으로 수령이 파견되는 지역은 330개였다. 중앙관서는 대부분이 6조의 속아문이었고, 그 상당수는 국가의례 및 국왕과 왕실이 품위를 유지하며 생활할 수 있도록 뒷받침하는 관서들이었는데, 조선후기에는 이러한 관서의 상당수가 폐지되는 변화를 겪게 된다.[28]

『경세유표』의 중앙관제 개혁론의 큰 틀은 다른 개혁사상과 마찬가지로 『周禮』에 의거하고 있다. 그러나 당면한 조선의 현실 문제를 풀기 위한 고민에서 현실상황에 맞추어 재구성하고 있다. 『周禮』에는 전체적으로 天, 地, 春, 夏, 秋, 冬의 6관으로 각 관이 60개씩 모두 360개의 기관을 거느리도록 기술되어 있다. 그러나 『경세유표』에는 6조에 균등하게 20개의 관료기구가 소속되게 했다. 한편 鄭玄의 해석에 의하면 『周禮』 천관의 총재는 6관의 관료를 모두 통솔하도록 되어 있다. 그러나 『경세유표』에서는 총재와 같이 모든 관리를 관장하는 직책

---

28) 관료기구의 운영을 위해 양반이 맡는 관직의 수는 『經國大典』에 따르면 實職 총수가 5,605窠이고, 그중 문반이 1,779(경관직 741, 외관직 1,038), 무반이 3,826(경관직 3,324, 외관직 502)이었다. 그러나 체아직(3,110)과 무록관(95)을 제외한 양반의 正職은 문반 1,579, 무반 821, 합계 2,400窠였으며, 이중 경관직이 860, 외관직이 1,540이었다. 중앙과 지방의 각 관서에는 이러한 양반의 관직에 더해 서리와 향리, 하인배와 노비 등이 속해 있어서 전근대사회의 사정으로 볼 때 관에 속한 인원이 지나치게 많다고 볼 수 있다(『經國大典』 卷1, 吏典 京官職・外官職).

을 두지 않았다. 다만 의정부에는 종래와 같이 3公을 두는 한편 그 밑에 다시 3孤를 두어 6관을 관리하도록 하였다. 이는 세도정치라는 당시 상황과 관련된 것으로 신하에게 총재와 같은 권한을 주면 다시 세도가로 전변할 가능성을 차단하기 위함이다. 또한 『周禮』의 관등이 7품인데 비해[29] 다산은 이를 그대로 따르지 않고 9품 18등급이던 조선의 실정을 감안하여 9품계로 축소하였다. 이밖에도 구체적인 관직과 기구에 대해서 필요한 경우 『尙書』의 내용 등을 이용하여 『周禮』와 다른 제도를 제시하기도 하였다.[30] 가령 利用監은 기술개발을 구상한 것으로 경전에 없는 새로운 기구였다.

『경세유표』에서 다산은 6曹 중심의 관청체계를 강조하였다. 기존 조선의 관료기구 조직체계를 보면 의정부와 6조가 근간을 이루고 있다.[31] 그러나 일반행정기구 이외에 왕명출납기구인 承政院과 언론을 담당하는 臺諫 등 정치적 비중이 큰 기구들과 軍營衙門들은 병렬적으로 국왕에게 직속되어 있었다. 행정기구인 6조의 경우에도 直啓權을 갖고 의정부와 관계없이 국왕에게 직속되어 있었다. 이 같은 체제는 관료기구 사이의 상호견제에는 유리한 것이었지만 일원적이고 능률적인 행정체제의 운영에는 불리한 것이었다. 따라서 왕권과 신권의 상호관계가 변함에 따라 군권이 전제적으로 행사된다거나 왕과 사적 관계에 있는 인물이 요직을 독점하고 정권을 천단할 수 있는 여지도 있는 것이었다.

이에 비해 『경세유표』에는 기존 아문들이 모두 6조체제 속에 재배치되었다. 다산은 "모든 관원은 6관에 예속되고 오직 3공만이 6관의

---

29) 『經世遺表』 卷3, 天官修制, 東班官階.

30) 예를 들면 『周禮』에는 山虞寺, 澤虞寺 같은 것은 地官에 소속되었으나 『經世遺表』에는 당시 현존 제도와 같이 그대로 冬官 工曹에 속하게 하였다.

31) 『大典通編』 卷1, 吏曹 및 卷3, 兵曹의 京官職을 참조.

위에 있다"[32]는 『周禮』의 원칙에 따르고자 했다. 따라서 왕명의 출납을 관장하는 승정원의 경우도 이조에 예속시키는 등 별도의 정치기구의 존재를 부인하여 왕명의 전달과 집행 모두를 관료기구를 통해서만 이루어지도록 하였다. 다산은 6조 중심체제를 통해 실무권한을 집중시킴으로써 보다 효율적인 행정체계의 운영을 이루고자 했다. 요컨대 국왕을 공권력의 대표적 존재로 내세우며 관료기구가 국가운영의 실질적 주체가 되도록 하였던 것이다.

다음으로 다산은 의정부의 기능 회복을 통해 행정체제의 개혁을 추진하고자 하였다. 조선후기 비변사가 그 편제와 기능이 계속 확대되어 정무와 군무에 관한 정책결정 기능은 물론 집행기능까지 장악한 데 대한 대응책이었다. 이에 다산은 의정부 관제를 국정최고기구가 되게 하고 中樞府에서 군국기무를 장악하게 하며 비변사를 폐지할 것을 주장하였다. 먼저 의정부의 구성인원과 관직자의 官階가 『尙書』「周官」편의 3公 3孤의 원리에 어긋난 사실과 3孤의 위계는 6조의 판서에 해당하는 正卿(정2품)보다 높아야 한다는 점이 감안되었다. 따라서 都贊成을 신설하여 3相(정1품)과 3贊成(종1품)으로 구성하고 직제상 6조의 우위에 위치하도록 제안하였다.[33] 그리고 의정부에서 정2품 이상 고위관직자에 대한 인사권을 행사하도록 규정하였다.[34] 또한 中樞府를 실직화시켜 邊務를 총괄하게 할 것도 주장하였다.[35] 그러나 중추부의 권한이 다시 비변사처럼 권한이 커질 것을 우려하여 인적구성에서 原

---

32) 『經世遺表』 卷1, 天官吏曹 제1, 宗親府.

33) 『經世遺表』 卷1, 天官吏曹 제1, 議政府.

34) 의정부에서 中樞府의 領事와 判事를 비롯하여 6조의 판서와 참판, 한성판윤과 각사의 제조 등에 대한 고적을 담당하도록 하였으며 지방관인 巡察使와 節度使에 대해서도 중추부와 合坐하여 考績하도록 하였다(『經世遺表』 卷4, 天官修制 考績之法).

35) 『經世遺表』 卷2, 夏官兵曹 中樞府.

任大臣만으로 충원하고 知事와 同知事는 6조판서 등 주요 관직의 우두머리가 겸임할 수 없게 하였다. 그리고 군국기무에 관한 중요사항을 논의할 경우 의정부 3공이 그 회의를 주관하도록 하여 중추부의 독자적 운영을 막으려 하였다. 이처럼 다산은 의정부의 편제를 개편하여 여타 기구의 우위에 위치하게 하고, 고위관직에 대한 인사권을 장악케 하며 군국기무에 대해서도 최종결정권을 갖도록 하여 의정부 이하의 행정체계를 일원화시키려 한 것이었다.

당시 조선왕조에 의한 관제 개편은 주로 국가경비의 절감을 위해 관서의 폐지나 축소, 인원의 감축을 위주로 시행되었다. 이에 대해 다산은 "이익은 적고 손해가 커 구급의 방법이 될 수는 없으며 관제가 제대로 갖추어지지 않으면 결국은 백성들에게 피해가 돌아가게 된다"고 하여 반대하였다.[36] 오히려 필요한 기구는 신설되어야 한다고 주장하였다. 『경세유표』에 의하면 기존의 기구보다 39개의 아문이 증설되고 있다. 이들 가운데는 새로 신설된 경우도 있었으며 기존에 혁파된 아문의 부활 내지 임시기구, 그리고 각 曹의 屬課였던 기구들을 정식 아문으로 승격시키는 등의 방법이 동원되고 있다. 호조에 신설되는 經田司는 정전제의 실시에서 전제 조건이 되는 양전사업과 공전 설치를 담당하는 기관이었다. 형조에는 가장 많은 관청이 증설되고 있다. 掌胥院과 券契司는 통치질서의 확립을 위한 사회통제 기능을 위해 설치된 관청이었다. 장서원은 향리를 비롯한 이서층을 단속하는 기관으로 행정체계의 말단에서 사사로이 이익을 추구하는 이들의 통제를 전

---

36) "오직 관서를 혁파하고 인원 줄이는 것을 구급하는 방법으로 삼았다. 그러나 이익이 되는 것이 되(升)나 말(斗)만큼이라면 손해되는 것은 산더미 같았다. 관직이 정비되지 않아서 正士에게 祿이 없고, 貪墨한 풍습이 크게 일어나서 백성이 시달림을 받았다"(『經世遺表』, 「邦禮艸本引」). 이러한 다산의 주장은 다른 정론가의 관제개혁론이 주로 불필요한 관직과 관청을 혁파하거나 줄이는데 집중하고 있던 사실과 대조를 이룬다.

담하는 관청이다. 券契司는 각종 매매 文券을 관장하는 기구인데, 다산은 거래시 반드시 규격화된 문서의 이용을 주장하였다.[37] 綏遠司는 海島나 遠方을 개척하는 기구이다. 국가의 공권력이 제대로 미치지 못하는 이들 지역을 수원사가 관장함으로써 중간 수탈을 배제하여 세입을 증대시키고 공권력을 침투시켜 국방을 충실히 하려는 의도였다.

또한 다산은 관료기구가 國富를 증진시키는 기능도 갖추어야 한다고 보았다.[38] 利用監을 신설하여 새로운 기술을 외국 특히 중국에서 국가 주도하에 적극적으로 도입하고자 하였다.[39] 이용감은 기술 도입의 중추기관이 되어 타부서가 이곳에서 기술을 배워가도록 하였다. 이에 따라 공조에 설치되는 典軌司, 典艦司, 燔瓷司, 典圜署 등은 수레와 선박・도자기 등의 제작과 기술 보급, 동전주조, 도로관리 등을 담당하였다. 이와 함께 과학기술을 이용한 기기의 규격화를 강조하여 수레, 선박, 동전, 병기뿐 아니라 건축 자재와 가옥까지 규격화시킬 것을 제안하였다. 다산은 과학기술의 개발 보급과 함께 자원을 개발하여 국가 수입원의 증가를 모색하였다. 이를 위해 호조의 屬課였던 銀色을 司鑛署로 승격시켜 鑛穴을 관에서 직접 관장하고 금・은・동에 대한 私採를 엄금해야 한다고 하였다. 또 山虞寺와 林虞寺를 신설하여 산림자원을 관리하여 산림에서 나오는 생산물에 대해 세를 부과하여 국가수입의 증대를 도모했다.

결국 다산은 토호, 이서 등 사적인 재지세력의 전횡으로 인한 모순을 해결하기 위해 관료기구가 중심이 되어 공권력을 확보하고 현실사

---

37) 『經世遺表』 卷2, 秋官刑曹 掌胥院, 券契司.

38) "이용감을 개설하고 북학의 법을 의론하여 부국강병을 도모하는 것만은 변경시킬 수 없다"(『經世遺表』, 「邦禮艸本引」)라 하여 『經世遺表』의 서문에서부터 利用監의 개설과 北學 고구의 필요성을 역설하고 있다.

39) 『經世遺表』 卷2, 冬官秋工曹 利用監.

회에 적극적으로 개입하여 사회개혁을 추진하려 했던 것이다. 다산은 그의 정치제도의 개혁론에서 줄곧 새로운 교육, 과거, 인사제도를 통해 배출된 인재를 개혁의 주체로 설정하고 있었다. 그리고 이러한 새로운 계층을 관료체계에 흡수하여 개혁을 주도해 나갈 수 있다고 보았다. 그런데 여기서 말하는 관료체계란 기존의 관료체계가 아닌 새로운 계층이 개혁의 주체로서 자신의 능력을 발휘할 수 있는 체제인 것이다.

(2) 지방제도 개혁론

본 항에서는 茶山이 구상한 국가개혁론의 큰 틀 속에서 조선의 지방제도를 어떻게 변화시키고자 했는지, 지방제도 개혁론에 반영된 『주례』의 이념은 무엇인지, 그리고 정전제 실시에 따라 창출된 향촌조직은 상부의 공적 사회제도와 어떻게 연계되는지에 대해 살펴보려 한다.[40]

『경세유표』에서 보이는 다산의 지방제도 개혁 논의를 살펴보면 첫째, 郡縣分等・分隷論이다. 다산은 8道制를 12省制로 바꾸는 공간영역의 재배치를 통해 전국의 각 군현이 일정 정도 균등한 관계 속에서 배분되도록 설정하였다. 다산이 구상한 조선의 공간영역에 대한 재배치의 내용은 당시의 인문지리적 발달상과 연관된 것이다.[41] 둘째, 다

---

40) 다산의 지방제도 개혁론에 대해서는 다음의 논고가 참조된다. 이존희, 「茶山 丁若鏞의 地方行政改革論」, 『용암차문섭교수화갑기념논총』, 조선시대사연구(화갑기념논총간행위원회), 1989 ; 강석화, 「丁若鏞의 地方制改革案 硏究」, 『국사관논총』 34, 국사편찬위원회, 1992 ; 조성을, 「丁若鏞의 地方制度改革論」, 『동방학지』 77・78・79합집, 연세대 국학연구원, 1993 ; 이진형, 「다산 정약용의 외관제 개혁론-『경세유표』를 중심으로」, 연세대학교 석사학위논문, 2005.

41) 18세기 말 19세기 초 조선의 지리에 대한 새로운 인식과 발달과정에 대해서

산은 『목민심서』에서 지방관으로서 수령과 감사, 그리고 향리층의 다양한 부정과 폐습에 대해 대대적인 비판을 가하는 한편, 『경세유표』에서는 이들이 수행하는 역할과 기능을 재차 법제적으로 규정하고, 당면한 폐습의 해결책을 제기하고 있다. 셋째, 다산은 지방관의 考課를 보다 철저하고 구체적으로 시행하여 국왕의 신료로서의 위상을 정립하고자 하였다.

다산의 지방제도 개혁론은 총체적인 국가개혁론의 주요 부분으로 공간·토지·민인의 배치와 직결된 사안이었다. 다산이 따르고자 했던 지방제도 개혁론의 이념적 근거의 하나는 鄕遂制였다. 다산은 敎民정치의 이념적 모델을 중국 고대의 향수제에서 발견하고 『尙書』 연구에서 그 제도적 실상을 고증하였다. 향수제에 의하면 왕궁을 중심으로 6鄕·6遂·4郊의 편제 이후 田地가 전혀 없이 士民만 거주하는 6鄕에는 鄕老와 鄕大夫가 있고, 田地가 있고 농민이 거주하는 6遂에는 鄕師와 遂大夫가 있어 각 구역을 다스리는데, 4郊는 6遂의 관리에 직속되었다. 다산은 이들 鄕·遂의 관리들이 각 관할구역을 다스리는 외에 학관(敎民)의 직을 겸하는 것으로 보았다. 『주례』의 "鄕三物로 만민을 가르치고, 鄕八刑으로 만민을 규찰한다"는 것은 바로 교민을 일컫는 예로 이해하였다.[42] 다산은 고대의 향수제에서 敎民정치뿐만 아니라 官制·田制·兵制의 모델을 발견하고 있다. 실제로 『경세유표』에는 한양을 고대의 6鄕制에 의거하여 6部로 편제하고 있다.[43]

다산의 경우 역대 실학자들의 지방제도 개혁론과 마찬가지로 전통

는 다음의 논고가 참조된다. 최영준, 「조선후기 지리학 발달의 배경과 연구전통」, 『문화역사지리』 4호, 1992 ; 이상태, 「金正浩의 三大地誌研究」, 『孫寶基博士停年紀念韓國史學論叢』, 지식산업사, 1988.

42) 『周禮』 卷10, 司徒敎官之職 ; 김문식, 앞의 논문, 1988, 385쪽.

43) 『經世遺表』 卷3, 天官修制 三班官制.

적 수령제와 군현 대책에 머무르지 않고 하부구조인 鄕里와 생산자민을 위요한 각종 제도와 직임을 설정 운영하고자 하였다. 그가 구상하는 지방제도는 17세기 磻溪 柳馨遠과 유사하게도 단순히 호구수에 따른 인위적인 등급의 결정에 머무르지 않고 생산수단인 토지의 지급과 이를 담당할 생산주체로서의 家戶를 일정 수 배치하는 방안이었다. 정전제와 연계하여 토지분급에 따라 村里를 정비하되 村(4井)－里(4村)－坊(4里)－部(4坊)로 규정하며, 직임으로 각각 村監・里尹・坊老・部正을 두고자 하였다. 그런데 이 제도안은 정전제의 완성 여부와 밀접히 관련되었기 때문에 다산이 구체적인 운영내역을 밝히고 있지 않다.[44]

한편, 조선후기의 지방제도 운영의 실상과 제반 문제점에 대해서는 다산만이 아닌 17세기 반계 이후 유자・실학자들이 끊임없는 지적하고 비판하면서 그 대안을 제시하였다.[45] 즉 18・19세기 다산의 개혁론은 이들의 전통적 고민과 비판의 연장선상에서 이해될 때 비교적 선명하게 드러날 수 있을 것이다. 구체적으로 당 시기 지방제도의 운영실태와 문제점은 다음과 같이 지적된다. 조선후기 지방제도의 운영에서 국가의 직접 지배의 의지가 강조되는 과정에서 불명확한 기준에 의거한 8道제의 구획과 道・府・郡・縣에 대한 강등조치 및 邑勢와

44) 다산은 井地를 기초단위로 하고 호구를 배치하며 지방행정 조직을 편성한다는 원칙에 입각하여 "此縣之民 不得耕彼縣之田 或其村里 惟仰彼田者 徙其民以就田……制其村里 以田束之 凡四井爲村 四村爲里 四里爲坊 四坊爲部 存置一監 里置一尹 坊置一老 部置一正"이라 하였다(『經世遺表』 8, 地官修制 田制10 井田議2).

45) 향촌지배정책의 실상과 실학자들의 대안에 대해서는 다음의 논문이 참조된다. 오영교, 『조선후기 향촌지배정책연구』, 혜안, 2001 ; 오영교, 「조선후기 실학파의 지방제도 개혁론 연구」, 『한국실학사상연구 2』, 혜안, 2006 ; 한국역사연구회 조선시기사회사연구반, 『조선은 지방을 어떻게 지배했는가』, 아카넷, 2000.

邑等이 일치하지 않는 현상적인 문제가 표출되었다.[46] 다음은 다산이 지적한 道制에 대한 문제 제기이다.

> 우리나라 법은 州府가 貧殘하여 혹 聚落을 이루지 못하고, 큰 규모의 여러 현은 어지러운 事務가 많다. 관원을 差任해서 보낼 때에는 권세가 높으면 한 번에 바로 큰 현에 붙이고, 힘이 약하면 세 번이나 벼슬해도 모두 작은 현을 얻게 되니, 官方의 어지러움이 이와 같다. 지금 道의 여러 고을을 들어 民戶와 田結로써 大小를 분간하고 시험삼아 기록하여 大略을 파악하고자 한다.[47]

즉 다산은 州府의 규모가 일정치 못한 상황, 지방관의 임용에 정치적 영향력이 작용하는 세태를 비판하고 있다. 그리고 이에 대해 각 道에 소재한 고을의 규모를 民戶數와 田結數에 근거하여 구분할 필요성을 제기하였다.

다산은 戶籍과 量田의 기초적인 시행을 전제로 '地方' 구획에 대한 기본적인 틀을 변화시키고자 하였고,[48] 구체적으로 12省制와 郡縣分隷論을 제기하였다. 12성제를 기존 8도 체제와 대비하여 보면 경기도는 奉天省으로, 충청도는 泗川省으로, 전라도 북부는 完南省으로, 전라도 남부는 武南省으로, 경상도의 낙동강 동쪽은 嶺南省, 낙동강 서쪽은 潢西省, 강원도는 洌東省, 황해도는 松海省, 평안도 남부는 浿

---

46) 조선후기 지방제도 운영 및 이의 개혁론에 대한 연구는 다음과 같다. 이존희, 앞의 논문, 1989 ; 강석화, 「정약용의 지방제개혁안 연구」, 『국사관논총』 34, 국사편찬위원회, 1992 ; 조성을, 앞의 논문, 1993 ; 한상권, 「조선시기 국가의 지방지배 연구현황－군현제외관 연구를 중심으로－」, 『역사와 현실』 18, 1995 ; 오영교, 「17세기 향촌상황과 수령제정비론」, 『동방학지』 92, 1996 참조.

47) 『經世遺表』 卷4, 天官修制 郡縣分等.

48) 『經世遺表』 卷4, 天官修制 郡縣分等.

西省, 평안도 북부는 淸西省, 함경도 남부는 玄菟省, 함경도 북부는 滿河省으로 편제하였다. 특히 남쪽의 전라도와 경상도를 각각 2개 省으로 분류하고, 북쪽의 평안도와 함경도를 또한 각각 2개 省으로 나누었다. 西道와 北道는 지역이 넓어 예하 군현에 대한 감사의 통제가 원활하지 않은 데에 기인한 것이다. 그리고 호남과 영남에는 많은 인구와 번거러운 政務로 인해 2개의 省으로 분할하고자 하였다.[49]

『經世遺表』 郡縣分隷에서 이와 같은 지방 행정구역 설정의 기준으로 제시된 것은 크게 4가지로 정리된다. 첫째 平野를 州로 나누는 데 있어 산과 시내를 경계로 하며, 둘째 국방을 위한 關防要衝地의 운영 여부, 셋째 백성의 행정상의 편의, 넷째 지방관의 역량(才操와 器局)이다. 이러한 기준은 앞서 언급한 각 지방의 행정실정을 염두에 둔 것이라 할 수 있다.[50]

이러한 내외 요인을 반영하여 다산의 12省 체제에서 州郡縣은 모두 314邑으로 8道 체제에서 존재했던 346개의 邑 가운데 43개 읍을 통・폐합시키고, 11개의 읍을 증설하였다.[51] 인문지리적・국방의 요인이 함께 감안된 郡縣併省論이다. 군현 통・폐합 이후 다산은 민호와 전결에 따라 군현의 등급을 설정하고자 했다.[52] 다산은 民戶와 田結을 근거로 郡縣의 대소를 분별하여 7等級으로 차별하여 구분하였다. 즉 2만 5천 이상을 大州, 2만 이상은 大郡, 1만 5천 이상은 中郡,

49) 『經世遺表』 卷3, 天官修制 郡縣分隷.
50) 『經世遺表』 卷3, 天官修制 郡縣分隷 ; 이진형, 앞의 논문, 2005 참조.
51) 『經世遺表』 卷3, 天官修制 郡縣分隷. 통폐합된 邑은 풍덕, 교하, 목천, 석성, 비인, 신창, 덕산, 해미, 평택, 영동, 회인, 전의, 진잠, 함열, 구례, 자인, 하양, 순흥, 진보, 비안, 영덕, 청하, 연일, 안의, 칠원, 곤양, 진해, 흡곡, 송화, 옹진, 증산이고, 증설한 邑은 압해, 금오, 검주, 화령, 인성, 계산, 후주 폐4군이다.
52) 『經世遺表』 卷4, 天官修制 郡縣分等, "郡縣之制 宜以民戶多少田結廣狹 爲之等級".

1만 이상은 小郡, 8천 이상은 大縣, 6천 이상은 中縣, 4천 이상은 小縣으로 하고, 4천 미만인 것은 倂合해서 줄일 것을 주장하였다. 일례를 들면 大丘는 民戶가 1만 3천이고 田結이 1만 2천으로 합하면 2만 5천으로 大州가 되는 것이다. 한편 호구와 전결은 적으나 火田을 경작하거나 바닷가 백성에게 漁獲의 利得이 별도로 있는 경우 또는 人蔘·銀·布·漁獲의 이익이 많은 곳은 지역적 특수성을 참작할 것을 지적하고 있다. 그리고 浿西와 海西, 그리고 江原道의 경우 지역적 실정을 참작한 별도의 기준에 따라 1만 5천 이상은 大州, 1만 이상은 大郡, 8천 이상은 小郡, 6천 이상은 大縣, 4천 이상은 中縣, 4천 미만은 小縣으로 구성하는 등 탄력적으로 대응하고자 했다.

다산은 郡·縣의 등급 조정이 完備되면 해당 郡縣에 소속되는 胥吏의 정원 비율도 적절히 산출할 수 있음을 언급하고 있다.[53] 다산은 이러한 縱橫적 郡縣分等 및 分隷 논의를 통해서 중앙집권의 영향력이 지방에 효율적으로 전달될 수 있는 지방행정체제를 구상하였고, 이러한 구조와 틀 속에서 수령과 예하 향리층이 제 역할과 기능을 발휘할 수 있도록 했다.

鄕吏는 복잡한 지방관청의 운영체제에서 부세문제를 비롯한 제반 업무의 管掌을 맡아 이를 좌우하였다. 목민관에게는 禦吏의 요령이 가장 터득하기 어려운 것으로 지적되었고,[54] 많은 정론가들이 鄕吏의

53) 『經世遺表』 卷4, 天官修制 郡縣分等, "서리의 인원을 정하는 것은 오늘의 急務로 대략 20명을 始點으로 每率에 5씩을 보태며, 40명이 넘으면 매양 10명씩을 더하다가 100명이 되면 더 이상 늘리지 못한다. 민호와 결수를 합계해서 4천이면 민호는 대략 2천이 된다. 100호에 대해서 서리 1명씩을 둔다면 2천 호 되는 고을에는 20명을 두는 것이 옳다".

54) 「治郡要訣」 6, 臨下(『朝鮮民政資料』 牧民編) 25, "御吏之法最難得其要 尙威則吏亦民也而無所聊生 尙寬則吏乃民之蠹也 其胎害於民者亦多矣 然則宜尙嚴而使不之爲民害可也".

作奸에 대해 문제를 제기하였으며, 심지어 曺植은 '吏胥亡國論'을 언급하기도 했다.[55] 다산은 鄕吏에 대한 비판·지적과 더불어 이들에 대한 감독과 육성 방법을 고민하였는데, 鄕吏를 감독하는 기구인 掌胥院의 설치가 바로 그것이다. 다산은 장서원을 설치하여 향리의 정원을 정하고, 세습과 특정 가문의 전횡을 금지시키며, 금전 출납은 이웃 고을의 아전에게 맡기고, 이방의 임무는 매년 교체하도록 규정하였다.[56] 이처럼 다산은 각 지역의 경제력에 따라 향리의 수를 조절함으로써 民의 부담을 감소시키고, 향리의 신분적·세습적 특권을 없애며, 향리가 해당 고을의 세력과 결탁하는 소지를 근절시키기 위한 방법을 제기하고 있다.[57]

한편 다산은 鄕丞(鄕任)의 직임은 縣令을 보좌하는 역할로 반드시 고을에서 적절한 인선이 필요하다고 하였다.[58] 다산은 鄕廳의 권력을 다시 재지사족에게 되돌리고자 하였는데, 이는 鄕廳의 자율성 확보를 통해 당시 지나칠 정도로 강화된 수령의 권한을 견제·감독하기 위함이었다.

본래 주자학의 정치론에서는, 정치가 爲政主體인 군주와 관인·유자들의 도덕적 완성 및 공적 권력의 도덕적 운영에 토대하여 이루어진다는 내용이 중심적으로 강조되었다. 이 같은 논리를 적극 수용, 體化하게 된다면 주자학의 세례를 받은 사대부들이 국가경영의 일선에 나설 경우, 공권력을 올바르게 운영하려는 자세와 태도를 견지했을 것으로 예상할 수 있다. 그러나 현실은 달라서 중앙뿐 아니라 향촌 현장

---

55) 『增補文獻備考』 卷229, 職官16 雜職吏胥.
56) 『經世遺表』 卷2, 秋官刑曹 掌胥院.
57) 김동수, 「다산의 향리론」, 『용봉논총』 13, 전남대학교 인문과학연구소, 1983.
58) 『牧民心書』 吏典 用人條, "鄕丞者 縣令之輔佐也 必擇一鄕之善者 俾居其職".

에서조차 각종 부정이 발생하였다. 이에 대해 다산은 강력한 인사고과를 통해 그 모순을 시정하고자 했다. 다산은 考績이야말로 堯・舜이 至治를 이룩하게 된 가장 중요한 요체인 것을 확신하였다.[59] 따라서 『경세유표』에서 중앙과 외방의 행정 편제를 일단 마무리하고 나서 이후 考績法을 서술하여 그 통치행정을 점검하는 항목을 마련하려 했다. 국왕의 직무는 곧 '天의 職事(天工)'를 대신하는 것이므로, 모든 관직자는 국왕이 맡긴 직사의 달성 여부를 추궁하는 고적법의 대상이 되지 않을 수 없었다. 고적에 대한 다산의 논의는 3단계로 발전하면서 구성되는데, 처음 考績論에서 6綱 4目(총 24綱目)을 제시하고,[60] 이후 『경세유표』 考績之法에서 9綱 6目(총 54綱目)으로 체계화하였으며,[61] 마지막으로 『목민심서』에서 12綱 6目(총 72綱目)으로 완성하였다.[62] 여기에서 「考績議」는 문제제기로, 『경세유표』의 「考績之法」은 총론적 원칙 설정, 『목민심서』는 세부적인 실천강령을 다룬 것으로 생각해 볼 수 있다. 다산은 고적제가 실시된 지 오래되었음에도 불구하고 문벌이나 개인의 교양, 인품을 논하는 등 실제의 治民과는 관계없이 행해지는 것을 비판하고 그것을 충실하게 실시할 것을 주장하였다. 또한 각 지방에서 고적을 담당할 기구로 布政司를 各省에 설치하고, 여기에 巡察使를 두어 수령의 고적을 비롯한 일체의 업무를 관할하는 구상도 제시하였다.[63]

이와 같이 다산은 공간적 개념에서의 지방을 새로이 구획하고 제도

---

59) 『經世遺表』 卷4, 天官修制 考績之法.

60) 『與猶堂全書』 I-9, 「考績議」, 186~187쪽 ; 『與猶堂全書』 I-9, 「玉堂進考課修例箚子」, 197~199쪽. 이 글에서 구상된 고과 원칙과 항목이 『경세유표』와 『목민심서』 고적법에 대부분 적용되었다.

61) 『經世遺表』 卷4, 天官修制 考績之法.

62) 『牧民心書』 吏典 考功.

63) 『經世遺表』 卷4, 天官修制 考績之法.

적으로 균등하게 만드는 구조를 모색하는 가운데 이의 지속적인 유지와 통제를 위해 외관직 담당 관인에 대한 철저한 관리와 정확한 고적제의 시행이 필요함을 주장하고 있다.

2) 이상국가론의 물적 토대 구축－경제·재정개혁론

(1) 토지제도와 조세제도의 개혁

18세기 중엽 이후 조선사회는 상품화폐경제 및 농업기술, 농업생산력이 한층 더 발달하는 가운데, 양반관료·지주·猾吏·豪商 등의 토지겸병과 경영지주·경영형 부농층의 경영확대 현상이 현저해지고 있었으며, 郡總制로 운영되는 삼정의 구조적 모순 또한 더욱 심화되고 있었다. 그 결과 이 시기에는 농촌사회의 분해가 앞 시기에 비해 보다 극심해지고 빈농층·몰락농민층의 경제적 처지가 어려워지고 있었다. 그러므로 이 단계에 이르러서는 토지문제에 관심을 갖는 논자들이 더욱 많아지고 그 문제를 해결하기 위한 방안 또한 더욱 철저하고 과감하며 다양해지지 않을 수 없었다.

다산이 구상한 국가체제는 우선 정확한 國勢·邑勢·民情의 파악을 전제로 실현할 수 있는 것이었다. 그 가운데 토지의 소유와 경작실태를 파악하는 것은 대단히 중요한 사업이 된다.

> 田地 經界를 바로잡지 못해서 숨기고 누락된 것이 반수나 되니, 소위 몇 결이라고 되어 있는 것은 실수가 아니다. 호적을 밝혀내지 않아서 가리고 冒錄한 것이 점차 불어나니 소위 몇 호라고 하는 것이 모두 虛名이다. 隱結을 田案에 올리고 陳結을 덜어낸 다음에야 실제 호수를 알 수 있다. 이 두 가지 政事를 거행하지 않으면 온갖 일이 모두 막혀서 그 사이에 손 하나 쓸 수가 없다.[64]

따라서 다산의 국가개혁론의 기초가 되는 정전제론은 전지를 기준으로 하고 그 위에 호구를 배치함으로써 전지와 호구를 빠짐없이 파악한다는 원칙을 내세우고 있다.[65]

『경세유표』의 「전제」 1~4는 다산이 상고시대의 정전제를 이론적으로 검토하면서 정전제를 이상적인 토지제도로 재구성하여 그 실시의 당위성을 강조한 부분이다. 따라서 어떤 정론가보다도 주대의 정전제도 자체를 복원, 실현하고자 했다. 따라서 주대의 정전제 자체를 밝히고자 했는데 이 자체도 조선에서 실현해야 할 이상적인 제도를 확보하는 일이기도 했다. 그러나 이와 더불어 다산은 고제로서의 정전제가 복구되어야 하나 즉각적인 실시가 불가능하다고 여겨 점진적인 방법에 의한 토지소유관계의 변동를 모색하고 있다. 「전제」 9~12는 현실적으로 그러한 정전제가 곧 실시될 수는 없으므로 당면한 전정의 문란을 해결하기 위한 방법으로 九一稅法 만이라도 원용하자는 주장을 서술하고 있다.[66] 이는 전체 토지가 수용되기까지의 과정에서 조선왕

---

64) 『經世遺表』 卷4, 天官修制 郡縣分等.

65) 『經世遺表』 卷8, 田制10 井田議2.
정전제에 관해서는 다음과 같은 연구가 있어 그 성격을 잘 파악할 수 있다. 박종근, 「다산 정약용의 토지개혁사상의 연구」, 『조선학보』 28, 1963 ; 정성철, 『실학파의 철학사상과 사회정치적 견해』, 1974 ; 신용하, 「다산 정약용의 정전제 토지개혁사상」, 『김철준박사 화갑기념 사학논총』, 1983 ; 김용섭, 「18·9세기의 농업실정과 새로운 농업경영론」, 『한국근대농업사연구』, 1975/ 증보판 상, 1984 ; 김용섭, 「조선후기 토지개혁론의 추이」, 『동방학지』 52, 1989 ; 김용섭, 「주자의 토지론과 조선후기 유자」, 『(증보판)조선후기 농업사연구』 II, 일조각, 1990 ; 박찬승, 「정약용의 정전제론 고찰－경세유표 전론을 중심으로」, 『역사학보』 110, 1986 ; 성대경, 「다산의 농업개혁론」, 『대동문화연구』 21, 1987 ; 강만길, 「다산의 토지소유관」, 『다산의 정치경제 사상』, 창작과 비평사, 1990.

66) 다산의 정전제론은 조선후기 토지문제에 관한 논의의 흐름 가운데에서 程子·張子의 '井田可行論'의 입장에 서서, 정전제가 우리나라에서도 시행 가능한 것이며 또 시행되어야 한다는 주장을 펴는 한 흐름에 속한 것이었다(박찬

조의 세수입 확보책과 밀접하게 관련된 것이다.

다산은 젊은 시절 경전에 기술된 그대로 정전제도를 인식하여 여타 儒者들처럼 시행이 불가능한 것으로 생각하고 있었다. 따라서 특유의 독창적인 견해인 閭田論을 제기하였다. 그러나 이 방안은 그 실행방법을 더불어 제시하지는 않았다. 혁명적인 방안이 아니고서는 결코 이루어지기 어렵다는 사실을 예측하였던 것으로 보인다.[67] 따라서 다산은 그 후 유배지에서 노년기를 맞이하면서 유교경전에 대한 연구를 심화시키는 가운데 기존 정전제와는 다른 새로운 해석을 내리고 있다. 그것은 당시 조건 하에서 정전제도의 시행이 가능하다고 보는 것이었다. 첫째는 정전제라 하여 전국의 모든 토지를 井井方方으로 구획하는 것은 아니며 평원의 농지와 달리 그렇게 할 수 없는 規田·町田·萊田 등은 정전의 率로 헤아려 升除折補함으로써 井田의 總額으로 파악할 수 있다는 것이다.[68] 그에게 있어 지형상의 난점이 정전제를 거부하는 이유가 될 수 없었다. 둘째, 정전제도의 농지분급 원칙이 천하의 민에게 모두 그 가족 수를 헤아려 농지를 주는 것이 아닌 경작자 농민에게 분급하는 것으로 이해하고 있었다. 그의 연구에 의하면 "주나라 冢宰는 九職으로서 만민에게 직을 주는 가운데 농사가 가능한 사람에게만 유독 농지를 주었다"는 것으로 "唯農者受田" 또는 "農者得田 不爲農者 不得田"하는 제도로 보고 있다.[69]

승, 앞의 논문).

67) 그의 토지개혁론은 비록 여전론에서 정전론의 순서로 저술되었지만 그에게서 여전론은 정전론을 넘어서는 이상적인 개혁안이었다. 정전론이 현실의 경제제도를 개혁하여 빈농층, 무전농민을 독립자영농으로 육성하는데 목표가 있는 것이라면 여전론은 현실의 경제제도를 개혁하고 농업생산을 閭(촌락)단위로 집단화·공동화함으로써 농민경제를 새로운 차원에서 근원적으로 안정시키려고 하는 것이었다(김용섭, 「조선후기 토지개혁론의 추이」, 『(증보판)조선후기농업사연구』II, 일조각, 1995).

68) 『經世遺表』 卷5, 地官修制 田制1, 井田論2.

그러나 다산은 이러한 정전제도의 재현이 쉽지 않음을 알고 있었다. 즉 중국 고대에서는 토지소유권이 천자제후에게 있어서 분급이 쉬웠지만 지금은 다수의 민들에게 있기 때문에 토지수용에 어려움이 있다는 것이다.[70] 따라서 다산은 수백 년에 걸쳐 지속적으로 추진함을 전제로 점진적인 토지의 수용과 선후에 따른 순차적인 제도 시행 연후에 비로소 복구가 가능하다고 설명하였다.[71]

이와 같이 다산이 주장하는 정전제 하에서의 농업은 일단 토지국유의 원칙 위에서 소농을 중심으로 이루어지는 것으로 점차적으로 토지를 분급받아 실제 경작하는 농민이 소유자가 되는 것이다. 진정한 '耕者有田'의 원칙이 관철되면 정전 농민들은 당 시기 급속히 발전하는 생산력과 상업적 농업에 편승해 독립자영농으로 전변되게 되는 것이었다. 정전 1井은 9・9區로서 중앙의 1구는 公田, 주위 8區는 농민들에게 분급되는 토지였다. 이러한 정전의 각 1・1區는 1頃(100畝, 40斗落)이 되는 농지이며, 정전에 대한 구획정리의 役事는 그 정전을 경작하게 되는 8口의 농민이 담당하도록 하였다. 결국 농사를 지을 만한 힘이 있는 농부 5~6명이 있는 8구의 家가 전지 100畝를 받는 것이 된다. 다산은 당시에 이러한 8구의 家는 그리 많지 않다고 보았고 이에 25畝 정도의 지급형태가 일반적인 것으로 보았다. 즉 다산이 강조하는 정전 하의 보편적인 농가의 토지보유는 10斗落 정도인 것이다.[72]

---

69) 『經世遺表』 卷5, 地官修制 田制1, 井田論3 ; 田制5.

70) 『經世遺表』 卷5, 地官修制 田制1, 井田論3 ; 田制5.

71) 『經世遺表』 卷7, 地官修制 田制9.

72) 『經世遺表』 卷7, 地官修制 田制9, 井田議1 ; 田制10, 井田議2 ; 田制9, 井田議1. 다산이 구상하는 정전제에서 개별 농가의 경우 가족 노동력의 수를 기준으로 일정 면적의 토지를 분급받는다. 주변 8전을 분급받은 농민의 경우 사유지에 대한 인정인가 영업전으로서 영구 경작권의 보장인가의 문제 즉 소유권과 경작권을 모두 부여받은 것인가의 문제가 제기되는 것이다.

다산은 정전제를 통해 당시 사회모순으로 되어 있는 봉건적 지주제를 일거에 해체시킴으로써 지주층에게 긴박되어 있는 전호농민을 정전제 내의 8區를 경작하는 독립자영농으로 해방시키려는 데 목표가 있었다. 그러나 조선후기 토지소유의 실태를 감안할 때 정전제를 실현시키기 위한 토지수용과 토지분급은 점진적일 수밖에 없었다. 궁방전・관둔전・영둔전 등 국유지를 정전제로 편성하는 데는 이론이 없었다. 그렇지만 일반 민들의 사유지를 정전제로 전화시키는 일은 간단한 문제가 아니었다. 공전과 달리 국가가 매수하지 못하거나 기증 받지 못한 개인의 사유지는 여전히 그것을 소유하고 있던 개인에게 소유권이 있었다. 그러므로 국가에 의해 공전이 확보되고 정전제의 복구작업이 추진된다 하더라도 자작농 혹은 지주층의 농지경영은 당분간은 여전히 그대로일 수밖에 없었다. 따라서 그의 정전제 시행방안은 국유지와 자영농민의 농지를 먼저 정상적인 정전제로 개편하고 지주층의 농지는 장기간에 걸쳐 점진적으로 전화시켜 나가려는 것이었다.

이러한 정전제를 운영하기 위해 농민들과 항상 접촉하는 가운데 농지를 관리하고 농민을 감독하는 책임자가 있어야 했는데 다산은 이를 村里制로 재편성하고 촌의 장인 村監으로 하여금 담당케 하려 했다.[73]

17세기 磻溪의 공전법에 의하면 토지의 사적 소유를 부인하면서도 농사짓지 않는 사류들에게도 전지를 지급하며 그 규모가 농민보다 많아야 된다는 방향이었다.[74] 이에 비해 다산의 경우 여전론에서 '農者

73) 『經世遺表』 卷8, 田制10 井田議2.

74) 유형원은 양반 및 국가기관에 지급되는 전지를 일반 농민이 지급받는 전지의 약 1/6, 전체 경지면적의 약 14%라 언급하며, 이 부분에 대해서는 소작경영을 용인하지 않고 노비 노동력을 이용하고 만약 노비제가 폐지될 경우 고공으로 대체하고자 하였다(김용섭, 「조선후기 토지개혁론과 유자」, 『연세논총』 21, 1985 ; 김준석, 「유형원의 공전제이념과 유통경제육성론」, 『인문과

得田'의 원칙을 확실히 하여 관직에 나아가지 않는 양반에 대한 토지 지급을 반대했으며, 遊食 양반이 농민이 되거나 상인, 수공업자, 또는 교사가 됨으로서 식량을 획득할 수 있을 것이라 하였다. 그는 정전론에서도 역시 관직에 나아가지 않는 양반들의 토지 지급을 반대했으며 현직에 있는 관리 이외의 양반계급이 토지를 소유하여 농민에게 소작시키는 것을 반대했다. 유형원과 다산이 사적 소유제를 부정하면서도 토지 분배과정에서 이와 같은 차이가 있는 것은 역사적 조건의 변천에 따른 士에 대한 인식의 차이에서 비롯한 것으로 다산에 있어 士는 하나의 비생산층으로만 인식되었기 때문이다.[75)]

또한 다산이 '農者得田'의 원칙을 확실하게 세울 수 있었던 것은 당시 상공업 발달과 연관된 직업분화에 대한 인식이 진전한 데 있었다. 다산의 시기에 오면 전체 인구의 생계가 농업생산력에 의해 영위되어야 한다는 중세적 생각에서 벗어나 일종의 근대적 직업분화의식이 나타나게 된다. 이러한 다산의 직업분화의식은 양반층과 피지배층에게 모두 적용되어 그의 시대에 크게 발달하고 있던 다양한 산업분야에 걸쳐 농민들이 전업할 수 있었으며, 이 경우 그들에게 토지를 지급할 필요가 없다고 보았던 것이다. 다산의 이 같은 사회적 분업론은 '井田 難行說'의 근거인 '人多地少論'을 비판 극복할 수 있는 중요한 이론이 되었다.

⑵ 『경세유표』의 부세제도 개혁론

다산은 정전제와 별도로 九一稅制法의 시행을 주장한다. 이는 국가재정과 밀접한 조세제도의 개혁을 통해 일체의 중간수탈의 배제와 운

학』 74, 1996 참조).

75) 강만길, 앞의 논문, 1990.

영의 합리화를 모색하여 당면한 현안을 해결하려 한 것이다. 대체적으로 점진적이고 과도기적인 개혁방안이라 평가되는데, 이는 정전제의 온전한 시행이 요원함을 전제로 제시된 안이기도 했다. 정전의 시행과 마찬가지로 구일세법을 실시하는 경우에도 모든 토지를 획정할 필요는 없고 평평한 곳을 선택하여 사례로 획정하고, 다른 곳에서는 계산상으로만 시행하여 그 중의 9분의 1을 공전으로 설치하고, 그 공전에서의 소출을 전세로 거두어들이면 9분의 1세가 된다는 것이다.[76] 그 세액은 농지의 비척을 헤아려 1등에서 9등으로 구분하여 징수하도록 했는데, 각종 중간수탈의 제거와 국가수입의 증대를 목표로 하고 있다.[77]

다음으로 다산은 환곡제의 개혁에 대해 집중적으로 문제를 제기하였다. 중세적 부세제도인 삼정의 운영에 심각한 변화가 야기되는 가운데 특히 18세기 말, 19세기의 시점에서 환정의 문란은 극심하였다.[78] 환곡의 본래 기능은 군향미 改色과 농민에게 종자와 농량을 분급해 주는 賑貸에 있었지만, 16·17세기에 耗穀의 10분의 1을 會錄하는 '取毛補用'이 실시되면서 진대의 기능은 약화되고 부세적 성격으로 변모하였다. 이어서 18세기 말 국가재정이 궁핍화되고 화폐경제가 본격적으로 전개되면서 환곡제는 커다란 폐해를 야기시키고 있었다. 다산이 살던 시기 환곡은 국가재용을 위한 부세의 성격이 가미되면서 진휼과 부세라는 두 가지 기능을 동시에 지니게 되었다. 이에 대해 다산은 환곡제의 모순을 통렬히 비판하는 농민경제의 입장(安民)과 환곡이 국가재용의 중요한 확보책이 되는 현실을 인정하고 운영상의 문제점을 시정해야 된다는 富國의 견지에서 환곡문제에 접근하고 있

---

76) 『經世遺表』 卷8, 田制10, 井田議2.

77) 『經世遺表』 卷8, 地官修制 田制12, 井田議4 ; 田制10, 井田議2.

78) 송찬섭, 『조선후기 환곡제 개혁안』, 서울대학교 출판부, 2002 참조.

다.[79]

이러한 두 흐름은 『경세유표』에서 종합된다. 첫째, 환총 영정화와 농민부담의 정액화 방안을 주장하였다.[80] 둘째, '빈부간 불균의 심화'를 막기 위해 다산은 환곡의 균배를 위해 穀總을 戶總으로 나누어 평균 분배하는 戶還방식을 채택하였고, 분급시 里 단위로 시행할 것을 주장하였다. 셋째, 취모율을 15%로 상승시키고자 하였다. 넷째, 환총 가운데 상당 부분을 상평창곡으로 할당하여 제 기능을 하도록 하고, 나아가 상평곡 운영을 통해 얻어지는 이익금으로 흉년시 결축분을 보충하고자 했다. 이는 다산의 환곡이정책 가운데 가장 적극적인 소농민 보호책이라 볼 수 있다. 즉 다산은 환곡제가 '社倉의 一變'이라 하여 환곡의 기능이 賑貸에서 財用으로 바뀌었음을 지적하였다. 이처럼 환곡을 부세적 성격으로 파악할 때 별도의 급대책이 마련되지 않는 한 폐지는 불가능한 것이었다. 이에 다산은 기존 還上制를 유지한 채 폐단만을 제거하는 '仍舊救弊'의 입장에서 이정책을 제시한 셈이었다. 安民과 富國의 두 측면을 고려한 방안이었던 것이다.

⑶ 산업기술 발전론의 전개

다산은 당시 개별적으로 방기되어 있는 산업과 기술의 전 분야를 국가기관이 주도하여 적극적으로 개발해야 된다는 개혁론을 제기하였다. 국가기관 자체가 산업발전의 저해 요인이거나 폐단의 온상지로 지목되는 면모를 일신하고 국가의 모든 산업분야를 적극적으로 개발하

---

79) 다산의 환곡에 관한 저술은 전기에 해당하는 「還上論」, 「還餉議」, 「應旨論農政疏」(1778)와 「公州倉穀弊政」(1795), 「夏日對酒」(1804), 그리고 후기의 저작으로 『經世遺表』 地官修制 倉廩之儲와 『牧民心書』 戶典 穀簿가 있다(한상권, 「18・19세기 환정문란과 다산의 개혁론」, 『국사관논총』 9, 1989 참조).

80) 『經世遺表』 卷12, 地官修制 倉廩之儲2.

는 주무의 행정기관으로 새롭게 편성되어야 한다는 의견이었다.[81] 다산은 산업과 기술의 개발뿐 아니라 각 지역의 특성에 맞는 산업 여러 분야의 편성과 인력의 배치 또한 주로 국가행정력을 통해서 성취하고자 하였다. 즉 중앙의 산업행정기구가 새로운 개발과 기술의 수용을 통해서 각 분야의 산업생산력을 최대한 제고하고, 다시 이를 전국의 행정단위에다 널리 전포하여 결국 국가와 백성을 부유하게 만든다는 방안이었다.

이러한 다산의 개혁론은 당시 생산력과 상품화폐경제의 발전이라는 배경요인을 담고 있었다. 우선 상업적 농업이 활성화되고 도시 인구의 수요에 적극적으로 대응하는 집약적 농업개발이 현실화되었다. 아울러 중국을 위시한 해외의 선진적 기술 수준이 적극적으로 도입되고 있었다. 따라서 발전을 거듭한 국내외의 산업·기술 수준을 현실적 토대로 수용하면서 국가행정력에 의한 정책개발, 조직의 정비를 통해서 모든 분야의 생산력을 발전시키고자 의도하였다. 가령 산업진흥의 기초인 토지·호적·부세를 전담하여 관장하는 기구로서 經田司·版籍司·平賦司라는 별도의 기구를 설치하여 운용할 것, 토지와 호적은 정전제를 기초로 하여 편성·배치·관리할 것, 부세제도는 정전제도에서의 公田稅뿐 아니라 새로이 개발하는 모든 산업 분야를 대상으로 소위 '9賦를 제정'하여 징수함으로써 국가의 재용을 넉넉하게 하고 백성의 부담을 균평하게 한다는 것 등이다.[82] 工曹 소속기관으로 전국 산악의 식목과 禁伐 행정을 맡는 山虞寺, 재목과 표피·인삼 등의 관리를 맡는 林衡寺, 저수지와 하천의 관리를 맡는 澤虞寺와 川衡寺를 설치하여 각기 해당 분야를 전담시키되, 새로운 분야를 개발하고 기술

81) 김태영, 「다산의 국가산업행정체계 개혁론」, 『실학과 동아자본주의』(연세대학교 학술대회), 2002.
82) 『經世遺表』 卷1, 地官戶曹 平賦司.

을 발전시키며 그 부세의 수취를 담당하게 하였다. 織染局·造紙署 등은 利用監이 중국으로부터 수용하는 새로운 산업기술을 더욱 연구하고 개발하여 확고한 활용단계까지 확보한 다음 전국적으로 널리 보편화시키고자 했다.

특징적인 사실은 선진산업기술의 전습을 전담하는 이용감의 존재에 많은 의미를 부여하고 있다.[83] 이용감을 활용하여 중국의 선진 산업기술을 전국에서 선발된 工匠들에게 온전히 전수시켜 규범을 제조하게 하여 해당 산업기술을 우리 것으로 확고하게 수용하고자 했다. 그 제조와 제작에서 커다란 성과를 올리는 자에게는 관직을 수여한다는 유인책도 설정해 두었다. 또한 물화의 신속한 유통과 상업의 원활한 발전, 그리고 군사적 활용을 위한 각종의 수레와 船隻의 운행에 관한 구상을 포함한다. 바로 典軌司와 典艦司를 설치하여 수레와 선박의 제작과 관리를 담당하는 중앙행정기관으로 삼는다는 것이었다. 수레의 제도는 중국에서 배우고, 선박은 일본·류큐의 선진 기술을 도입함으로써 규격화하여 개발한다는 구상이었다.[84] 또한 다산은 국가 규정에 의해 명백한 표준을 세우고 국가 행정력을 통해서 전국 통일의 규격을 성취하려는 견해를 제시하였다. 또한 典圜署를 설치하고 여기서 금·은·동전의 鑄錢과 통용을 담당하게 하고 量衡司를 통해 전국의 도량형을 전담하여 엄격히 통일적으로 제작하고 운영하게 했다.[85]

다산은 국가 행정력의 관리 아래 모든 산업을 조직, 편성한 다음 인력을 효율적으로 배치, 관리하는 계획을 제시하였다. "성인은 租·賦를 바로 잡는데 힘썼지 田産을 균평히 해주는데 힘쓰지 않았다. 다만

---

83) 『經世遺表』 卷2, 冬官工曹 利用監.
84) 『經世遺表』 卷2, 冬官工曹 典軌司 ; 冬官工曹 典艦司.
85) 『經世遺表』 卷2, 秋官刑曹 量衡司.

9직으로써 만민에게 권하여 각자 서로 도우면서 먹는 것을 얻도록 했을 따름이다"라고 하여 모든 백성이 고르게 직분을 갖는 방안을 도모하였다.[86] 즉 앞서 언급한 정전론에서 살펴보듯 토지 배분과 관리의 원칙은 토지를 경작할 능력을 갖춘 농민에게만 그 능력에 걸맞은 토지를 준다는 것이었다. 다음으로 모든 생산자들은 국가가 배정하는 9직 가운데 한 가지씩을 맡아 거기에만 전업하면서 생활하는 것으로, 분업을 통해서야 법도가 서고 기예가 발전함으로써 생산성을 제고할 수 있다는 점을 강조했다. 이어서 다산은 전 산업 분야에 대해 전업과 구임의 원칙을 적용하려 했다. 모든 민을 상대로 그 현실적 능력에 따라 士・農・商・工・圃・牧・虞・嬪・走의 9직으로 나누어 맡기되 각기 한 가지씩에만 전업하게 하고 동시에 각자 자기의 직을 항구적 직업으로 맡아서 공적을 이루어 내도록 한다는 것이다.[87] 다산은 『목민심서』에서 『경세유표』에 서술하지 못한 부분을 정리하였다. 여기에는 농업을 6과로 나누어 권장한다는 내용이 있다.

> 무릇 권농의 정사는 6과로 나누어 각기 그 직을 주고 그 성적을 고과하여 공적이 좋은 자를 등용함으로써 백성의 생업을 권장할 것이다.……田農이 한과, 園廛이 한 과이며, 圃畦가 한 과요, 嬪功이 한 과이며, 虞衡이 한 과요, 畜牧이 한 과가 되니, 工・商・臣妾을 합하면 의당 9직이 된다.[88]

86) 『經世遺表』 卷8, 地官修制 田制10, 井田議2.

87) 『經世遺表』 卷8, 地官修制 田制12, 井田議4 ; 『牧民心書』 戶典 勸農조에는 국내의 모든 산업은 田農・園廛・圃畦・嬪功・虞衡・畜牧・工匠・商人・臣妾의 9직으로 분업화하였다. 다산의 이 분류는 『주례』 천관총재 대행지직에 나오는 9직 즉 삼농, 원포, 우형, 수목, 백공, 상고, 빈부, 첩신, 천민의 경우와는 다소 다른 다산만의 독자적인 것이다. 『주례』의 신첩은 노비에, 한민은 일용 잡역 종사자를 주로 비정하였다(『經世遺表』 卷10, 地官修制 賦貢制1, 九賦論).

이러한 6과의 구분은 각 군현을 단위로 하는 것이며, 수령이 현장에서 지휘하도록 했다. 권장의 방법은 농민 각자가 자기가 쌓은 실적을 고찰하여 평가하는 고과를 통해 시행하는 것이다.[89] 수령은 경내의 실정을 감안하여 토지를 가장 효율적으로 배분 활용하며, 각 분야에 재능을 가진 적임자를 적절히 선발하여 배치함으로써 그들의 자발성을 최대한으로 이끌어 내도록 해야만 했다. 각 분야에서 우수한 생산자를 대상으로 각 군현－도 단위로 재차 우수 생산자를 선발하여 중앙에 추천하면 吏·兵曹에서 그들을 문·무의 관직으로 등용한다는 구상이 펼쳐졌다. 이처럼 농업의 모든 분야를 전업적으로 새로이 배치, 권장하고 가장 뛰어난 생산자를 관직으로 유인하는 제도를 도입함으로써 자발적 경쟁력을 유발한다면, 각 분야의 생산력이 저변으로부터 크게 발전할 것임은 예측이 가능하다.

다산의 九職論에는 모든 직역과 산업분야에서 賦를 징수하여 국가재정을 풍부하게 마련한다는 기획의도가 있었다.[90] 중앙 소속의 행정기구는 당해 분야의 산업을 개발하고 기술을 수용하여 이를 전국적으로 전파하고 관리하면서 부세를 거두는 기능을 수행하는 것이었다. 이를 통해 다산은 새로운 왕정을 실현하는 물질적 기초를 확보하고자 했던 것으로 보인다.

4. 결론－『경세유표』의 국가구상론의 성격

다산은 관료생활과 유배의 시기를 거쳐 1836년 75세의 삶을 마감할

88)『牧民心書』戶典 勸農.
89)『牧民心書』戶典 勸農.
90)『經世遺表』卷2, 冬官工曹 澤虞寺.

때까지 조선의 국가적 위기를 목도한 사람이었으며, 동시에 관료·학자로서 그 해결방안을 강구하고자 하였다. 다산은 原始儒學과 朱子學의 古典 주해에 대한 끊임없는 연구와 비판적 분석, 현실인식에 대한 경험을 바탕으로 당시 조선이 당면한 체제적 위기를 극복하고 새로운 변혁을 통해 만들어질 새로운 '朝鮮'을 구상하였다. 다산의 여러 주장은 분명히 새로운 지향으로서의 근대를 모색하는 과정이자 노력이었지만 동시에 전근대적 한계점 역시 노정하고 있었다.

다산이 추구한 새로운 '조선'은 정치·경제·사회 전반에 걸친 개혁을 통해 달성되는 것이었다. 다산은 토지제와 사회신분제 개혁의 틀 안에서 구체적으로 중앙과 지방의 유기적 연계를 모색했으며, 井田制·九一稅法制의 전면적 운영을 통해 경제적 안정과 발전을 도모하려 했고, 사회적으로는 신분질서의 재편을 통해 중세 신분제적 한계가 사라지는 이상국가 '朝鮮'을 구상한 것이었다.

다산의 이상적 국가상은 그가 중앙 및 지방관으로서 관직을 수행할 때, 그리고 반계·성호에서 출발하여 당시 西學의 흐름에 이르기까지 끊임없는 학문적·사상적 천착과 사회적 교류관계를 형성하면서 구상되었다고 여겨진다. 다산의 一表二書는 조선의 최종 국가상을 제시하기보다는 실현 가능한 단계로서 개혁의 과정에 대한 저술이며, 이 가운데에서도 『경세유표』에서 서술되는 내용은 이상적 국가상 구현의 이전 단계이자 현실적으로 실행 가능한 정치·지방·경제제도 개혁론이라 할 수 있다.

다산이 『경세유표』를 통해 표출한 국가기획론의 모습은 다음과 같다. 그는 토지제도의 개혁을 모든 국가체제 개혁의 근본으로 삼고 있으며, 정전제에 의해 국가적으로 재편성·재배치된 자영농의 제도적 정립을 모색하였다. 여기에서 농민은 상업적 농업을 전제로 하여 부를 축적하기도 하고, 지역의 추천을 전제로 국가 관원으로 발탁되기도 하는 등 이전보다 역동적인 존재로 전제되어 있다. 다산은 분급 받은 토지의 경작문제 즉 治田에 커다란 중점을 두고 있으며 均賦에도 비중을 두는 국가 관리체계를 기획하였다.

실제로 19세기 초의 조선사회 농민들은 발달된 상품화폐경제의 세례를 받고 자립적 자영농으로 발돋움하기 위해 노력하고 있었다. 이러한 상황 인식 위에서 다산은 종래 권한과 책임한계가 불분명한 통치체계를 전문적으로 분업화하여 전담·전결하게 하고 그 성과를 책임지고 이룩해 내게 한다는 것, 산업의 분업화와 민의 전업화를 유도하여 각각의 제도와 생산기술을 국가기구가 적극적으로 전담 연구·개발한다는 것 등을 강조하였다.

『경세유표』에서는 당시 조선의 국가체제 개혁의 방안과 이상적 국가체제의 상이 함께 그려지나, 주요한 목표는 전자에 있었다. 다산은 자신이 제기한 구상이 구체적 실현과정에서 많은 한계가 있다는 것을 현실 속에서 깨달았을 것으로 본다. 이 같은 점에서 일단 『경세유표』는 「전론」·「원정」·「원목」·「탕론」 등과 다른 차원의 개혁을 지향하고 있었던 것으로 보인다. 같은 시기에 공존하면서도 개혁의 차원과 성격을 달리하는 다산의 각 저작의 상호관계와 개혁론 체계는 복합적인 면모가 존재한다. 「전론」·「원정」·「원목」·「탕론」 등은 정치 경제제도의 본래 이상향을 이룩하려는 급진적이고 근본적인 체제개혁을 지향하는 개혁방안으로 제시된 것이다. 그러나 현실적으로 혁명 없이는 실현 불가능한 이상론으로서 그 구체적인 실현방법을 제시할 수 없었다. 따라서 이러한 저작들은 사회전반에 걸친 상호 유기적인 구조 속에서 체계화하지 못한 채 단편적이고 개별적인 논문형식으로 남게 되었다. 이에 따라 현실의 學理를 연계하여 보다 실현 가능한 구체적 개혁방안으로 체계화한 것이 『경세유표』이다. 『경세유표』는 왕권, 통치자의 추진력·혁명성에 기대하는 중앙정부 주도의 장기적이고 점진적 개혁방안이었다.[91] 그런데 정치사상의 경우 『경세유표』에서 중앙관제 및 지방제도 개혁론을 상세히 제기하였지만 기존의 조선왕조 체제, 즉 전제적인 세습 군주제를 그대로 인정한 위의 것이었다. 이것은 당시의 현실을 고려한 것으로 다산의 이상적 정치이념은 『경세유표』 다음 단계의 것으로 여겨진다. 이처럼 현실을 감안하여 조율된 『경세유표』의 개혁론과 전 저작체계를 통해 제시하는 개혁론 사이에는 단계적·전략적 상이점이 존재하고 있다.

사회개혁사상의 기본이념이 확립된 이후 각기 개혁의 차원이 다른, 밑으로부터의 급진적이고 근본적인 체제개혁 방안과 위로부터의 보다 실현 가능한 점진적인 체제개혁 방안은 궁극적으로 체제개혁을 지향하면서도 그 실현방법에 있어 차이와 함께 상호 관련을 지니고 있다. 이것은 실천적인 면에서 개량화된 것으로 볼 수 있지만 현실적인 어려움을 겪고 있는 농민 등 각 사회세력의 요구를 반영하는 것이기도 하다. 다산은 이상적으로 閭田制와 井田制가 제대로 시행되는 사회, 민에 의해 권력이 생성됨으로써 신분적 평등과 능력이 보장되는 조선사회를 만들고자 하였다.[92] 그 안에서 농민 역시 자립적 생산기반을

---

91) 다산이 개혁 달성의 주체로 설정한 '왕권'은 도처에 산재하는 할거적 중간농단의 사회세력들을 통합하고 전체적으로 결속하여 새로운 국가론 실현의 추진력으로 동원할 수 있는 존재로 규정하였다(김태영, 앞의 논문, 2003). 그러나 이처럼 개혁의 견인차로서 역할을 수행할 왕권의 창출방안과 현실적인 나약성의 보완과 실현방법에 대한 다산의 분명한 해답은 제시되지 않았다.

92) 다산의 정치이념은 주권의 소재를 민에 두며 민에 의한 통치자의 선거를 생각하고 민의 혁명권을 인정하는 점에서 '근대적 민주주의 정치사상'이라고 성격을 규정짓는 견해가 있다. 다산이 유교(특히 『尙書』)의 재해석을 바탕으로 유가의 전통적인 민본주의에서 민주주의로, 역성혁명에서 근대적인 인민혁명권으로 발전시켰다는 적극적인 평가를 가하는 것이다(조성을, 「정약용의 정치사상 - 정치이념을 중심으로 -」, 『한국사학사연구 - 우송조동걸선생기념논총』, 나남출판, 1997, 결어 참조).

갖추고 역사적으로 성장함으로써 드디어 주체적 인간존재로 정립될 것으로 해석된다. 요컨대 『경세유표』의 개혁론은 다산의 궁극적 이념의 실현을 위한 전단계로써 다음 단계로 가기 위한 길을 열어 놓았다.

조선후기 실학파의 지방제도 개혁론

1. 머리말

17세기는 전국토를 전장화 하였던 왜란이 끝나면서 시작되고 있다. 이 시기는 일단 조선왕조적 지배질서의 본격적 변화 및 수정의 시기, 그리고 전쟁 피해 복구의 시기라 할 수 있다. 이 시기는 조선왕조가 안고 있던 16세기 이래 역사적 모순이 본격적으로 또 전면적으로 드러나고 있었고, 조선왕조의 지배체제의 변화가 야기되었다. 무엇보다 이 시기는 격심한 전쟁 피해 속에서 종래의 정치·경제·사회·문화 전반에 대한 깊은 반성이 일어나기 시작하였고, 그것이 바탕이 되어 반주자학적 사유체계가 제시되고 곧 이어 근대 지향적이라 하는 실학사상의 등장도 예고되고 있었다.

17세기 조선왕조는 양란의 후유증을 극복하고 국가를 再造·再建해야 하는 당위의 과제에 힘을 쏟게 되었다. 당시 봉건사회를 주도하고 있던 官人·儒者들 역시 각자의 정치적·사상적 처지에 따라 각기 다른 방향에서 다양한 타개책을 제시하고 있었다. 그것은 앞선 시기 조선사회의 사상적·정치적 전통을 계승하는 한편, 그것이 안고 있던 여러 문제들을 적극적으로 해소하고자 하는 것이었다. 이와 같은 논의들은 현실적인 시행가능성을 전제로 재차 조정된 후 17세기 이래 각종 국가정책으로 채택·시행되었다.

18세기에 접어들면서 중세사회의 본격적인 해체를 보여주는 여러 징후들이 전면적으로 나타나고 있었다. 정치적으로 老論의 전제와 탕평정국이 전개되고 사상의 측면에서 주자학의 보수적 측면이 강화되었으며 이와 맞서 주자학의 한계를 극복하고자 한 새로운 사상으로서 실학이 대두하였다. 경제적으로 농업생산력의 향상에 힘 입어 지주제가 더욱 발달하고 상품화폐경제가 크게 진전되었으며 사회적으로 신분이동과 사회구성원 사이의 분화가 가속되면서 신분제의 혼란이 있었다. 경제 분야에서 시작된 변화는 정치체제, 나아가 사회・사상 전반에까지 걸치는 광범한 것이었다.

이와 같이 17・18세기 조선사회는 중세 지배질서가 전면적으로 동요・해체되어 '經國大典적 체제'로 표징되는 조선전기적 질서가 변화하고 새로운 사회경제체제가 모색되고 있었다. 이러한 상황아래 조선후기 실학으로 분류되어지는 政論家・儒者들은 정치・경제・사회・문화 등 전 측면에서 야기되는 조선사회의 내적인 변화상을 염두에 두고 그들의 개혁론・정론을 전개하고 있다. 실학자들은 현실에 대한 비교적 분명한 인식 위에서 사회의 제반 폐단과 모순을 극복할 수 있는 이상적 정치론을 끊임없이 마련하고 이를 또한 실현하고자 했다.

지방제도 개혁론과 관련하여 실학자들은 군현제・외관제 개혁론을 통해 정치・지리적 영역 즉 공간의 설정과 직임에 대한 제도 운영론을 제시하였다. 다음으로 실학자들은 향촌문제의 하나로서 守令權과 재지세력 사이에 官治와 自治를 둘러싼 절충점의 모색과 조정문제를 고민하고 있었다.

또한 실학자들은 사회단위와 조직을 아우르는 공적 사회제도(郡縣制・面里制・五家統制)의 운영과 그 지배실체, 특히 '중앙정부 차원에서 마련된 향촌지배정책이 향촌현장에서 구체적으로 어떻게 시행되는지'의 문제, 그리고 재지사족의 존재와 私的 社會組織으로서 鄉會,

鄕約·洞契의 운영실태의 문제에 대한 정치·사회적인 견해를 집중적으로 제기하였다. 실학자들은 특히 18세기에 들어 향촌사회의 변동에 따른 재지세력 내부의 분화와 상대적으로 官治의 강화에 따른 守令權의 전횡이 커다란 문제가 되었던 상황을 인지하고 그 대응책을 깊이 모색하였다.

실학파들의 지방제도 개혁론의 내용과 의의를 살피는데 있어서 몇 가지 문제점을 고려해야 되는데 첫째, 양란 이후 후유증을 극복하는 17세기 國家再造期의 지방제도·향촌문제와 18세기 본격적인 사회변동이 전개되는 시기의 그것은 다소 차이가 있음을 전제한다. 둘째, 동일 시기라 하더라도 당대 儒者·官人들의 지방제도 개혁안과 향촌문제 개혁론의 상이점을 동시에 비교해야 할 것이다. 셋째, 실학파로 분류되는 政論家·儒者들의 견해를 그들의 사유 전 구조에서 살피고 특히 토지·신분제를 비롯한 국가제도 전반에 대한 개혁논리와 관련하여 정리해야 할 것으로 본다.

그동안 축적된 상당량의 실학 연구 성과에 비해 지방제도에 관한 연구는 상대적으로 많지 않다. 최근 활성화된 사회사·지방사 연구 성과와 방법론이 축적되면 이 부분에도 큰 진전이 있으리라 본다. 이하 본고는 17·18세기 대대적인 사회변동과정에서 제기된 磻溪 柳馨遠·順庵 安鼎福·茶山 丁若鏞의 지방제도 개혁론의 개요와 그 의의를 검토하고자 한다.

2. 17세기 향촌사회 현실과 지방제도 개혁론

1) 향촌의 사회·경제 상황과 조선왕조의 대책

17세기 조선왕조는 대내외적으로 커다란 위기에 직면하였다. 임진왜란・정유재란은 치유하기 힘들 정도의 타격을 조선사회에 가하였고 1623년의 인조반정은 정치세력의 배치와 국가운영에서 커다란 영향을 끼쳤다. 곧이어 발생한 정묘호란・병자호란, 거기에 더하여 지속적인 기상이변과 대기근 등의 각종 자연재해는 당시 사회를 더욱 어렵게 만들었다. 조선전기를 통하여 구축된 봉건적인 '經國大典적 체제'는 양란을 통하여 심각한 수준의 타격을 입게 된다. 무엇보다 경작지의 황폐화는 농업 생산체계를 크게 붕괴시켰다. 임란 직전 전국의 총결수는 151만 5,500여 결이었으나 전쟁 직후 경작지는 30여만 결에 불과했던 것으로 나타난다. 실제 삼남지역은 전국농지의 약 3분의 2가 위치하고, 국가재정(軍國之需)의 중심이 되는 수전농업이 발달하고 있던 점에서 전란으로 인한 폐해의 심각성을 엿볼 수 있다. 이처럼 田制가 무너지고 난 후 국가수입이 감축하면서 국가재정에도 여유가 없었다. 사회의 재생산기반이 되는 농업생산력 및 경작지의 감소, 농가경제의 파탄은 조선왕조의 붕괴위기로 귀결되었다. 전쟁 이전에도 농업생산에는 이미 모순구조가 심각하였지만, 전란은 이를 더욱 심화시켰던 것이다.[1)]

이제 조선왕조는 무엇보다 먼저 파괴된 농업생산을 재건하지 않으면 안되었다. 삼남지방을 중심으로 황폐화된 농지와 新田을 개발함으로써, 종전의 원장부 결총을 회복하고, 수세지 즉 시기 결총을 늘려나가는 정책을 적극 추진하여야 했다. 그 뿐만 아니라 당시에는 자연재해로 인하여 수시로 큰 피해를 입고 있었으므로, 농업생산력 향상을 위한 개발정책과 함께 量田사업이 시행되어야만 했다.

한편 장기간 격심한 전쟁을 겪은 후 기존 향촌사회의 조직 자체가 무너지는 사태도 벌어지고 있었다. 촌락 자체가 소멸되거나 인근 지역

---

1) 전쟁 이전 16세기 농업문제에 대해서는 본서에 수록된 부편「조선전기 국가체제의 수립과 농업정책의 방향」참조.

과 통합되는 현상이 비일비재했다. 전쟁 이후 사족의 지위 역시 크게 흔들렸다. 생산체계의 붕괴, 鄕案의 소실, 鄕員의 사망·유산 등으로 인해 향촌지배체제 자체가 혼란에 빠지게 되었다. 이 과정에서 鄕所를 중심으로 또는 鄕會를 곧바로 복원시켜 재지세력의 결집을 모색한 곳이 있으나 끝내 전쟁 이전의 질서를 회복하지 못한 곳도 속출하였다. 차후 향촌편제에 대한 정비의 필요성 또한 대두되었던 것이다.

전쟁이 끝난 이후 민들은 전쟁재발에 대한 두려움과 訛言에 따라 크게 동요하였고 공적 통치체계에 대한 저항을 멈추지 않았다. 가령 지역 내 공적 권위의 상징이라 할 수 있는 수령과 관찰사에 대한 멸시 풍조 또한 중앙정부에서 문제 삼을 정도로 악화되었다. 심지어 국가권위의 강제수단이었던 刑杖制度조차 전쟁의 경과 후 추락하고 문란해졌으며 정부 스스로 官威가 떨어졌다고 판단하는 실정이었다. 전란 이후 사회적 모순은 양반 신분과 상·천민의 갈등으로 극대화되고 있었다.

이처럼 17세기 조선사회는 전쟁과 국제질서의 변화 및 대내적 사회변동으로 인한 혼란이 야기되고 체제 전반에 걸쳐 전면적인 위기의식이 표출되던 때였다. 특히 조선왕조의 물적·인적 통치기반인 향촌사회의 붕괴와 혼란은 시급히 해결을 요하는 문제였다. 이에 따라 정론가들의 학문적·정치적 입장에 따라 체제유지를 위한 국가재조 방략을 강구하고, 제반 사회·경제정책을 정비해가기 시작하였다.

2) 磻溪 柳馨遠의 鄕政論

본 항에서는 유형원이 국가 전 체제에 걸친 개혁방략을 제시한 가운데 특히 지방제도의 정비, 鄕政論의 운영논리는 어떻게 설명되는지에 대해 중점적으로 살피고자 한다.[2] 지방은 국가의 하부단위인 공적 사회제도로서의 군현과 자치적 성격을 지닌 향촌사회(鄕黨)가 중복적으로 설정되어 있는 공간이었다. 鄕黨은 봉건제 하에서 실질적으로 養民, 敎化, 政令, 형벌 등을 꾸려가는 지방조직이었다. 그러나 군현제가 시행되는 조선적 현실 하에서 향촌사회가 담당한 역할이 군현제와 어떻게 조화될 것인가 역시 중요한 사안이었다. 앞서 살펴본 것처럼 유형원의 개혁안은 토지제도의 근본적인 개혁, 소농경영의 확립을 바탕으로 財政體系·國防·學校制·貢擧制(官僚制) 등의 정비가 핵심 사안이다. 따라서 그의 對鄕村政策, 鄕政論은 이상의 정치제도 개혁론과 구조적으로 연결되어 있었다. 유형원의 향정론은 향촌공간 구조와 직임에 대한 개혁론으로서 閭里頃·鄕里制, 재지세력에 대한 대책으로서 鄕約制·鄕官制 개혁론이 있다.

(1) 향정론의 이념과 군현제에 대한 이해

유형원은 『磻溪隨錄』의 田制 敎選之制와 「補遺」의 郡縣制條를 통해 일정 공간을 법제적으로 조직하고 생산의 담당자인 기층민을 편제시킨 향촌제도의 개혁안을 제기하였다. 그는 통치의 객체와 대상이 되는 생산자 농민과 향촌사회에 대한 법제적 정비가 중요하며, 향촌제도의 정비는 조선왕조의 민에 대한 지배체제(民의 生養, 敎化, 法令 및 風俗을 다스림)의 완성과 밀접히 관련된다고 하였다.[3]

유형원은 古制·先王之道·聖王之制는 모두 天理를 구현하는 것이지만 時勢의 轉變으로 인해 古制를 그대로 적용할 수 없음을 인정

---

2) 유형원은 封建地主制를 해체시키고 民産을 균등히 하는 한편 신분세습제를 부정하여 小農經營을 중심으로 한 새로운 사회의 건설을 목표로 國家再造論을 주장하였다. 따라서 유형원의 鄕政論의 성격 역시 17세기 朝鮮社會에 대한 그의 全再造方略, 국가구상론과 연관시켜 그 차별성을 추출했을 때 보다 분명해질 것이다.

3) 『磻溪隨錄』 卷3, 田制後錄 上, 52쪽.

하였다.[4] 그러나 道理와 天理는 고금동서의 구분 없이 공통되므로 古道만은 따를 수 있다고 했다.[5] 그는 봉건, 즉 '設官分土'야말로 天下를 經理하는 '大綱大器'라 말하고 백성으로 하여금 항산을 누리고 '各得其所'하게 하는 古法制上의 표상이 봉건제라고 규정하고 있다.[6] 유형원은 封建으로 상징되는 古法의 이념을 현실에 대한 개혁방향의 준거로 삼았다. 아울러 개혁의 당위성은 利慾·私心에 대비된 義理·公心의 발로에 근거한 것임을 설파하고 개혁의 추진은 君主의 결단력에 달려있음을 강조했다.[7] 그는 先王의 古制인 周代 封建制의 이념을

---

4) 『磻溪隨錄』 卷26, 續篇 下 奴隷條, "後世事異封建 任官制祿 縱不能一如古制 亦必久任而後 治效可責".

5) 『磻溪隨錄』 卷26, 續篇 下 奴隷條, 507쪽, "夫趨利避害 萬古天下之同情 豈有今異於古 東方異於中國之理哉".

6) 『磻溪隨錄』 卷17, 職官攷說 上.

7) 유형원은 大同法의 시행을 반대하는 朝廷의 관리들을 빗대어 "백성에게서 취하기를 일정한 제도가 있게 하자는 것은 원하지 않고 다만 그 정수 없는 것을 원하는 것은 정신이 혼미하거나 학식이 없거나 한 자가 아니면 그 불의하여 나라를 저버림이 심함이로다." 또는 "그 뜻이 나라와 生民을 위함에 있는 것인가 私利를 도모하여 제 욕심대로 부림을 위함에 있는 것인가"라는 논리로서 개혁의 당위성을 논하고 있다. 아울러 "孟子가 井田의 제도를 논하여 말하기를 諸侯는 자기를 害함을 싫어하여 그 문헌을 모두 없애버렸다 하고 사나운 임금과 더러운 아전은 반드시 그 經界를 어지럽게 한다 하니 여기에서 義理와 利慾, 公心과 私心의 나뉘움이 서로 반대됨을 볼 수 있을 것이다."라고 지적하였다(『磻溪隨錄』 卷3, 田制後錄 上, 經費, 69쪽). 차후 星湖 李瀷은 "磻溪의 연구는 근본에 까지 미쳐 일제히 개혁함을 王政의 시작으로 보고 있어 뜻은 진실로 크나 실행할 수 없음이 많다"(『星湖僿說』 卷11, 人事門 變法條). 또한 토지개혁에 대해 "王政은 모두 授田에 귀착된다. 누가 그런 줄 모르겠느냐 만은 다만 행치 못하는 것은 富人의 田을 갑자기 빼앗을 수 없기 때문이다."라는 평가를 가하고 있다(『星湖先生文集』 卷25, 論田制). 그러나 유형원은 스스로 "법을 행하는 초기에 富人은 괴로움을 면치 못할 것이다. 이와 같은 일들은 일시 微權에 달린 것이요 聖王의 剖制는 天下를 위하여 꾀함이지 一己를 위하여 꾀함이 아니다."라고 강조하였으며(『磻溪隨錄』 卷2, 田制 下, 46쪽), "옛것에서 변화시키는 것을 어렵게 여기고

도입하고 이에 입각하여 실질적인 향촌내 조직체계와 諸職任을 편성하여 임명하고자 했다.

유형원은 鄕村의 政制를 기본으로 腹心이 되는 京師에 대응하여 四方을 藩屛으로 설정하고 제후가 天子의 번병을 다스리듯, 조선의 경우 감사가 번병을 감당하도록 했다. 번병을 강고하게 하는 것이 곧 국가를 반석의 기세 위에 올려놓는 것이라 하여 주대 봉건제의 '굳건한 번병이 외침을 막고 宗室을 보호할 수 있다.'라는 논리를 적극적으로 추종하고 있다.[8)]

굳건한 번병을 구축하기 위해, 첫째 행정구역의 정비로서 郡縣의 倂省을 도모하였다. 유형원은 중국의 宋・元代 史書에서도 지적된 사실로서, '地小邑多' 현상으로 인한 小邑의 난립이 심각함을 말하였다. 대체로 군현의 규모는 100리에 해당되는데 조선의 경우 이에 훨씬 미치지 못해 결국 백성에게 많은 폐해를 끼친다고 했다. 그는 고을을 나눔에 있어 길고 짧음이 절도를 잃고, 四方의 경계 끝이 10里 안에 잇대어 있어 정치를 펴고 부역을 부과함에 어려움이 많으며 편리하지 못하다고 지적하였다. 이로 인해 下級郡縣의 경우 그 폐해가 두드러

임시 간편하고 구차하게 하려는 것은 모두 정치를 아는 자가 아니다."라고 하여(『磻溪隨錄』 卷10, 教選之制 下) 모든 개혁은 군주의 결단력에 달려 있음을 강조하였다.

8) 이는 李珥의 "서울은 곧 腹心이요 四方은 곧 울타리니 울타리가 完固한 뒤에야 腹心이 믿는 바가 있어 편안한 것인데 지금 四方 고을은 쇠잔하여 헤어지지 않음이 없고……"(『磻溪隨錄』 卷13, 任官之制, 263쪽)라는 논리를 계승한 것이다. 그 밖에 李珥가 통치기구의 재편을 위해 비대화된 통치기구를 축소하고자 하는 '冗官革罷論', 對民支配의 일선을 담당하는 지방관을 보다 중시하자는 '外任重視論', 책임행정의 구현을 위해 관직의 재임기간을 충분히 해야한다는 '官職久任論'을 주장했는데, 그 이념을 柳馨遠이 계승한 것으로 볼 수 있다(李先敏, 「李珥의 更張論」, 『韓國史論』 18, 1988, 266~267쪽).

져 제대로 成養되지 않고 농민들이 기탁할 여건이 조성되지 않으므로 民生이 더욱 어렵다는 것이다. 더구나 田結·人口의 多寡 등 정확한 邑勢民情의 기초 없이 각종 조세가 부과됨으로 인해 擔稅者 農民들의 부담이 과중되고 심지어 流離할 수밖에 없는 현상적인 문제점을 지적하였다.

결국 쇠잔한 縣은 합치고 줄여야 한다고 하여 이를 위해『經國大典』상의 330여 개의 郡縣數를 3분의 1 정도로 감축하려 했다. 군현통합의 기준은 산천의 형세와 전야 및 인민의 다소, 그리고 수비상의 關防·城池, 교통상의 도로, 군사상의 要害 등의 요소를 참작하되 土地의 開墾 여부를 논하지 아니하고 大府·都護府(4萬頃), 府(3萬頃), 郡(2萬頃), 縣(1萬頃)의 규모를 설정하고자 했다.[9] 그는 군현의 통합시 반드시 균등한 土地分給과 공평한 徭役부과에 입각해야 한다고 하고 이를 통해 비로소 民力의 여유가 생길 것임을 말하였다. 또한 郡縣의 통합 이후 규모의 확대로 인해 戶口와 田結이 증대될 것이며 동시에 시행되는 토지제도 개혁을 통해 민의 재생산토대가 확보된다고 하였다. 이는 결국 국가권력에 의한 지방지배의 기틀을 마련하는 방안이 되는 것이다.

둘째는 藩屛의 諸侯에 해당하는 監司가 오랫동안 임직을 수행하여 제반 鄕村事의 緩急을 休養시켜야 한다는 점이다. 이의 연장으로 수령에 의한 향촌사회 主宰權의 정립도 강조하고 있다. 그리고 감사·수령의 久任論을 통해 정치에 있어서 人心 즉 민의 신뢰를 얻는 것이 완벽한 제도 시행보다 우선한다는 점을 강조하였다. 유형원은 "옛적 봉건제도는 天子의 京畿 千里 안에 6鄕 6遂가 있고 鄕遂에 각각 大夫를 두며 京畿 밖에는 나라를 封하는데 公侯는 田이 百里, 伯은 70

---

9)『磻溪隨錄』卷15, 職官之制 上, 外官職, 313쪽;「補遺」卷1, 郡縣制, 7~10쪽; 金武鎭, 앞의 논문, 63쪽.

里, 子男은 50里이니 이른바 爵을 차례함은 다섯이요 땅을 나눔은 셋이다", "鄕遂의 大夫와 公侯伯子男은 후세의 州縣 守令이 그 직임이다"라고 하여[10] 봉건제 하에서의 지방(鄕黨)통치의 논리를 조선의 군현제 개혁론에서 관철시키고자 했다. 또한 유형원은 "君子는 爲民이 우선이요 다스리는 데에서 獨理는 불가능하다. 따라서 分土·設宰·總治의 지극함은 이러한 의미를 얻으면 스스로 알 수 있게 된다"라고 하였다.[11] 다시 말해 17세기 조선의 감사·수령은 봉건제의 본질적인 논리와 그 의미(土地分給, 宗法制度, 禮)를 잘 깨달아 민의 지배에서 반영되도록 해야한다는 것이다.

또한 유형원은 李珥의 주장 중 "監司를 잘 가리어 그 직임을 오래 맡겨서 정치가 一道에 나타나고 백성의 信服하는 바가 되면 평시에는 백성을 편하게 기를 수 있고 긴급한 때에는 外害를 막을 수 있다"라는 監司久任制를 적극 수용하여 이의 시행을 강조하고 있다.[12] 이에 따라 외관의 임기를 법으로 규정하여 官人의 직무상 권한을 보장하고 그에 따른 일정 책임을 수행하게 했다. 수령의 경우 임기 9년, 觀察使·都事의 경우 6년을 임기로 정하였다.[13] 이는 종래 빈번한 관직 교체에 따른 폐해로 지적된 사실, 즉 職事는 익힐 겨를이 없고 無事遷職의 요행만 바라는 문제를 해결하고자 한 것이었다. 따라서 유형원은 충분한 기간 동안 정책수행을 통해 지방사회를 장악하게 하고 실적에 대한 책임을 강조하면 그 능력 여부가 드러나며 각기 분발 격려하는 계기가 될 수 있다고 했다.

외관제 개혁론은 당시 주요 정론가들에 의해서도 주장되었다. 가령

---

10) 『磻溪隨錄』 卷18, 職官攷說 下, 外官職, 22쪽.
11) 『磻溪隨錄』 「補遺」, 郡縣制條, 532쪽.
12) 『磻溪隨錄』 卷13, 任官之制, 263쪽.
13) 『磻溪隨錄』 卷13, 仕官之制, 261쪽.

1651년(孝宗 2) 지방제도 개혁론을 폭넓게 제시한 副司果 閔鼎重은 '外任을 가리는 것이야말로 백성을 사랑하는 근본'임을 강조했다. 조선의 경우 수령의 자리를 하찮은 자리로 여기고 蔭官이나 武夫 또는 文士 중 명망이 없는 자들이 처음 벼슬길에 들어서면서부터 손가락을 꼽아 달수를 세어가면서 다른 자리로 옮겨 승진할 날만을 꼽고, 겨우 자급이 오르면 동분서주하여 요직만을 구하려 한다는 것이다. 민정중은 그 대책으로 수령 선출의 엄격성과 內外官循環論을 하나의 방법으로 제시하였다. 첫째, 무사출신으로 처음 6품으로 승진한 자와 무사나 蔭官으로 재주와 명망이 있는 자 모두를 현의 수령으로 제수하여 善政을 책임지우고 둘째, 천성이 강인하고 확실한 자는 臺諫·侍從으로 뽑아들이고 교육과 훈도를 잘하는 자는 성균관 직책으로 발탁 제수하며 셋째, 수령으로서 백성을 잘 다스리고 강령을 잘아는 자는 차츰 州·府로 올리고 주·부에서 올려서 감사로 삼고 다시 감사에서 조정에 들여와 卿相으로 삼도록 했다. 만약 고을은 잘 다스리지 못하더라도 文才·氣節·儒學이 있는 자는 각기 그 소장에 따라 임용하도록 조치케 했다. 그러나 뽑는 방법은 반드시 먼저 백성을 다스리는 것으로 실험한 다음 재주를 헤아려 수용하여 침체된 자를 소용시키고 흐린 길을 맑게 하는 재주로 삼도록 하였다. 이상의 사안이 실천된다면 10년이 넘기 전에 군읍에 제수되는 것을 세상 사람들이 중시하고 그 직임 또한 모두 스스로 힘써 노력할 것이라는 점, 經筵과 대각의 직에 있는 신하들도 모두 지방관을 역임하여 민생의 사정을 잘 알아 위로는 임금의 자문에 도움이 되고 아래로는 국정을 다스리는데 힘이 있을 것이라는 점을 주장했다. 閔鼎重은 外官强化論이야말로 나라를 다스리는 道에서 가장 중요한 문제임을 역설했다.[14]

---

14)『孝宗實錄』卷6, 孝宗 2年 6月 己巳.

다음으로 1652년(孝宗 4) 領中樞府事 李敬輿는 外官을 신중히 선임하되, 명성과 공적을 드러내어 꼿꼿하고 才局이 있는 선비를 가려서 반드시 擬義하게 하고 해조에게 가려서 차임하게 했다. 또한 마땅한 사람을 얻은 후에는 그 인재에 대한 양육이 반드시 필요하다고 말하였다. 아울러 이경여는 漢代에 縣에서 치적이 가장 뛰어난 자는 군수에 超拜되고 군수가 성적이 있으면 九卿에 入排되었으므로 격려될 뿐 아니라 또한 인재를 얻을 수 있었다는 예를 들어 인재선발과 內官으로의 임용을 강조했다.[15] 內職과 外職의 循環論에서 문제가 되는 것은 내직에서 외직으로 차임되는 경우는 있으나 외직에서 내직으로 불러오는 경우는 없기 때문에 변통을 요한다는 지적이 있었다.[16] 內外官循環論을 확실하게 시행하기 위해서는 三司나 侍從의 班列에 있는 卿相들이 반드시 지방 牧民官을 거치게 하도록 했다.[17] 목민관의 경험을 통해 열읍을 제압하는 측면에서 도움이 되고 백성의 일을 익혀 文學과 錢穀의 일이 별개가 아님을 알게 된다는 것이다.[18]

유형원 역시 "朝廷은 정치를 내는 근본이요 州郡은 정치를 이어 받아서 행하는 소임인데 우리나라는 외임을 가볍게 여김이 더욱 심하다"라고 하여 수령의 경우 그 치적에 따라 정3품관으로의 승진을 제어하는 주장을 펴고 있다.[19] 외직 기피 풍조를 비판하였고 향촌사회와 농민에 대한 진정한 장악이야말로 수령제의 요체임을 강조하였다.[20] 이상의 여러 정론가들의 견해도 제기되지만, 유형원은 단지 외관중시론에 머문 것이 아니라 외관의 승진과 내외관의 순환을 통해 列邑을

15)『孝宗實錄』卷11, 孝宗 4年 7月 乙丑.
16)『仁祖實錄』卷14, 仁祖 4年 11月 辛卯.
17)『仁祖實錄』卷20, 仁祖 7年 2月 己酉.
18)『顯宗實錄』卷7, 顯宗 4年 11月 丁卯.
19)『磻溪隨錄』卷13, 任官之制.
20) "輕郡守縣令 是輕民也 民輕則 天下國家輕矣"(위와 같음, 269쪽).

제압하고 백성의 일을 알며 학문과 행정능력을 일체화시킬 수 있다는 견해를 표명하고 있다. 三司·侍從臣과 지방 목민관 사이의 교류, 문관 6품으로 수령을 지낸 자에게 품계의 승진을 허용하는 것은 관료제 운영상의 효율성을 극대화시킬 수 있는 방안이었다. 이를 통해 고을 현장에서 책임있는 행정을 펼 수 있게 되는 것이다.

아울러 주현에는 중국의 역대관제를 모방하여 새롭게 長官과 貳官의 2長을 두고자 했다. 즉 "우리의 郡邑에는 다만 한 사람의 관장을 두고 매양 한 번 사고가 있으면 곧 이웃 고을의 守令으로 하여금 임시로 겸임하게 함에 따라 公事와 私事에 소란스럽다"라고 지적하면서 그 대안으로 제시한 것이었다.[21] 그리고 수령의 통치 기능을 강화하기 위해 監務官, 營將 등을 폐지하여 그 권한을 수령에게 이관시키고자 했다.

이처럼 유형원은 군현의 공간과 수령제 개혁에 대해 다각도의 구상과 대안을 광범위하게 제시하고 있다.

⑵ 閭里頃의 設定과 鄕里制 改革論

유형원의 향정론이 지닌 커다란 특징은 전통적인 수령제와 군현대책에 머무르지 않고 하부구조인 향리와 생산자 민을 위요한 각종 제도와 직임을 설정, 정비하고자 한 점이다. 유형원이 구상하는 지방제도는 단순한 호구수에 따른 인위적인 등급의 결정에 머무르지 않고 생산수단인 토지의 지급과 이를 담당할 생산주체로서의 家戶를 일정 수 배치하는 방안이었다. 그의 향촌제도 조직안은 2가지 계열로 제시되었다. 집단 취락지로서 여리경의 설정과 기존 면리제의 정비를 전제

21) 柳馨遠은 蘇綽의 "官司를 줄이고 二長을 두니 정치의 原體를 안다고 한다"라는 견해에 적극 동의하였다(『磻溪隨錄』 卷15, 職官之制 上, 313쪽).

로 한 향리제의 시행을 들 수 있다. 전자는「田制」上篇에서, 후자는「田制後錄」上篇 및「補遺」郡縣制條에서 각각 언급되었다.

유형원은 제도적인 측면에서 鮮初 이래 발달을 거듭해 온 자연촌을 주목하고 이를 새롭게 면리제로 편제시켜 향리제라 명하였다. 그리고 예하기구로서 최하 부세수취와 생산단위로서 기능하는 오가통제를 결합시키고자 했다. 유형원은 향리를 획정하는 기준으로 일정한 호수와 생산단위인 토지분급을 전제로 하였다. 바로 향리제는 생산단위와 사회조직을 결부시킨 국가의 공적 사회제도였으며, 이는 토지제와 신분제의 개혁을 강조했던 그의 국가재조론과 궤를 같이하는 것이다. 그러나 유형원의 궁극적인 지향은 토지분급을 전제로 생산에 참여할 소농민층을 직접적인 구성원으로 묶은 집단취락지로서 여리경의 설정에 있었던 것으로 보인다.

가. 閭里頃의 設定과 運營

유형원은「田制」上篇을 통해 그의 핵심적인 개혁안인 토지분급제의 전면적인 실시를 주장하였다. 이와 관련하여 생산을 도모할 집단거주지의 설정, 즉 여리경을 설정하고 있다. 여리경은 20家 단위로 1頃을 定置한 것으로 생산단위를 최하 공적 사회제도에 결부시킨 것이다. 인조·효종 연간에 조선왕조에서 시행한 號牌法·五家統制는 생산수단인 토지의 지급이 병행되지 않은 채 행정편의만을 염두에 둔 제도의 강제라는 측면이 두드러졌고, 민에게는 軍籍 강화의 일환이나 군역을 단속만 하는 酷法으로 인식되고 있었다.[22] 이에 비해 여리경은 토지분급(井田制의 실시)을 전제하였던 周代 鄉遂制의 厚意에 부

22)『仁祖實錄』卷28, 仁祖 11年 11月 丙寅;『孝宗實錄』卷21, 孝宗 10年 2月 甲戌.

합한 것이었다. 특히 20家 내의 隣保關係와 相互扶助의 원칙이 주목되는 사안이다. 유형원은 거주지로서 閭里頃, 城邑頃 및 大路沿邊의 站店頃을 두어 경작지인 田野頃과 구분하였다. 이중 향촌조직과 밀접한 여리경의 구성을 살펴보면 다음과 같다.

우선 유형원은 취락구성의 필요성에 대해 "사람은 반드시 모여 산 연후에야 서로 살리고 서로 기르며 풍속을 같이하여 敎化를 이룰 수 있다. 후세에 정치가 잘못되어 백성이 여기저기 흩어져 살게 되었고 우리나라가 더욱 심하다. 비록 일제히 잘 정리할 수 없으나 반드시 事宜를 참작하여 제도를 세워 점점 바른 길로 나아가게 해야 한다"라고 하며, 文中子(隨의 王通)의 말을 인용하여 "땅을 井田으로 나누어주지 않고 사람이 閭里를 지어 살지 않으면 비록 舜이나 禹같은 聖人이라도 나라를 잘 다스릴 수가 없다"고 하여 봉건제의 遺意를 강조하였다. 아울러 여리경으로 정리되어야 할 당위성에 대해 "鄕里의 家居는 본래 마땅히 그 처소를 일정하게 두어야 하는데 지금에 당연한 事理를 잃고 苟且하게 방임되어 있다"라고 하여 새로운 田制를 수행해 나갈 주체집단의 거주지 설정이 필요함을 강조하였다.

유형원은 頃의 구조에 대해서는 다음과 같이 지적하고 있다.

① 1頃은 民戶 20家 단위로 편성하되 이에 이르지 못하는 경우 16家에 1頃을 더 두어 후일에 편성되는 家戶를 수용하게 한다.
② 民家가 적고 서로 떨어져 있는 산간 마을(자연촌)의 경우 8家 이상에 半頃을 허락하고 나머지 50畝는 그대로 餘頃으로 한다. 지형상 1頃을 이루지 못한 경우는 50畝 10家처럼 그 비율을 정한다.
③ 비록 여러 頃에 이르더라도 그 지형이 서로 연접할 수 있는 곳이면 사이를 떼지 않도록 한다.
④ 閭里頃내 집터 외에 空地가 있으면 居住人들이 우선 고루 나누어

사용하고 후일에 편성되는 자를 기다린다.

⑤ 頃의 구분에 있어 平地는 川字 모양의 세줄기의 길을 만들되 넓이는 5步 정도로 한다. 평탄하지 못한 경우 지형에 따르되 巷道(마을길)는 16畝정도로 하고 원래 큰길이 있으면 이를 경계로 頃을 만든다.

⑥ 民의 집터는 채소밭을 포함하여 3畝를 단위로 하나 士大夫의 경우 品階에 따라 2, 3家 혹은 7, 8家에 준하며 채소밭 또한 넉넉히 지급하되 2품의 경우 4畝에 달하게 한다.[23]

그런데 閭里頃의 시행은 대대적인 전제개혁과 맞물려 있어서 실질적인 시행과정에서 많은 문제에 봉착할 수 있었다. 가령 지급해야 할 토지와 受田人의 지역적 조정을 목표로 인구가 많은 狹鄕에서 토지가 넓고 사람이 드문 寬鄕으로 이주하도록 유도하고 있다. 특히 본래 거소에서 500리 밖으로 이전할 경우 稅와 兵役을 5년간 면제하고, 1천리일 경우 8년간의 賦役면제를 규정하였다.[24] 이와 같은 인구분산은 토지 지급시 일어날 수 있는 문제를 사전에 해결하려는 것이며 이를 통해 향촌의 균형적 편제가 가능함을 보여주는 것이다. 이상의 원리가 閭里頃에도 반영되어 다음과 같은 徙民策이 단행되었다.

① 頃을 주무하는 직임으로 中人 이상의 監官을 두는데 경의 설정시 洞里人들과 형편을 公衆會議하여 결정한다. 만약 민들이 각자 자기 거처지역으로 경을 설치하려 할 때에는 人家의 많은 쪽을 따른다.

② 여리경에 모여 살지 않는 자는 사는 집터(所居家基)가 모두 受田

23) 기존 신분제의 존재를 인정하고 토지분급에서 차별성을 두는 柳馨遠의 입장이 나타난다.

24) 『磻溪隨錄』 卷1, 田制 上, 33~34쪽.

한 頃내에 들어 있으므로 별도로 토지를 지급받지 못한다. 만약 타인의 頃내에 집을 짓고 있으면 자기의 受田 속에서 그 畝地와 맞추어 사사로이 타협하여 서로 바꾼다.

③ 차후 형편상 여리경의 이동을 원하는 경우 여러 사람의 신고를 들어 官에서 형편을 잘 살핀 연후에 그 이동을 허락한다. 만일 이해가 상충되면 규모가 큰 쪽의 입장을 따른다.

④ 여러 사람의 신고를 듣고 심의하여 정하되 별도의 동리를 만들거나 부득이한 경우가 아니면 기존의 閭里에 붙여주고 공한지가 아니면 그 頃을 경작하는 田夫로 하여금 다른 토지를 다시 받게 한다.[25]

한편 인구가 감소하면 경의 수를 줄이고 절반이 넘으면 그 경을 감

25) 위에서 언급한 3항이 기본적인 편성원칙에 해당된다. 그렇지만 柳馨遠은 徙民을 전제로 하지만 혼란을 최소화하려는 방안, 즉 기존 취락지의 존재를 인정하며 다음과 같은 시행원칙을 내세웠다. ① 현재의 촌락을 본위로 하여 해당 마을의 衆人들과 상의한다. ② 事理에 맞지 않는 경우가 있으면 여러 사람이 상의하고 官에 신고하여 추후에 바꾸는 법규가 있다. ③ 閭里頃의 설정으로 인한 철수와 대대적인 혼란에 대해 "비록 頃을 정하여 두더라도 모여살지 않는 자는 본인의 의사에 맡기되 원래 강제로 모아서 철수하여 옮기게 하는 일은 없다. 다만 閭里에 사는 것이 順理하고 이익에 부합되는 점을 강조해야 한다. 대개 지금 흩어져 사는 것은 백성의 죄가 아니며 토지가 이미 개인의 사유가 되고 있어 事勢가 그렇게 된 것이다."라고 하여 현실을 인정하고 있다. ④ 閭里頃의 설정으로 인한 폐단으로 '16家 1頃'의 원칙을 악용하여 일부 백성들의 과도한 토지점유 경향, 즉 閭里의 家戶는 적어지고 頃이 넘치는 문제에 대해 "사람의 거주지는 각각 그 농토의 가까운 데로 가는 것인데 농토를 멀리 떠나 다른 곳으로 옮겨간다는 것은 사람의 本情이 아니다. 閭里의 빈터는 비록 그 마을 사람에게는 이익이 될지언정 옮겨가는 사람에게는 아무런 이익이 없다. 鄕내의 토지 頃數와 民戶의 數, 閭里頃 數는 官司에서 상세히 알고 있으므로 백성들이 공모한다 하더라도 官에서 알아 차리고 허락하지 않을 것이다."라고 정리하였다(『磻溪隨錄』 卷1, 田制上, 19쪽).

하여 田野頃으로 전환되도록 했다. 즉 1頃이 10家에 차지 못하면 半頃을 감하고 반경이 5가에 차지 못하면 모두 감한다. 이에 따라 餘田 50畝 이상인 경우 양분하여 처리하고 50무 이하인 경우 하나로써 처리한다. 가령 여전이 80무이면 8가인데 이에 차지 못하면 양분한 40무를 각각 閭里頃과 田野頃으로 삼는다. 이때 4가에 차지 못하면 나머지 40무를 모두 전야경으로 한다. 50무 이하 40무의 여전인 경우 4가에 차지 못하면 곧바로 전야경으로 삼는다. 이러한 여전의 취락구성이라면 그 가구수로 보아 집단 거주의 뜻을 상실한 것이므로 곧바로 전야경 처리를 강구하였던 것이다.[26] 또한 인호가 철거하여 비게 되는 경우 혹은 사람이 적은 곳은 전야경으로 전환시키고 한 사람의 受田地로 만들도록 조치하게 했다.[27]

이러한 閭里頃의 조세부담에 대해서는 다음과 같이 규정하였다.[28]

① 토지등급을 불문하고 1년에 베 3필을 낸다. 삼베 생산지는 삼베로써 代納이 가능하며 명주 한 필의 경우 베 두 필로 간주된다.
② 頃내에 사는 家戶는 무로서 계산하고 합하여 낸다. 만일 그 안의 경이 1필을 이루지 못하는 경우 모두 부근에 있는 가호를 합하여 납부케 하며 베와 명주는 몇 升・尺까지 낸다.
③ 흉년시 한 필을 감하고 대흉년시 두 필을 감한다.
④ 이미 受田으로 인해 병역을 내고 있으므로 그 경에는 保布를 면제

---

26) 金武鎭, 앞의 논문, 75쪽.

27) 이 같은 餘田의 처리는 하나의 지침이며 대개는 閭里頃으로 처리될 것임을 강조했다. "그러나 閭里頃이 없어지고 田野頃이 되는 것은 오로지 커다란 兵亂 뒤에 백성의 元數가 줄어진 때에 있을 수 있는 일이요, 평시이면 절대로 없는 일이다."라고 하였다(『磻溪隨錄』 卷1, 田制 上).

28) 柳馨遠의 개혁안 가운데 "(公私)경비는 일체 經常한 稅로써 하고 다른 賦稅가 없다"라고 한 논리가 참조된다(『磻溪隨錄』 卷1, 前提 上, 31쪽 ; 卷3, 田制後錄 上, 59쪽).

한다. 만일 京兵이 있는 경우 그 토지는 모두 보포를 내게 하여 경병의 지급료를 삼게 한다.

⑤ 여리경을 이루지 못한 경우 우선 7等田의 예에 따라 田揔 속에 포함시킨 후 쌀이나 콩으로써 세를 받고 그 성취함을 기다려 법대로 행하도록 한다.

⑥ 城邑頃의 경우 조세와 병역을 면제하되 다만 2畝半에 人夫 1인을 내어 1년에 하루씩 賦役하고 서울은 半減한다.

이와 같이 유형원의 여리경은 토지분급을 전제로 20家 내의 隣保關係와 相互扶助의 원칙을 관철시키고자 한 집단취락지의 설정 방안이었다. 즉 여리경은 강력한 토지개혁과 궤를 같이 하며 봉건제 정전론의 遺意에 부합한 것이었다. 그러나 이 방안은 유형원 스스로 지적하듯 당시의 사세로 보아 실현 가능성이 적었고 그의 개혁안의 최종적인 지향점을 제시한 것이었다.[29]

나. 鄕里制 改革論

유형원의 향리제 개혁안은 조직과 이념의 측면에서 주대 봉건제 및 역대 중국과 조선의 행정촌의 운영사례를 따르고 있으나 실제 시행되

29) 柳馨遠 스스로도 현실을 전제로 그 시행을 강권하지 않았다. 우선 "토지가 이미 개인의 사유가 되어 민이 흩어져 살게 됨을 事勢로써 파악된다"라고 하였고 특히 田籍式의 작성에서 기존 토지제도를 인정한 위에 "만일 閭里頃이 있다면"이라는 표현으로 후퇴하고 있다(『磻溪隨錄』 卷1, 田制 上, 23~24쪽). 가령 "田籍은 戶曹에서 인찰한 양식대로 하되 天字……第1頃은 方田이니 몇 等이오 길이 100步 넓이 100步이다. 만일 閭里頃이면 第1頃 方田 길이 100步 넓이 100步 境界는 무슨 閭里라고 쓴다. 第2頃 直田이 몇 畝 몇 等, 第3頃 餘田은 몇 畝 몇 等을 기록한 후 每鄕(面) 文簿의 말단에 통계를 내어 쓰기를 이상 몇 頃 몇 畝라 하고 그 안에 閭里頃이 몇 頃 몇 畝이오. 만일 各城邑이 있는 面이면 별도로 城邑頃을 위에 列記한다"(『磻溪隨錄』 卷1, 田制 上, 23~24쪽)라는 기재방식을 볼 수 있다.

는 地形의 便宜와 人口의 稠密을 크게 참작하려 했다. 우선 先王의 제도를 따른다는 점에서 호수에 의한 통치조직의 정비의 측면이 강조되었다.[30] 이에 따라 各邑에 5가 1통의 오가통제를 근간으로 하고 10통 정도의 호구를 里로 규정하였다. 유형원은 향리제의 예하 조직이자 호수에 따른 조직단위인 오가통제를 통해 실질적으로 민을 管束하려 했으며, 여기에 朱子의 「社倉事目」에서 나타나는 隣保機能을 접목시키려 했다.[31] 이때 10통을 채우고 남은 가호는 기계적으로 連村에 分屬하는 것을 반대하고 5호가 찰 때까지 기다리도록 하였다. 里의 家戶 배치도 이에 따르도록 했는데 대체로 10里를 鄕(外坊)・坊(서울)으로 명명하고 최하부의 행정단위로 삼도록 하였다.[32]

---

30) 鄕遂制의 경우 郊內 鄕은 5家－閭－族－黨－州－鄕, 郊外 遂는 5家－隣－里－酇－鄙－縣－遂 이상 12,500家의 戶數를 설정하였다(『磻溪隨錄』 卷7, 田制後錄 攷說 上, 鄕黨條, 128쪽). 한편 漢末魏初 徐幹의 中論를 예로 들어 "나라의 다스림과 和平은 事功의 일어남에 있고 모든 事功의 일어남은 使役의 고름에 있고 使役의 고름은 백성의 수를 周知함에 있는데 백성의 수를 周知함은 나라를 위하는 근본이다."라 하였고(上同, 戶口條, 230쪽), 先王이 六鄕六遂의 법을 제정한 것은 첫째 百姓의 維持와 綱目을 삼고자, 둘째 그 隣比로 하여금 서로 보호하게 한 것임을 강조하였다. 아울러 사람의 수는 모든 政事의 출발점으로(上同, 131쪽), 정치에서 백성의 수를 주지함은 반드시 필요한 사안이라 했다.

31) 柳馨遠은 朱子의 「社倉事目」 가운데 "10人씩 결성하여 한 保를 만들고 서로서로 보증하여 만일 도망자가 있으면 同保의 사람이 공동으로 책임지고 그 民戶들이 본시 서로 약속하고 공로나 범죄를 서로 보증하는 것은 또한 그 綢密함을 알 수가 있으니 어찌 지금의 우리나라처럼 헝클어져서 기강이 없음과 같으리오"라고 하여 隣保組織을 소개하고 있다. 즉 保 社首 隊長직임의 존재와 운영상황이 수록된 保簿를 향관에게 보고하는 체계 및 그 민호들이 서로 약속하고 공로와 범죄를 서로 보증하는 사실을 주목하고 있다(『磻溪隨錄』 卷3, 田制後錄 上, 鄕里, 52쪽).

32) 柳馨遠은 鄕의 명칭이 面, 里, 村으로 불리는데 黃海・平安道는 坊, 咸慶道는 社라 하며 漢城府는 국초부터 坊이라 명명했음을 밝히고 그 적절한 명칭은 상호 의논하도록 하였다(『磻溪隨錄』 「補遺」, 郡縣制條, 536쪽).

그런데 유형원은 空間과 人戶를 기계적으로 분류하는 것은 현실적으로 적절하지 않다고 보고 반드시 人戶의 稠密과 地勢의 便宜를 참작할 것을 주장하였다. 가령 外方의 경우 "천지가 생긴 지 이미 오래이다. 지금 사람들이 모여 살고 있는 곳은 자연히 지형이 便宜한 곳이다. 그 살 수 없는 곳이라면 사람들은 취락을 이룰 수가 없는 것이다"라고 하고,[33] "일시적 人口存亡은 時政에 관계되므로 分鄕, 定界의 限에 참작되지 않게 해야 한다"라고 하여,[34] 地宜와 人口稠密을 참작한 鄕·坊의 성립을 역설하였다.[35] 그는 鄕里條에서 다음과 같이 지적하였다.

> 鄕은 마땅히 경지 500頃으로 1鄕을 삼으며 토지의 起耕과 廢耕이 정상치 않으니 마땅히 原籍대로 좇아서 700頃으로 표준을 삼고 반드시 人戶의 稠密을 헤아려서 드물면 늘이고 많으면 줄이는데, 그 한도는 600頃과 900頃을 넘지 않되 城邑所在地나 工商이 많이 모이는 곳은 헤아려서 줄이고, 땅이 모두 한해 건너 묵히는 곳은 헤아려서 늘인다. 또 마땅히 지형의 適宜함을 참작하여 1鄕으로 삼는다.[36]

---

33) 『磻溪隨錄』 卷1, 田制 上, 19쪽.

34) 『磻溪隨錄』 「補遺」, 郡縣制條, 536쪽.

35) 이 같은 향촌조직을 염두에 두고 향촌내 選士의 貢擧에 있어서도 選士(150명), 式年文科(33명), 生員·進士(각 100명)를 州·郡·縣에 分定할 때 差等을 두도록 했다. 柳馨遠은 "州縣을 설치하는 것이 이미 적당하게 되어 있고 州郡縣도 본래 田丁이 많고 적은 차등에 따라 정한 것이다. 선비를 뽑아올리는 인원의 수는 한결같이 戶口의 多寡에 따른 것이다."라고 하였다(『磻溪隨錄』 卷10, 敎選之制 下, 貢擧事目, 189~190쪽).

36) "坊의 경우 대략 500家가 살고 있는 땅으로 정하는데 대체로 지형을 참작하여 편의하게 정하도록 한다. 상고하여 보건대, 옛적에는 鄕鄙를 비록 家戶의 수로써 정하였으나 본래 땅은 각각 그 자연스러운 分界가 있어 人戶의 多寡로써 구역을 넓히고 줄이지 아니한다. 『論語』에 이른바 '達巷黨' 같은 것이 또한 그 땅의 分界로써 이름을 정한 것이다. 外方의 鄕도 또한 이와 같으니

또한,

> 家의 計定은 田耕을 본으로 삼은 연후에 할 것인데 四方의 地勢와 居民은 같지 않다는 것을 참작해야 한다. 여기에서 人戶의 稠曠을 살핀다는 것은 옛부터 稠衆之地는 田 또한 반드시 良沃多墾하며 曠稀之處는 그렇지 못하다는 것이다. 대체로 500家를 넘지 않게 하는 것이 적절한 人口와 田土라고 여겨진다. 일시적 인구증감은 時政에 관계되며 分鄕·定界의 限에 참작되어서는 안 된다. 지형을 참작한다는 것은 山隔·河界가 다른 지역과 비교해서 어떠한지 太過不及이 되지 않도록 한다.

라고 하였다.[37] 이상에서 유형원은 500家 700頃 규모의 鄕(坊)을 생산과 통치단위로써 규정하며 이를 재차 50統 10里의 행정체계로 편제하려 했다.

한편 향리제에는 다음과 같은 직임이 설정되어 있었다. 유형원이 통치의 근간으로 삼은 행정단위인 鄕에는 鄕正(坊正)－里正－統長을 각 통치단위의 직임자로 임명하였다. 이 가운데 統長·里長은 良民으로 長成하고 謹愼正直한 사람을 선택하고 保布를 면제해 주고자 했다. 특히 통장과 리정은 유민이나 도망자에 대해 향정에게 보고할 의무를 지니며 1호를 숨겼을 때 罰布 2匹을 責徵당하였다.[38]

유형원은 향리제의 핵심직임으로 鄕正을 두었는데 公事 및 各里에 대한 檢擧를 시행하고 농사와 양잠 등 농사에 관계된 일체를 주관하였다. 특히 토지분급제의 운영과 관련하여, 첫째 거짓 土地 授受者의

사전에 말한 '아무 郡 아무 縣 사람'이라는 것으로 알 것이다."라고 하였다(『磻溪隨錄』 卷3, 田制後錄 上, 52쪽).

37) 『磻溪隨錄』 「補遺」, 郡縣制條, 536쪽.

38) 『磻溪隨錄』 卷3, 田制後錄 上, 52쪽.

처벌을 담당하였는데 수령·리정과 함께 토지 授受를 검찰하고 문제점이 발견되면 곧바로 官에 알려 조치하게 했다.[39] 둘째, 陳田의 보고 임무이다. 경작하지 않고 묵은 진전을 田夫의 신고를 들어서 친히 심사하되 8월 15일 이전에 수령에게 보고하도록 했다.[40] 셋째, 流離民의 통제업무이다. 즉 里中의 유이민에 대해 里長·統長의 보고를 官에 알려 조치하는 일을 맡도록 했다.[41]

鄕正의 자격은 鄕內 內外舍免番生으로서 '淸平正直者' 혹은 '有蔭有親之類'이며 守令이 향촌내 衆議를 택하여 관찰사에 보고하고 帖을 수여함으로써 임용하도록 했다. 만약 學生의 신분으로 鄕正에 선발되면 학업 수행 중에 公務로 往來해야 하므로 式年에 昇貢시키고 外舍生 향정인 경우 入籍 여부에 상관없이 해당지역 鄕約·群會에 참석하도록 하였다. 이들의 祿俸은 常祿이 원칙이었으며 「祿制」에 따르면 7천명의 향정을 상정하여 每員에 10斛씩 7천개所 7만斛이 책정되어 있었다.[42]

또한 인적자원의 지원으로서 별도의 伺候 6人을 정하여 공적인 일이 생길 때마다 윤번으로 使令에 임하도록 하되 邑內의 面은 4인의 伺候를 배치하도록 했다. 각 鄕에는 향의 좌우를 나누어 권농의 任으로서 양민 가운데 선출되는 穡夫 2인을 두어 세납에 관한 傳諭·期限·督納의 일을 맡게 하고 그 保布를 면제하도록 했다. 한편 인구가 적은 西北지역에는 2개 향에 正을 설치하여 良戶의 번성을 기약하게 했다.[43]

---

39) 『磻溪隨錄』 卷1, 田制 上, 23쪽.
40) 上同, 25쪽.
41) 『磻溪隨錄』 卷3, 田制後錄 上, 52쪽.
42) 鄕正 1인당 4盟朔에 2斛 5斗씩 지급했고 文報紙價米로서 5斗를 지급하게 했다(『磻溪隨錄』 卷19, 祿制, 373쪽, 380쪽).
43) 서울의 坊에는 坊正 1人을 두는데 坊내에 살고 있는 內外舍生의 학교에서

다음으로 郡縣 官司의 입김을 배제하기 위해 鄕正과 穡夫들이 초기 부임시와 歲首禮拜 및 所令 稟遣 외에는 별도로 官府에 호출되는 일이 없도록 조치하였다. 아울러 鄕正－(穡夫)－里正－統長의 조직체계가 확립되면 기존 都將이 혁파되어야 함을 주장하였다. 즉 향정이 제반 민정을 통괄하고 이정이 도적의 譏察과 檢察의 일을 감당하면 대규모의 적 도발시 官令幷捕가 가능하기 때문이었다.

유형원이 향리의 직임자인 향정 선출의 중요성을 강조하는 데에는 다음과 같은 考說에 근거했다. 우선 宋代 蘇軾의 견해에 따라 최하 統夫・正長은 治民의 기초가 되며 이러한 향촌통치조직의 기초가 안정될 때 비로소 朝廷이 안정된다고 하여 直州郡의 官(수령)이 아닌 鄕族・閭里・正長의 직임은 반드시 一鄕의 선발을 거쳐 審擇할 것을 강조하였다. 그리고 "古人의 정치의 要諦를 아는 자는 반드시 親民의 직임을 중히 여겼으며 민과 더불어 가장 친한 자는 正長이다"라는 明代 邱濬의 견해를 소개했다.[44] 이처럼 유형원은 역대 중국 행정촌의

일정 番에 따라 수학하는 의무가 끝난 學生免番生과 有蔭・有親 중에서 淸百公平하며 正直한 자를 가려서 맡기고, 公事가 있으면 各里를 檢察하여 사무를 집행하게 하고 일정한 봉급이 있으며 수행하는 伺候 4人을 정하여 주도록 했다(『磻溪隨錄』 卷3, 田制後錄 上, 12쪽).

44) 향정의 전형으로 後魏 三長, 隋 文帝시의 鄕正, 唐의 鄕正을 비정하고 있다. 後魏의 三長은 隣長(5家, 1夫의 부역면제)－里長(5隣, 2夫의 부역면제)－黨長(5里, 3夫의 부역면제)을 일컫는데 3년동안 과오가 없으면 한 등급을 올려 쓰도록 했다. 유형원은 "三長을 세우면 세가 떳떳한 표준이 있고 부역이 恒定한 分數가 있고 蔭附에 숨겨있는 호가 나올 것이요 요행을 바라는 사람이 멈춰질 것이니 무엇 때문에 잘 되지 못하리오"라는 攷說을 인용하고 있다. 다음으로 隋 文帝시 保正(5家)－閭正(5保)－族正(4閭)과 畿外의 里正 黨正의 역할을 소개하고 蘇威의 건의에 따라 '500家의 鄕正'을 두어 民間의 訟事를 다스리도록 했던 예를 들고 있다. 唐代의 사례로는 里正(100家), 鄕正(500家)을 두어 호구검사 및 농사짓기와 뽕나무 심기를 권하고 잘못된 일을 檢察하며 각종 賦役을 督促했던 일을 예로 들고 있다. 아울러 邑居의 경우

운영사례에서 그 전거를 안출하여 중앙에서 파견되는 牧民官(守令)이 아닌 순수 향촌의 직임으로서 鄕正의 기능과 선출의 중요성을 강조하였다.

한편 유형원은 향리제의 성패가 향정의 선출에 있음을 지적하고 이를 위해 반드시 鄕內 士類가 임용되어야 함을 말하였다. 그는 "향정의 직임을 內舍免番生으로 택하면 育士之道를 손상하는 것이 아닌가"라는 질의에 대한 自答으로 "아직까지 俗見을 벗어나지 못한 것"이라고 하여 다음과 같이 반박하였다.

> 治民의 官을 輕易하면 鄕黨의 직임 역시 천시한다. 그러므로 夫가 그 자리에 서야 한다. 임금이 신하를 세우는 근본이 백성을 다스리기 위한 것인데 다스림을 내는 근원은 비록 天子로부터 비롯되나 다스림을 펴는 切務는 實로 鄕政에 있다. 이는 천자가 鄕正과 더불어 다스리는 것인바 어찌 가벼이 여기리오.

그는 향정의 직임을 다스림에 있어서 天子의 外延으로 여기고 있었다.[45] 또한 유형원은 임란 이후 점차 향정을 賤任視하는 풍조가 전개되어 士類들이 필사적으로 謀避하였고 그 대신 '下類不齒之人'이 충원되어 백성에게 해를 끼치고 갖가지 부정행위를 야기하며 官家 또한 이들에 대한 처벌만 행하는 사실을 지적하였다. 이는 17세기 향촌사회의 커다란 문제점으로 등장하였다.

이에 대해 유형원은 "周代 500家의 長이 上士였고 漢代 鄕三老가

坊을 삼고 1인의 坊正을 두어 坊門의 開閉와 奸惡함을 督察케 했는데, 이들의 세와 부역을 면제시켰으며 田野의 경우 村을 삼고 1인의 村正을 두고 100家가 차면 1인을 더 두었던 예를 들었다(『磻溪隨錄』 卷3, 田制後錄 攷說上, 129쪽).

45) 『磻溪隨錄』 「補遺」, 郡縣制條, 537쪽.

秩이 있으며 그 아래 亭長 또한 賢才였음을 들어 연원을 볼 때 鄕正의 직임이 천하지 않다"고 하였다. 이와 더불어 구체적인 해결책으로서 우선 향내 사족의 지위를 인정하고 昇貢·祿俸의 특전과 伺侯를 붙여주어 이들의 적극적인 참여를 유도하고자 했다. 또한 이들 士類가 災傷驗報 등의 업무 수행시 관으로부터 받는 刑杖에 대해서도 "守令이 親審한 후 분명히 鄕正의 잘못이 드러나면 죄 있는 자가 처벌받는 것은 당연하다"고 전제하고 이렇게 되면 政敎가 행해지고 民生이 均等해지며 백성에게 쉽게 德이 전달되어 무리가 각각 나눔을 얻게 된다고 하였다. 더구나 향정은 녹봉을 받고 사령하기 때문에 집에 있는 儒士가 이에 취임하면 무단히 坐食·役民하는 弊習이 사라질 것이라고 하였다. 이는 결국 公私가 각각 그 분수를 얻고 萬事가 바른 길에 돌아가게 하는 방안이라 하였다.[46]

유형원은 전통적인 수령제와 군현대책에 머무르지 않고 생산의 장인 향촌과 민을 위요한 면리제(향리제)에 보다 주목한 정론가였다. 그는 주대 봉건제의 이념을 전제로 한 王室－藩屛의 확립과 공적 사회제도로서 향리제·오가통제라는 조직의 정비와 포괄적인 재지세력에 대한 포섭책으로 직임자의 선발과 기능강화를 강조하였다. 500家·700頃 규모로 획정한 鄕里制 내의 직임으로 鄕正－里正－統長을 계열화하여 특히 士類의 향정 임명을 강조하고 常祿·伺侯를 덧붙여서 공적인 지위를 담보해 주고자 하였다. 유형원의 지방제도 개혁안의 핵심은 생산단위와 사회조직을 결부시켜 국가의 공적 사회제도로서 확립시키고자 했던 향리제였으며, 이는 토지제도의 개혁, 불합리한 명분론·신분제의 타파를 강조했던 그의 국가재조론과 궤를 같이하고 있

46) 유형원은 이 같은 개혁은 田制가 바르고 奴婢制의 改法이 동시에 이루어져야 함을 말하였다. 이는 그의 개혁론의 입론을 잘 보여주는 표현이다(上同, 537쪽).

다.[47]

그는 당시의 사회발전과 자연촌의 성장을 염두에 두어 통치단위·부세수취단위로서 면리(향리)의 단위성을 강조하고 무엇보다 토지분급제와 적절한 생산단위로서 향촌조직을 재구성하는 방안을 강구했던 것이다. 무엇보다 통치기반이 면(향)단위로 새롭게 확장되는 경향 속에 향단위로 설정된 田籍 및 戶籍制의 제 조항을 대체로 수용하려 했다. 즉 田籍式과 戶籍式의 제정과정에서 "만약 閭里頃이 존재한다면"이라는 단서를 통해 여리경을 일부 언급하였을 뿐 굳이 여리경의 강제적인 실시를 주장하지는 않았다. 이렇게 보면 유형원의 향리제는 17세기 지방제도 개혁안의 흐름을 잘 드러낸 것이며 또한 비교적 실행가능한 방안이었다고 평가할 수 있다.

(3) 재지세력에 대한 대책-鄕約制와 鄕官制 改革論

유형원은 공적 제도로서 향리제-오가통제를 설정하여 政令(務)을 관장하고 별도의 敎化업무를 위해 사적 사회조직인 향약기구를 주목하였다.[48] 국가의 목적 하에 편제된 향리제·오가통제에 비해 향촌민의 내적 자율의식을 이끌어내는 데에는 향약기구의 활용이 절실하였던 것이다. 유형원은 『春秋』 公羊傳 何休의 說을 인용하여[49] 古法에

47) 유형원은 종래 朱子學의 理氣 人性論에 대응된 변법 개혁론의 철학적 기초로서 實理論을 수립하였다. 또한 古法 古制를 道體 天理에 근거한 王道政治 封建制度의 소산으로 규정하고, 이에 의거하여 後世法인 『經國大典』的 질서의 전면적 개편을 도모하였다. 변법을 통해 지향하는 새 사회는 治人者인 君主와 士族(새로운 貢擧士族)이 정치운영의 주체가 되어 均田 均賦를 실현하고 四民으로 하여금 恒産이 보증되는 위에서 '各得其分'하도록 이끌어가는 사회였다(김준석, 『朝鮮後期 政治思想史 硏究-國家再造論의 擡頭와 展開-』, 지식산업사, 2003).

48) 오영교, 앞의 글, 1994 참조.

49) 『春秋』 公羊傳 卷16, 宣公.

서 里內의 高德者를 선발하여 父老라 하고 그 辨護剛健者를 里正이라 하여 民을 다스리는 데 分任者가 있었음을 예로 들고, “옛법에도 일을 나누어 맡은 자가 있었으며 무엇보다 敎化를 펴는 것은 곧 人心을 바로 잡는 근본이요 모든 政令이 이것으로 말미암아 이루어진다”고 하여 정령과 별도로 교화를 위한 업무수행기구의 필요성을 주장하였다.[50]

유형원은 군현단위 향약기구의 직임으로 都約正·副約正을 두고 향마다 約正을 두어 卿·大夫·士같은 재지세력의 임용을 규정했고, 副約正은 鄕官(鄕所)의 겸직으로 규정하였다. 그러나 가능하다면 鄕約기구의 約正·里正업무를 鄕里制의 鄕正·里正에게 부과시킬 것을 주장하여 전체적으로 국가공권력에 의해 재지세력과 향촌 제 기구를 장악하려는 의도를 보여주었다.

유형원은 향리제와 향약기구를 지방통치의 兩輪으로 구상하면서 조선전기 이래 지방기구였던 향관(향소)의 존재를 주목하였다. 유형원 역시 향관이 향정을 비롯한 면리기구 직임자를 관장함과 동시에 향약기구내 兼約正으로 임무를 수행하고 있음을 지적하였다. 즉 정령과 교실제로 향관은 예하 면리임의 인선과 업무감독을 수행하며 鄕約正 이하의 향약기구와 수령과의 업무연결을 맡고 있었을 뿐 아니라 17세기 초반까지는 재지세력을 표방하는 직임으로 기능하였다. 그는 우선 “만일 옛법을 設行하고자 하면 守令이 반드시 먼저 鄕官을 잘 가리고 또 鄕約으로 더불어 서로 표리가 된 연후에야 잘 될 수 있다.”라고 하여 향관 직임의 중요성을 강조하고 향약을 통치의 보조기구로서 활용할 것을 주장하였다.[51]

그는 향관 직임의 역사적 전거를 제시하며 기능 및 인선의 중요성

50) 『磻溪隨錄』 卷9, 敎選之制 上, 鄕約事目, 168~169쪽.

51) 『磻溪隨錄』 卷3, 田制後錄 上, 鄕里, 52쪽.

을 강조하였다. 우선 향관의 전형으로 옛적 封建制下 鄕遂制의 직임인 族師와 黨正을 들고, 이들이 교육·부역징수의 일을 겸하였으며 각각 上士와 下大夫의 벼슬이었고 모든 어진 덕이 있는 자를 가려임명한 사실을 적시하였다. 그러나 후세에 와서 군과 현이 천하에 널리고 벼슬이 봉제의 공후에 비기지 못하여 향을 다스리는 한관의 벼슬지위가 더욱 낮아지고 대우하는 예도 가벼워지게 되었다는 것이다.

유형원의 견해에 따르면 향관·향소는 봉건제의 유의를 지니며 공후(族師·黨正)에 비유되는 존재이나 事勢가 달라져 군현제하에서 수령이 主治之官이 됨에 따라 상대적으로 통치의 분담 직임으로 전변되었다는 것이다. 그러나 治郡·治民에 있어서 어질고 덕망 높은 士大夫가 임용되어 수령과 共治하지 않으면 올바른 교화와 政事는 이루어질 수 없다고 주장했다.[52] 향관이야말로 수령과 더불어 大小 官事를 총찰하며 輔佐하는 직임이라 규정하였다.[53]

문제는 17세기에 이르러 향소를 제대로 擇人하지 않고 대우하기를 지극히 천시하므로 연치를 아는 자는 강력히 직임을 거부하고 '庸鄙無識不齒士類者'만이 취임하는 사실에 있었다. 수령이 그들을 吏隷와 동일하게 취급하여 驅使하기 때문에 많은 문제가 야기된다고 진단하였다. 유형원은 이 같은 문제를 해결하기 위해 첫째, 좌수에게 官品을 부여하도록 했다. 그는 國制에서 조선초기 土官을 향관과 유사한 직임으로 상정하였다.[54] 당시 토관직 품계로서 東班은 정5품 通議郎都

---

52) 『磻溪隨錄』 卷9, 教選之制 上 鄕約事目, 170쪽.

53) 『磻溪隨錄』 「補遺」, 郡縣制條.

54) 조선초기 평안도·함길도·제주의 토관제는 재지의 지배구조를 행정조직화한 것으로, 知印·六房·主事·鎭撫·令史 등의 下僚를 감독하여 지방행정·군사업무를 수행하는 실무자로서의 측면과 양민층을 수여대상으로 하여 品階(散職)에 의한 지역적 신분질서체계로서의 측면을 지니고 있다. 이러한 두 가지 측면을 지니고 있는 토관제는 중앙정부의 관료기구·품계체제와 일

務에서 종9품 試仕郎攝仕까지, 西班은 정5품 建忠隊尉勵直에서 종9품 彈力徒尉副勵勇까지의 관품이 있음을 감안하였다. 아울러 기존의 좌수체계는 官名을 삼을 수 없다고 하여 좌수는 종9품의 典正으로 하고 별감은 典檢으로 정하여 임명하게 했다. 그러나 만약 원래 품계가 있는 자는 그대로 따르도록 하되 選士·營學生 및 內舍生免番者는 전정의 품계를 받을 수 있게 하여 前銜官 7品 이하라도 역시 제수할 수 있게 했다.[55] 조선전기 토관직의 경우 前告身은 한사람이 모두 받되 상경하여 考準 후 제수하였으나 전고신은 모두 하송한 후 관찰사(東班)와 절도사(西班)가 대상자를 호출하여 직접 전급하였다.[56] 유형원은 이러한 토반직의 예와 같이 감사가 이조의 無祿官 例에 따라 향관에게 牒授하게 하였다. 그런데 전국 각지에 걸쳐 향관의 除改에 대한 啓聞이 집중적으로 시행되면 일이 번거롭고 불편하므로 중지하도록 했다. 그 대신 국법에서 이미 6품 이하는 교지를 받들 감사에 의해 품계의 제수가 가능하며 겸관 수령과 감사가 계문 없이 차정되었던 전거를 들어 시행하게 했다.

둘째, 유형원은 적절한 인물의 擇任이 중요함을 강조하였다. 향소의 정원에서 좌수는 1인이나 별감의 경우 大府와 都護府 4인, 府 3인, 郡 2인, 縣 1인을 원칙으로 하였다. 각읍 향관은 公廉하고 學識이 있

정한 대응관계를 지니고 있고, 해당 지역에 대한 일종의 우대책으로서 제기된 것이다. 중앙집권화가 진행되면서 북방의 군사적 기능이 완화됨에 따라 토관제는 15세기말에 그 청치적·군사적 사명을 거의 끝내고 지배기구로서는 향리에게, 신분질서체계로서는 국가의 그것에 의해 전변되었다(吉田光男, 「十五世期朝鮮の土官制」, 『朝鮮史硏究會論文集』 18, 1981, 18~27쪽 ; 李載龒, 「朝鮮後期의 土官에 對하여」, 『震檀學報』 29·30, 1966).

55) 『磻溪隨錄』 卷1, 田制 上, 18쪽. 典正의 名은 明代 宮正司내 '宮闕의 糾察戒令 謫罰之事'을 맡은 正7品의 官職에서 나타난다(『明史』 卷74, 志 第50 職官3, 1821쪽).

56) 『續大典』 卷1, 吏典, 土官.

는 자 가운데 邑內 公論에 따라 추대받은 자 한 사람을 座首로, 그 다음은 別監으로 임명하되 수령이 감사에게 薦報하고 감사가 差牒을 제수하도록 했다. 좌수의 자격은 前職 7品官 以下者, 選士, 營學生 및 內舍生免番者로 하되 本邑에 적절한 인물이 없으면 隣界邑의 인물까지 가능하다고 했다. 이러한 隣邑者를 許通하는 것은 널리 인재를 얻는 방법일 뿐 아니라 좌수 임명대상자 스스로 그 직임을 천대하지 않을 것이며 아울러 豪强이 좌수직을 농단하는 폐단도 사라지게 된다는 것이다. 다만 인읍 출신이 아닌 경우 선발을 금하며 향관은 반드시 해당 지역의 풍속 및 공사사무를 잘 아는 자로 선발하되 권속을 거느리고 부임하는 것을 금지시켰다.

셋째, 鄕官의 임기보장과 함께 우대조건이 반드시 확립되어야 함을 강조하였다. 좌수에게는 4孟朔에 4石 5斗를, 별감의 경우 3石의 常祿을 각각 지급해 주었다. 또한 향관이 근무하는 때 支供하는 廳費는 별도로 마련되었다. 가령 府의 경우 米 36斛, 黃豆 12斛, 紙地 鏞陳(16斛 상당)이 지급되었다.[57] 또한 鄕廳所定 吏隷外 추가로 伺侯 6인을 붙여주도록 했다. 伺侯는 邑內 民으로 充定되는데 윤번에 따라 매 2인씩 待令케 했다. 또한 漢代 亭長·三老가 해마다 爵級을 부여받고 조선의 土官도 30朔마다 昇級하는 규정이 존재했던 점을 들어[58] 향관 역시 임기가 차면 昇級시키는 규정을 적용시키고자 하였다. 좌수의 仕滿은 6周年이며 이후 陞遷하도록 했는데 별감은 임기가 없으며 좌수에 오른 이후에야 비로소 임기를 계산하도록 했다. 좌수의 경우 수령이 仕滿을 감사에게 보고하면 감사가 考講하고 재차 移文하여 吏曹에서 考講케 했다. 才能을 가늠해서 正7品 이하 從8品 이상 內外官에 除授하되 만약 특이한 재능을 지닌 자는 곧바로 5·6품관으로 올

57)『磻溪隨錄』卷19, 祿制 鄕所廳, 372쪽.
58)『世宗實錄』卷84, 世宗 21年 3月 癸酉, 4-198.

리도록 했다.

유형원은 鄕官을 조선왕조의 官僚機構·品階體系에 편제하여 향촌사회라는 공간과 재지세력을 공적으로 인정하였으며, 동시에 貢擧에 의한 人才선발의 중요성을 강조하였던 것이다. 앞서 살펴본 鄕里制와 鄕正이 국가적 목적 하에 위로부터 강제된 제도정비 및 직임자였다고 볼 때 민과의 결합이나 향촌장악력에서는 한계가 노출된다. 따라서 유형원은 기존 향소(향관)제도를 활성화하고 중앙관직으로 薦選시키는 조건을 통해 재지세력을 적극 참여시키고 전통적인 鄕約機構·鄕會를 적극 장려하여 향촌통치질서와 내적 윤리의식을 함양하고자 하였다. 그러나 유형원은 이러한 재지기구의 자율성이란 궁극적으로는 공적 통치권내에 포섭되는 것이어야 함을 주장하였다. 즉 그는 재지기구를 집권체제의 정비, 향리제의 확립을 위한 외연으로 활용하려는 입장을 표방한 것이다.

3. 18세기 지방제도 개혁론의 대두

1) 면리제의 정비와 재지세력의 동향

18세기는 老論의 전제와 탕평정국, 신분분화의 촉진, 농업생산력과 상품경제의 발전, 실학과 민중의식의 성장 등 여러 면에서 새로운 변화와 다양한 성격들이 지적되는 시기이다. 종래의 신분제와 지주제에 기초한 양반지배층 중심의 전통적 지배질서가 동요하면서 사회 전반적인 변화가 야기되는 시기였다. 즉 鄕案질서의 해체, 재지사족의 분화(儒鄕分岐)가 촉진되는 상황에서 수령을 통한 국가의 직접 지배가 강조되었으며 다양한 제도 개선과 함께 법제적인 지배가 적극 시행되었던 것이다.

18세기에 들어와 조선왕조의 지방지배정책이 보다 강화되고 外官職·守令職의 역할이 강조되었던 점을 주목할 필요가 있다. 당 시기 조선왕조는 지방현실의 파악을 위해 국가적인 차원에서 새로운 유형의 지도와 읍지(『輿地圖書』·『海東邑誌』)를 제작하였고, 이를 통해 확인된 사회문제를 효과적으로 해결하기 위해 三南量田(1716~1720), 均役法(1750) 실시 및 求言敎와 民所(民隱疏·所懷)의 활용, 어사제도의 강화를 모색하였다. 아울러 중앙차원의 法典 편찬과 함께 守令들이 행정업무를 수행하는 데 참조할 수 있는 일종의 행정지침서로서 民政資料류가 집중적으로 편찬되고 있었다. 즉 18세기 조선왕조는 守令중심의 지방지배를 여러 형태로 보장하고 법제적·관료제적 지배의 틀을 마련해준 셈이었다.[59]

이와 함께 조선왕조는 면리제의 향촌통제기능을 강화하고 五家作統法의 시행을 강조하였다. 조선후기에 이르러 자연촌이 성장함에 따라 조선전기의 방위면 체제가 해체되고 방위면 아래의 里가 面으로 승격하였으며, 그 아래에 자연촌이 하나 또는 몇 개의 리로 편제되었다. 독자적인 기능을 발휘할 수 있었던 지연촌 자체를 그대로 인정하여 농업경영, 수취, 향약적 교화의 기능을 부여하였다. 이제 면리제가 명실상부한 촌락지배체제로 확립되었다.[60] 조선후기의 면리임으로는 里에는 里正과 里有司가, 面에는 都尹과 副尹이 두어졌다. 이들은 권농업무, 부세수취, 관령전달, 호적업무, 치안유지, 향풍교화와 기초적 裁決權을 행사하고 있었다.[61] 이러한 새로운 面里編制로의 이행은 17

59) 한국역사연구회편, 『조선은 지방을 어떻게 지배했는가』, 아카넷, 2000, 「제3부 조선후기 국가의 지방지배」 참조.

60) 金俊亨, 「朝鮮後期 面里制의 性格」, 서울대학교 석사학위논문, 1982 ; 金仙卿, 「朝鮮後期의 租稅收取와 面里運營」, 연세대학교 석사학위논문, 1984.

61) 오영교, 「17世紀 鄕村對策과 面里制의 運營」, 『東方學志』 85, 1994.

세기 이후 18세기에 더욱 일반화되어 肅宗대에는 상당한 정도로 진척되었다. 肅宗년간 제정·반포된 「五家統事目」·「寬恤事目」·「良役變通節目」은 이 같은 면리편제 위에 바탕을 두고, 국가의 강력한 村落지배의 의지를 관철하고자 제정된 것이다.

그런데 자연촌의 내부구조에는 재지세력의 계급적 이해를 관철하는 조직과 기층민 사이의 族的 결합이 존재하므로 여기에 새로운 국가질서의 수립, 즉 면리편제를 시도할 때에는 복잡한 갈등양상이 나타나게 된다. 예를 들어 면리의 수적 증가와 함께 촌락구성이 재편되는 과정에서 한 개의 자연촌락이 본래의 소속 里를 따라 새로운 里를 형성하는 경우 徵稅·賦役·鄕任擇定 등의 행정상의 문제, 그리고 재지세력 간의 주도권 쟁취나 이해의 상충, 타협과정이 있게 마련이고 이러한 양상들은 곧바로 향촌질서의 본질적인 변화요인으로서 작용하게 된다.[62] 17세기까지 사족들은 대체로 중소지주적 기반 위에서 군현 단위에서 자신들의 공동 이익을 추구하였다. 그러나 이후 경제구조가 변하고 지주제가 더욱 확대되어 감에 따라 사족 내부에서도 경제적 격차가 심해졌다. 이제 사족들 사이에서 경제력에 따라 이해관계를 달리하는 경우가 많아졌고, 군현차원의 공론, 즉 鄕論은 사족들 내부에서조차 형성되기 어려웠다. 그 반면에 재산을 많이 모은 饒戶나 일반민은 이에 편승하여 면임이나 이임 등의 지위를 획득하여 향촌통제기구의 담당자가 됨으로써 영향력이 감소된 사족의 지배력을 대체해 갔다. 饒戶富民층 가운데 경제력을 배경으로 새로이 鄕案에 오른 자들을 신향이라 불렀다. 신향층이 사회적 지위를 상승시키고 鄕任직을 차지하여 鄕權을 주도하려 하자 舊鄕들이 이에 반발하여, 향권을 둘러싼 鄕戰이 전국 각지에서 일어났다. 수령은 경제적 이해관계 때문

62) 이해준, 「朝鮮後期 洞契·洞約組織과 村落共同體組織의 性格」, 『朝鮮後期 鄕約硏究』, 民音社, 1990, 124~125쪽.

에 대개 신향을 비호하고 향전의 결과는 대체로 신향의 우세로 기울었다.[63] 지역에 따라서는 요호부민이 향임직을 통하여 수령 중심의 향촌지배에 참여하였다. 이는 18세기 중엽 이후 보편화되기도 했다.

사족들은 군현을 단위로 한 향촌민의 지배가 어렵게 되자, 차츰 자기 거주지를 중심으로 촌락단위의 洞約을 실시하거나 族的 결합을 강화함으로써 신분적 경제적 이익을 지켜나가려고 하였다. 이에 따라 전국에 수많은 同族마을이 만들어지고 門中을 중심으로 書院, 祠宇가 세워지게 되었다.[64] 물론 재지사족의 힘이 바로 꺾이기만 했던 것은 아니었다. 그것은 기본적으로 이들이 주자학적 세계관을 유지하는 한, 정치의 전면에는 나서지 않는다 하더라도 지배층으로서의 지위를 내놓으려 하지 않았기 때문이다. 실제 이들 재지사족들은 양반층에게까지 군역을 지우려 했던 戶布論을 결사 반대하며 그 명분으로 자신들이 古法制의 '封建諸侯'와 동등하다는 점을 거론하기도 하였다.[65] 그러나 조선왕조의 지방통제가 강화되고 재지사족의 조직기반을 장악하려는 움직임이 가시화되면서 점차 그들의 주장이 관철될 수 있는 시기는 지나가고 있었다.[66] 이처럼 조선후기에는 향촌사회의 운영을 둘러싸고 守令權과 官司體制를 통한 국가통치 질서의 확장과 이에 대응하는 재지사족과 私的인 사회조직, 그리고 성장하는 민들의 저항문제가 첨예하게 대두되었다.

---

63) 김인걸, 『朝鮮後期 社會變動에 관한 연구 - 18, 19세기 '鄕權'담당층의 변화를 중심으로』, 서울대학교 박사학위논문, 1991.

64) 이해준, 『조선후기 門中書院연구 - 전남지역 사례를 중심으로』, 국민대학교 박사학위논문, 1993 ; 정진영, 『조선시대 향촌사회사』, 한길사, 1998, 340~341쪽.

65) 金容燮, 「軍役制 釐正의 推移와 戶布法」, 『增補版 韓國近代農業史硏究』(上), 일조각, 1984, 265~267쪽.

66) 김인걸, 「조선후기 재지사족의 '居鄕觀'변화」, 『역사와 현실』 11, 1994, 167쪽.

2) 順庵 安鼎福의 鄕社法

순암 안정복은 18세기 향촌사회에서 조선왕조의 향촌지배정책이 강화되고 재지사족들의 향촌장악력이 약화되는 현실을 목도하였다. 이에 따라 안정복은 향촌사회의 정비가 국가 전 지배체제를 안정시키는 데 중요하다고 보고 군현제(수령제)와 면리제의 운영 및 재지사족 등의 사회조직(鄕約 · 洞約)에 대한 견해를 적극 제시하였다.

안정복이 작성한 동약은 「廣州府慶安面二里洞約」으로[67] 그의 나이 45세 되는 해인 1756년(영조 32)에 立約하였으며, 1765년(영조 41)에 重修하였다. 이듬해에는 목민서인 「臨官政要」를 저술하였다. 안정복의 사상체계에서 볼 때 후자가 향촌사회 전반에 걸친 통치론을 피력한 저술이라면 전자는 이러한 통치이념을 실현시킬 수 있는 구체적인 방안으로서 제시된 것이다.[68] 따라서 「臨官政要」에는 실천 가능한 구체적인 지방행정 관련 世務가 집대성되어 있다.[69] 「下學指南」 居官章에서는 관료로서 갖추어야 할 자세와 태도, 실직을 수행하기 위해 필요한 업무가 상세히 기술되어 있다.[70] 이는 保民 실현을 위해 지방관에게 요구되는 일반 행정업무를 면밀히 규정한 저술이었다.

안정복은 민의 몰락을 막기 위한 방안으로 민들을 자의적으로 침탈하였던 吏胥층 및 執綱 · 風憲과 같은 향임층에 대한 엄격한 형벌 적용을 수령의 주요한 시무로 상정하였다.[71] 그는 이들에 대한 제어가

---

67) 『順庵全集』 2, 雜著 「廣州府慶安面二里洞約」(문집총간 230, 100쪽).

68) 한상권, 「順庵 安鼎福의 社會思想-民에 대한 認識을 중심으로」, 『韓國史論』 17, 1988, 275쪽.

69) 『臨官政要』는 上編 · 中編 · 續編 · 附錄으로 편성되었다. 上編은 지방행정에 관한 古今聖賢의 교훈을 기록한 '政語'(5장), 續編은 시대 사정을 참작하여 자기의 견해와 방책을 진술한 '時措'(21장)로 이루어져 있다. 부록에는 鄕社法과 「朱子社倉事目」 등이 편제되어 있다.

70) 『順庵全集』 2, 「下學指南」 卷下, 出世編 治道章, 351~353쪽.

시급했던 이유를 국정운영의 급선무인 '通下情'을 중간에서 방해했기 때문이라고 하였다.[72] 따라서 부정한 이서・향임들에게 적용되는 형법은 향촌민에 대한 국가의 一民的 지배를 방해하는 세력을 制裁하는 공적인 통치수단이었던 것이다. 안정복은 '爲政之道'로서 "민에게는 너그러움으로, 이서에게는 嚴으로써 속박하는 법은 바꿀 수 없는 대체이다"라고 하였다.[73] 즉 안정복은 향촌사회 내에서 객관적 통치질서인 국법을 확립・적용시킴으로써 對民지배의 원활함을 기대하였다. 특히 토호와 이서들의 중간수탈을 배제함으로써 향촌사회 내에서 민의 사회경제적 위상을 보호하고자 했다.[74]

한편 안정복은 중국의 토지제도 개혁안 가운데 '配丁田法'을 時宜에 합당한 개혁안으로 간주하였다. 이 개혁안은 기존의 사적 토지소유권을 인정하는 기반 위에 民産의 均等化(限田論・均田論)를 기도할 뿐아니라, 可耕勞動力을 지닌 자에게만 토지를 소유하게 함으로써(耕者有田) 생산력의 제고도 이루고자 한 것이다.[75]

안정복은 「임관정요」에서 국가의 향촌사회에 대한 일원적 지배를 관철시키기 위해 면리제의 정비를 강조하였다. 면리제의 핵심운영 직임인 風憲은 公廉하고 根幹한 자를 면내 公論에 의거하여 택정하도록 했다.[76] 이들의 임무는 官令을 봉행하고 문서를 管察하는 등 면의

---

71) 『順庵全集』 3, 「臨官政要」 時措 敎化章, 311~312쪽.

72) 『順庵全集』 3, 「臨官政要」 時措 臨民章, 267쪽.

73) 『順庵全集』 3, 「臨官政要」 時措 御使章, 285쪽.

74) 원재린, 『조선후기 星湖學派의 學風연구』, 혜안, 2003, 253쪽.

75) 그러나 安鼎福은 이러한 개혁안을 조선의 토지문제에 연결시켜 당시의 토지제도가 지니는 모순을 적극적으로 타개하려는 시도는 없었다. 이는 그가 토지문제에 대하여 1740년 초기의 井田說부터 지속적 관심을 보였음에도 불구하고 이론적・관념적 차원에 머물렀을 뿐 실천적인 단계에까지 나아가지 못했음을 보여주는 것이다(韓相權, 앞의 논문, 299~300쪽).

76) 『順庵全集』 3, 「臨官政要」 時措 任人章.

대소사를 관장하게 했다. 반면에 이들의 직접 지휘를 받는 하위실무진인 約正, 里長 등은 富力을 기준으로 하여 임명하도록 하였다. 근간한 富民을 約正, 里長 등과 같은 향촌사회 운영조직의 말단 실무직에 차정하여[77] 田政, 收稅, 糶糴, 稼穡 등 부세제도 운영의 실무직을 수행하도록 했다. 아울러 力農하는 부농을 권농관으로 차정하고, 이들을 동단위로 배치하여 농업기술 개발의 실효를 거둠으로써 생산력을 제고시킬 수 있도록 하였다.[78]

안정복은 부민을 향촌통치의 협조자 내지는 동반자로 간주하고 적극적으로 사회질서 속에 편입시키려 했다. 당대 농업생산력과 상품화폐경제의 발전에 따라 사회적 지위가 상승한 민을 향촌사회의 운영주체로 상정하고 이들의 참여를 적극적으로 유도하고자 했다.

안정복은 이 시기 기존 면리제 운영의 효율성을 높이기 위해 별도로 鄕社法을 제시하였다. 이는 향촌통제와 隣保組織의 정비를 목적으로 제시된 공적 사회제도였다.[79] 안정복은 향사법에 대해 다음과 같이 의미를 부여하였다.

> 이 법은 옛적 鄕遂制의 遺意이다. (중략) 이 제도가 성립한 뒤에야 生養을 이룰 수 있고 敎令을 행할 수 있으며 風俗을 동일하게 하고 獄訟을 그치게 할 수 있을 것이다. 또한 도적을 없애고 외적을 방어할 수 있는 것이니 가히 聖王의 정치를 부흥시킬 수 있을 것이다.

---

77) 『順庵全集』 3, 「臨官政要」 時措 任人章.

78) 『順庵全集』 3, 「臨官政要」 時措 農桑章.

79) 鄕社法은 안정복이 영조 33년(1757)에 저술한 「臨官政要」의 부록에 실린 것이다. 이는 그의 나이 27세 되던 영조 14년(1738)에 집필한 「牧民要術」에 保甲法으로 명명되었던 것이다. 한편 안정복의 향사법은 劉宗周의 保甲說을 참조했음을 밝히고 있다. 宋代 保法은 향촌의 치안유지를 목적으로 한 단결법적 조직이며, 송 왕조는 이를 향촌자위대책으로 삼으려 했다.

그는 향사법의 이념적 모형이 『周禮』의 향수제에 있음을 강조하면서 동시에 "우리나라의 面이 옛적 鄕과 같은 것인데 古法처럼 人戶로써 설정하지 않고 지역을 구획해서 정하게 되었다. 그렇기 때문에 各面 人戶의 多寡가 같지 않다"라고 하여 戶數에 의해 구분되지 않는 조선의 향리제도 때문에 古法의 전면적 시행은 불가능함을 지적하였다. 그리고 그의 향사법이 時宜에 따라 古法을 모방하여 조목을 갖춘 것이라 했다.

향사법의 조직은 統－甲－社－鄕으로 구성되었다. 5家로 1統을 편성하고 통 내의 양・천인 중에서 '年長優産者'를 統首로 삼은 다음 1통의 정사를 총괄하게 하고 甲長의 명령을 받게 했다. 다음으로 2統을 甲으로 편성하고 양・천인 중에서 智慮가 있고 근간한 자를 갑장으로 삼아 정사를 담당하고 社正의 지시를 받도록 하였다. 사정은 '中庶人 중 公正解事者' 중에서 선발하려 했다. 이 위에 社(10統・社正), 鄕(面・鄕師)을 두어 면리제에 대응하도록 하였다. 읍에는 면단위로 존재하는 풍헌이 관령의 봉행과 문서검찰을 맡고, 사족신분의 '齒德俱優者'인 鄕師가 교화・쟁송에 관한 일체의 사무를 맡았다.[80] 이때 향임직의 임명 조건은 기능적인 측면에서 분장업무를 성실히 수행하는데 필요한 덕목들이었다. 사족이 임명되는 鄕師의 경우에도 문벌이나 가문에 기준하지 않고 나이와 덕을 기준으로 선발하려 했다.

鄕社의 기능은 政・敎・禮・養・備・禁으로 구분되어 그 세목이 각각 제시되었다. 이 가운데 적극적인 향촌방어조직으로서의 편제와 기능이 특히 강조되었다. 鄕社之禮 항목 중 射禮 항에서 鄕師의 책임 아래 매월 2회에 걸쳐 전 향촌민의 활쏘기 조련을 시행하도록 했다. 또한 備 항목에 따르면 호마다 弓・槍・銃 중 하나의 병기와 1조의

---

80) 『順庵全集』 3, 「臨官政要」 時措 任人章에서는 鄕師가 鄕內 政事를 총괄하는 존재로 규정되어 있다.

木棍을 준비하고 統마다 炬·捕繩·麻履·춰발을 비치시켜 도적이 침략할 때 자체 방어를 할 수 있게 하였다. 또한 도적 토벌을 위한 실질적인 무력으로 甲마다 건장한 남자 3명(社에는 藝士 2명, 鄕에는 韜略士 1명)을 설정하여 追捕와 譏察을 위임하고 糧米를 지급해주도록 하였다. 더 나아가 향마다 지형의 요해지에 城堡를 쌓아 위기 발생시 鄕民들의 대비처로 삼게 하였다. 이와 더불어 鄕社牌式에 따라 統牌·鄕社牌의 사용을 통한 향촌민의 출입을 통제하고 각촌의 統長과 민들에게 巡更의 임무를 부여하였다.

안정복의 향사법은 古法을 계승한 宋代 保甲法의 조직체계를 기본으로 하고 당시 조선의 현실을 감안하여 그 세목을 정리한 향촌 통치책이었다. 즉 안정복은 조선의 향리제도가 중국과 달리 호수의 기준이 아닌 공간의 분리에 따른 것이라는 차이점을 인정하면서 종전 面-里-統 조직 대신 鄕-社-甲-統 조직을 편성, 대비시키고 있다. 무엇보다 향사법은 철저한 隣保組織, 治盜機能이 강조되었으며, 구체적으로 무장력을 구비하여 일차적인 향촌방어의 기능을 수행하도록 하였다.[81]

안정복의 향사법은 국가 공권력의 확장과 재지세력의 사적 지배를 제어하여 궁극적으로 국가 대 민의 직접지배관계를 수립하는 데 있었다. 그러나 안정복은 향사법의 실시로 民食이 넉넉해질 수 있으나 일시에 실시되기 어려움을 말하고 藍田 呂氏의 鄕約과 退溪·寒岡·栗谷鄕約의 規約을 참작하여 서로 비교 수행한다면 그 효과가 클 것임을 주장하였다.[82] 그는 "敎化之政의 요체는 守令一身에 있으나 그 법은 鄕約에서 시작한다"라고 하여[83] 교화를 爲政의 본으로 생각하되

---

81) 『順庵全集』 3, 「臨官政要」 附錄 鄕社法, 329쪽.
82) 『順庵 安鼎福全集』 卷3, 「臨官政要」 附錄 鄕社法序文.
83) 『順庵全集』 3, 「臨官政要」 時措 敎化章.

洞約·鄕約의 실시를 통해 교화가 달성될 수 있다고 보았다. 따라서 동약의 실시는 향촌사회를 효과적으로 통치하기 위한 선행작업으로 여겼다. 시행범위가 큰 향약보다 동약의 실시 가능성을 강조한 것은 사족들의 향촌사회 지배력의 약화를 반영한 것으로 보인다. 즉 안정복은 공적 사회제도로서 면리제(향사법)의 실시만을 전적으로 강조하지 않았으며, 민의 성장과 도전에 직면하여 사족 중심의 기존 향촌질서를 용인하면서 동계, 향약과 같은 사회조직을 적극 장려하였다.

그러나 안정복의 향정론에는 '抑强扶弱論'이 내포되어 있었다. 이는 일면 下民을 권력층의 부당한 侵虐으로부터 보호한다는 점에서 일정한 의미를 지니는 것이다. 한편으로 그는 18세기 당시 사족지배체제가 형해화 되고 있는 상황 하에서, 곳곳에서 '尊貴者'와 '上位者'인 사족이 '下民'들에게 능멸 당하는 점 역시 심각한 문제임을 지적하고 있다.[84] 이에 대해 안정복은 사족들의 公論 형성을 통하여 향촌사회를 이끌어 나가는 것이 중요하다고 하였다. 이러한 점은 그가 위로는 수령을 輔導하여 詢問에 응하고, 아래로는 一邑의 民事를 총괄하는 鄕所의 직임을 公論에 의해 擇定하도록 한 데서 잘 드러난다. 또한 안정복이 향소를 '親民尤莫如鄕所'라고 하여 對民 업무를 간여하고 수령의 股肱이나 耳目에 비견될 수 있는 존재임을 강조한 데서 알 수 있다.[85]

안정복은 향촌사회를 재지세력에 기반한 공론을 활용하여 운영하

---

84) 『順庵全集』 3, 「臨官政要」 時措 爲政章. 앞서 살펴본 것처럼 안정복은 下民(富民)의 성장을 인지하고 이들의 입장을 강화시켜주기도 하였으나 이러한 조치는 下民을 사족 중심의 사회질서 속에 수용하기 위한 양보에 불과하였다. 즉 그는 下民의 성장을 포착하였으면서도 이들이 앞으로의 새로운 사회를 담지해 나아갈 주체세력이라고까지는 인식하지 못하였다(한상권, 앞의 논문, 292쪽).

85) 『順庵全集』 3, 「臨官政要」 時措 任人章.

고자 하였다. 이렇게 볼 때 안정복의 鄕政論은 체제개혁보다는 유지의 방향에서 그 방안이 강구되고 있음을 볼 수 있다. 그러나 이를 단순히 세태에 순응한다는 뜻으로 이해해서는 안 될 것이다. 비록 제도개혁의 차원에서 국가운영 전반에 걸친 변혁을 추구하지는 않았지만 사회발전에 따른 민의 성장을 고려하는 가운데 지방수령으로서 실현 가능한 개선방안을 모색한 점에 보다 주목해야 할 것이다. 민인과 토지가 편제되어 있는 향촌사회는 국가통치의 기본단위이자 기존 양반 사족층의 물적 토대임을 감안할 때 이를 대상으로 한 개혁은 토지제도만큼이나 그 실현 가능성을 담보하기 어려운 대상이었다. 따라서 양자 간의 이해관계를 잘 조율하면서 保民·民産을 보장할 수 있는 방안을 모색하는 것이 보다 중요했다.[86)]

3) 茶山 丁若鏞의 지방제도 개혁론

18세기 말 조선의 사회상황을 주목한 정약용은 『經世遺表』를 통해 郡縣制의 정비방향과 운영문제를 언급하였고 토지제도 개혁론을 제시하여 생산단위와 향촌민들의 구조적 결합을 모색하였다. 아울러 『牧民心書』 吏典 用人條에서는 鄕政의 운영방안을 설명하였다. 이는 대체로 기존 지방제도의 문제점을 지적하면서 운영의 개선을 주장한 것이다.

정약용은 총체적인 국가경영의 기획과 이념을 밝히면서 지방제도·향촌사회에 대한 개혁안도 피력하였다.

(1) 향촌인식과 지방행정이념

정약용은 『經世遺表』 井田議에서 봉건제에 대한 적극적인 견해를

86) 원재린, 앞의 책, 252쪽.

밝혔다.[87] 사실 일반 儒者들이 전통적으로 封建制를 지지하는 것은 중앙정부로부터 상대적으로 독립성이 보장되는 '지방자치'의 실현과 향촌사회에서의 자신들의 이익을 대신하기 위함이었다. 그러나 정약용은 향촌사회의 자치 문제를 단순히 양반지배층의 자치권 강화 차원에서 주장한 것이 아니라 民의 입장을 결부시키고 있다.[88] 정약용은 중국의 漢代 이후의 정치를 하향적 정치로 규정하여 이를 비판하고 漢代 이전의 정치를 상향적 정치로 규정하여 찬양하였다. 그가 말하는 하향적 정치는 전제정치를 의미하고, 상향적 정치는 그것과 대립되는 민본주의적 정치를 의미하는 것이다. 정약용은 「湯論」에서 天子는 백성의 추대에 의해 天子가 된다고 하여 주권재민적 정치이념을 뚜렷이 하였다.[89]

당시 권력이 점차 중앙집권화되고 수령의 권한이 강화되는 상황에

---

87) 『與猶堂全書』 第5集 第1卷(경인문화사 영인본의 책수와 권수, 이하 같음) ; 5集, 「經世遺表」 卷7, 地官修制 井田議1, 135쪽.

88) 丁若鏞을 비롯하여, 삼대의 군주와 제후는 國君이든 方伯이든 皇王이든 모두 均民을 목적으로 하여 아래로부터 추대된 것이라는 '下而上'의 입장에 있는 저작들에서는 봉건제를 君主중심주의 보다는 人民중심주의로 본 것이 특징이다(박광용, 「18~19세기 조선사회의 봉건제와 군현제 논의」, 『한국문화』 22, 1998, 215쪽).

89) 『與猶堂全書』 1集, 「湯論」, 233쪽. 정약용은 정치의 주체를 백성이라고 보았고, 또 백성을 위한 정치를 강조하였으나, 이들을 정치의 담당자로까지 적극적으로 주장하였다고 보기는 곤란하다. 가령 그가 강진 유배시 홍경래란이 일어난 것을 보고 그 여파에 의하여 기타 지방에서도 민란이 있을 것을 지적하면서 그에 대한 대책으로 '以重民生'의 정신으로 농민의 경제적인 안정에 노력함과 동시에 민란을 진압할 수 있는 방비를 갖출 것을 촉구하였던 것이다(『與猶堂全書』 5集, 「牧民心書」 兵典應變, 496~500쪽). 그는 군주의 존재를 전적으로 부정하지는 않았으며, 오히려 왕정의 틀 속에서 민본주의적 제 목적을 달성하려 했다. 그는 왕정에서 유발되기 쉬운 통치자의 횡포를 통치자의 자발적인 善政으로 방지하려 하였으며, 德治主義를 이상적인 정치형태로 생각하고 통치자의 윤리를 촉구하였다.

서 민의 자치이론의 근거가 될 수 있는 것이 봉건제였다. 정약용의 봉건제 주장이 민의 입장을 취했던 점은 토지개혁론의 토대가 되는 정전의 주장과 결부되어 있음에서도 알 수 있다.

그러나 정론가들의 봉건제에 대한 인식이 지방자치로 귀결된다는 字意 그대로의 해석에 머물러서는 곤란하다. 정약용이 지향한 국가·사회상은 몇 단계의 전변을 거쳐야만 도달될 수 있었으며 향촌사회 내 전형적인 주민자치의 실현도 예외는 아니었다. 즉 정약용이 「尙書古訓」에서 민에 의해 구성된 기관에서 지방관이 선출되어야 한다고 주장한 것은 생산자 농민에 대한 토지분급을 전제로 한 그의 개혁론과 지향을 같이함을 보여준다.[90]

정약용은 이에 앞서 현존하는 제도의 개혁·개선의 과정 또한 중시하였다. 그는 봉건제 이념 가운데 德政體制로서의 국가와 개혁주체로서의 君主權 확립, 그리고 능력있는 賢者를 들어 관료로 임용하는 방안을 취하고 있다. 고을 현장에서 守令－吏胥의 불법적인 행위는 德政體制를 훼손하는 것으로 규정하고, 이를 제어할 직임의 필요성을 강조하였다. 이에 따라 종래 鄕官제도의 遺意를 재현하고 당대 최대의 名士·재지사족을 포섭하되 차후 향관을 중앙관료로 편제시키려는 방안을 강구하였다. 이를 통해 향촌의 재지세력을 실질적으로 관속하며 궁극적으로 군현통치에서 국가·국왕의 權威가 신장될 수 있다는 사실을 지적하였다. 결국 집권관료체제의 외연을 확정함에 의해 향촌 내 토호의 사적지배, 守令－吏胥의 불법행위를 배제하여 民의 위상을 제고할 수 있게 되고 다음 단계의 민의 자치를 모색할 수 있다는 것이다. 이는 18세기 말의 향촌상황을 염두에 둔 농민적 입장의 鄕政論을 보여주는 것이다.

---

90) 『與猶堂全書』 2集, 「尙書古訓」 卷1, 508쪽.

한편 정약용 역시, 향촌 내의 내적 윤리의식의 확립을 염두에 둔 교화작업을 위해 里長에 의한 鄕約의 강독을 시행하고자 하였다.

> (사계절) 첫달 초 하루에 里尹이 그 里의 백성을 모아서 효·제·충·신을 가르치는데, 법을 한 차례 읽고 鄕約을 한 차례 타이르면 듣는 자가 모두 절한다. 허물 있는 자는 벌주고 行誼가 있는 자는 상주는데, 그 해 마지막에는 가장 착한 사람 1인과 가장 허물 많은 자 1인을 뽑아서 縣令에게 상과 벌을 주도록 한다.[91]

즉 16井 1里 공동체의 里長의 지휘 아래 계절마다 향약을 강론하고, 공동체적 윤리도덕에 비추어 선행·악행을 구분하여 상·벌을 가하며, 그것을 왕권 대행의 국가행정단위로 연계시켜 가고자 모색하였다.[92] 정약용은 단위공동체로서 里를 규정하고 里長의 행정업무뿐 아니라 향약을 통한 교화의 업무를 강조하고 있다. 그런데 이와 같은 사회조직의 활용은 근본적으로 토지분급제(井田制)의 실현과 결부되어 있었다.

⑵ 지방행정구역에 대한 개혁안

가. 郡縣分隷論

먼저 군현분예론은 지방행정구역을 설정하는 기준에 관한 것으로 주로 縱的인 분할에 대해 논하고 있다. 정약용은 당시 8道로 구성되어 있는 지방행정구역을 12省으로 개편할 것을 제안하였다.[93]

---

91) 『與猶堂全書』 5集, 「經世遺表」 田制 井田議4.

92) 金泰永, 「茶山의 國家改革論 序說」, 『茶山의 政治經濟思想』, 창작과 비평사, 1990, 97~98쪽.

93) 『與猶堂全書』 5集, 「經世遺表」 卷3, 天官修制 郡縣分隷條, 59쪽.

정약용의 12省 개편론

12省	8道	布政司(행정중심지)
奉天省	경기도	京畿敦義門 밖
泗川省	충청도	公州
完南省	전라도(북)	全州
武南省	전라도(남)	光州
嶺南省	경상도(洛東江 以北)	達州(大邱)
潢西省	경상도(洛東江 以西)	星州
洌東省	강원도	原州
松海省	황해도	中京(開城)
浿西省	평안도(남)	西京(平壤)
淸西省	평안도(북)	寧州(寧邊)
玄菟省	함경도(남)	咸州(咸興)
滿河省	함경도(북)	鏡州(鏡城)

정약용은 道를 省으로 개칭해야 할 이유를 분명하게 밝힌 바는 없으나 8개의 행정구역을 12개로 세분해야 할 필요성을 다음과 같이 제시하고 있다.[94] 우선 전라도와 경상도를 각각 2개 省으로 구분하였다. 그 이유로 많은 인구와 그에 따른 번거로운 政務를 들었다. 고려시대에도 각각 2개의 道가 있었고 조선조 宣祖년간에도 경상도에 좌・우도가 있었음을 예로 들었다. 또한 서도와 북도를 2개 省으로 구분한 것은 지역이 넓어 감사가 적절히 통제・관할할 수 없다는 사실을 들었다.[95] 분할원칙으로 山과 川을 경계로 할 것과, 국방을 위한 관방 요충지의 경영을 고려할 것, 행정중심지와 촌락과의 거리를 고려할 것, 民戶의 多寡를 토지의 廣狹에 우선할 것을 강조하였다.[96]

---

94) 李存熙,『朝鮮時代 地方行政制度 硏究』, 일지사, 1990, 226쪽. 이에 대해 조성을은 지방행정구역 개편 당시 사회경제적 발전이라는 역사적 추세에 따라 행정구역을 지역 경제권과 일치시키려는 것이며, 여기에는 각 지역의 균등한 발전과 조세부담의 균등화 의도도 포함된 것이라고 밝히고 있다(조성을, 「丁若鏞의 地方制度 改革論」,『東方學志』77・78・79, 1993, 584쪽).

95)『與猶堂全書』5集,「經世遺表」卷3, 天官修制 郡縣分隷條, 59쪽.

나. 郡縣分等論

군현분등론은 지방행정구역의 등급을 설정하는 데 있어 橫的 분할에 관한 것이다. 정약용은 민호의 많고 적음과 전결의 넓고 좁음으로써 군현의 등급을 정하는 것이 마땅하다고 하였다.[97] 이는 磻溪 柳馨遠이 전결 수에 의거하여 군현을 조정하고, 星湖 李瀷이 소군현 통폐합론을 주장한 것을 일관되게 계승한 점이라 볼 수 있다.

정약용은 '柴周'의 사례를 설명하면서 7등급으로 군현의 대소를 구분하였다. 즉 2만 5천 이상을 大州, 2만 이상은 大郡, 1만 5천 이상은 中郡, 1만 이상은 小郡, 8천 이상은 大縣, 6천 이상은 中縣, 4천 이상은 小縣으로 하고 4천 미만은 합병해서 줄이기를 논의하라고 하였다.[98] 예를 들어 大邱의 경우 大州로서 민호가 1만 3천이고 전결이 1만 2천으로, 합하면 2만 5천이었다. 이와 같이 군현의 등급을 정한다면, 해당 胥吏의 정원도 그 비율에 따를 것이라고 하였다.[99]

그는 '臣謹案' '臣又案'이라 하여 군현분등에 관한 자신의 견해를 추가하고 있다.[100] 첫째, 松京留守는 황해감사를 겸임하게 했다. 둘째, 경상도 監營은 현재의 위치인 상주로 옮기되 兵營은 왜구의 방어를 위해 진주에 그대로 둔다. 셋째, 효율적인 행정을 위해 감사의 업무를 일부 분산시킬 것을 주장했다. 예를 들어 강원감사 외에 강릉부사에게

---

96) 『與猶堂全書』 5集, 「經世遺表」 卷3, 天官修制 郡縣分隷條, 60쪽 ; 장동희, 『丁若鏞의 行政思想』, 일지사, 1986, 143쪽.

97) 『與猶堂全書』 5集, 「經世遺表」 卷3, 天官修制 郡縣分隷條, 68쪽.

98) 『與猶堂全書』 5集, 「經世遺表」 卷3, 天官修制 郡縣分隷條, 69~71쪽. 반면 西道와 강원도의 경우 면적은 넓고 인구는 적으므로 1만 5천은 大州, 1만 이상은 大郡, 8천 이상은 小郡, 6천 이상은 大縣, 4천 이상은 中縣, 4천 미만은 小縣으로 구분하였다.

99) 『與猶堂全書』 5集, 「經世遺表」 卷3, 天官修制 郡縣分隷條, 72쪽.

100) 『與猶堂全書』 5集, 「經世遺表」 卷3, 天官修制 郡縣分隷・郡縣分等條.

관찰사의 직명을 겸임케 하여 영동 9읍의 小事를 관장하는 것이다. 넷째, 남쪽의 농민들을 北邊 국경지역에 徙民시켜 남쪽의 조밀한 인구를 분산시켜 생활대책을 마련하는 한편, 국경 산간지대를 개간하여 안주할 수 있게 한다는 방안을 제시하였다. 다섯째, 州와 府를 통합하여 都護府로 명명할 것과 군현의 昇降제도의 중지를 말하였다.[101]

그러나 군현의 등급을 정확하게 결정하기 위해서는 그 전제조건으로서 田地의 經界를 바르게 하고, 戶籍사무를 완벽하게 정비해야 한다고 하였다. 이 두 가지 政事를 거행하지 않으면 "온갖 일이 모두 막혀서 그 사이에 손 하나 쓸 수 없게 된다"고 하면서, 그 당시 三政紊亂을 비난하고 있다.[102]

특히 정약용은 삼정의 문란을 시정하고 지방제도의 원활한 운영을 위해 그리고 지방관, 서리, 재지세력의 奸細한 행위를 규제하기 위해 戶籍制度 정비론을 강조하였다. 그는 「戶籍議」·「身布議」·「通塞議」에서 호적관리의 개선방법을 논하고 이어서 『經世遺表』 地官修制 戶籍法에서 호적관리의 법제적 개혁을 검토하고 있으며, 다시 『牧民心書』 戶典 戶籍條에서 부역관리의 기본문제로 호적행정을 보다 실제적으로 서술하고 있다. 호적행정은 인구의 관리방법이자 행정사무의 기초가 되며, 田政·賦役·軍政의 관리에 있어 가장 기본이 되는 업무라 규정하였다. 따라서 지방관의 첫째 임무가 호적행정의 정비에 있음을 강조하였다.[103]

정약용은 환곡제의 운영에 있어 정확한 穀簿의 작성이 필수적인 것처럼 호적은 家坐書를 기초로 정비되어야 함을 강조하였다. 이는 그가 곡산부사로 재직시 직접 작성한 경험이 있음을 설명하고 있다. 아

101) 이존희, 앞의 책, 333~334쪽.
102) 『與猶堂全書』 5集, 「經世遺表」 卷3, 天官修制 郡縣分隷條, 2쪽.
103) 『與猶堂全書』 1集, 戶籍議, 181쪽.

울러 목민관은 고을의 城市·山林·川澤·道路·村落 등을 표시한 지도를 그리고, 마을마다 富戶와 貧戶를 일일이 구분한 후 호수를 표시하여 집무실에 걸어놓아 전체 인구실태를 일목요연하게 파악하고, 목민행정의 완벽을 기하도록 하였다.[104] 이와 함께 정약용은 五家作統·十家作牌의 법을 강화해서 호적행정의 부정을 막도록 했다.[105]

(3) 守令制 개혁론

전통적으로 조선왕조가 시행한 향촌지배정책의 한 축은 군현제 정비와 수령제 대책에 맞추어져 있었다. 조선후기에 이르러서도 조선왕조는 수령권의 행사를 활성화시키고 통치단위로서 군현제의 효율적인 정비를 통해 중앙집권체제의 기반을 확립하며, 재지사족들을 통치기구 내에 영입시키거나 지방행정 사역인으로 격하시키는 등 재지세력의 분산화, 약화라는 정책을 일관되게 고수하였다. 직접적인 군현 지배자로서 군현민의 재생산을 보증한다는 수령의 기능 자체가 기존 시기와 비교하여 본질적으로 달라진 것은 아니었으나, 이 시기 조선왕조의 수령제 대책은 크게 제도 정비론(監司·御使制의 강화 및 통치단위의 조정)과 법적 제재론(任命·解由 절차의 정비 및 考課制의 강화)으로 나뉘어 볼 수 있다. 이는 守令制에 대한 조선왕조의 통제의 측면보다는 재지세력 제어와 집권체제 구축을 위한 활성화의 방향이며, 제도 운영의 효율성을 도모한 방안이었다.

한편 이 시기 政論家(官人·儒者)들도 향정론의 하나로서 수령제 개혁론을 제시하였다. 당색과 향촌 현실에 대한 인식에 따라 다소의 차이는 있으나 업무의 연속성 보장을 위한 守令久任論, 궁극적으로

---

104)『與猶堂全書』5集,「牧民心書」戶典 戶籍條, 423쪽.
105)『與猶堂全書』5集,「牧民心書」戶典 戶籍條, 425쪽.

현능한 수령의 선발을 위한 다양한 수령자원의 확보 방안으로서 人才選拔論, 그리고 外官重視論과 그 연장으로서 內外官(京外官)循環論이 제기되었다. 17세기 이후 조선왕조는 이와 같은 수령제의 정비와 개혁론을 적극 수용함으로써, 집권관료체제의 구축을 모색하고 있었다.[106)]

그러나 조선후기 향촌사회가 당 시기 객관적·총체적 변동에 기인하며 변화하였던 점에서 향촌지배체제의 확립과정에서 개개인의 현능을 전제로 한 수령제의 법제적 강화란 한계가 쉽게 예견되는 것이며, 하부구조의 변동을 구조적으로 반영한 제도의 정비가 동시에 뒷받침되어야 하는 것은 물론이다.[107)]

정약용은 군현제의 행정·지리적 영역을 효율적으로 재배치하는 구상과 함께 수령제 개혁론을 제시하였다. 그의 수령제(외관제)에 대한 인식은 대단히 부정적이었다. 그는 백성에게 혹독하였던 목민관을 '도적'이라고 비판하면서 이러한 '도적'이 없어지지 않으면 백성은 살아남지 못할 것이라고 격렬히 비난하였다.[108)] 또한 "백성의 休戚은 수령의 賢否에 달렸고 수령의 현부는 감사의 褒貶에 달렸으니, 감사가 고과하는 법은 바로 천명과 인심이 향배하는 기틀이며, 국가의 안위가 결판되는 바이다."[109)]라고 하여 그 대책으로 지방관의 직무와 평가를

---

106) 오영교, 「17세기 향촌상황과 守令制 整備論」, 『東方學志』 92, 1996.

107) 조선왕조는 차후 生産의 現場이자 統治의 客體인 鄕村社會·民에 대한 통치조직을 정비하고 운영직임을 확정하는데 노력을 기울이고 있다. 바로 公的 社會制度로서 面里制·五家統制를 수립하고 향촌에 대한 체계적이고 지속적인 지배를 도모하였다. 동시에 재지사족에 대한 통제책도 적극 시행되었다. 營將制의 실시, 書院濫設 금지조처 등과 함께 전통적인 재지세력의 권력기구인 鄕所의 기능을 국가가 장악하려 했던 것이다(오영교, 앞의 책, 2001).

108) 『與猶堂全書』 1集, 監司論, 245쪽.

109) 『與猶堂全書』 5集, 「經世遺表」, 天官修制 考績之法, 77쪽, "國家安危 係乎

엄밀히 하는 것이 중요하다고 하였다. 정약용은 관제개혁안 중 고적제를 가장 중요시하고 강조하였다.

당시의 수령은 守令七事라는 개략적인 업무규정에 따라 해당 군현을 통치하였고 그 성과에 의해 감사의 포폄을 받았다. 감사는 1년에 두 차례씩 수령의 치적 및 능력을 8字成句로 표시하고 상・중・하의 3등급을 매겨 보고하였다. 그런데 정약용은 수령고과제의 소략함을 비판하고 보다 엄격한 고적제를 운영할 것을 주장하였다. 특히 수령7사를 비판하면서 그 대안으로 고적에 관한 논의를 3단계로 발전하며 완성하였다. 그는 최초 고적론에서 農・貨・敎・刑・兵・工의 6綱 4目(24조목)을 제시하였다.[110] 그 후 그것을 더욱 발전시켜 『經世遺表』 考績之法에서 律己・奉公・愛民・吏典・戶典・禮典・兵典・刑典・工典의 9綱 6目(54조목)으로 체계화시켰으며,[111] 마지막으로 『牧民心書』에서 12綱 6目(72조목)으로 완성하였던 것이다.[112]

또한 엄격한 평가제의 실시를 주장하였다. 특히 현행 上・中・下考의 고과등급이 실질적이고 객관적인 평가기준이 될 수 없음을 파악하고, 上上・上中・上下・中上・中中・中下・下上・下中・下下의 9등급으로 엄격히 포폄해야 함을 주장하면서 12省에 따른 각 등급별 정원 및 비율을 별도로 제시하고 있다.[113]

정약용은 당시 1년에 두 번씩 관리들을 고적하는 것은 周禮에 어긋

人心之向背 人心向背 係乎生民之休戚 生民休戚 係乎守令之臧否 守令臧否 係乎監司之褒貶 則監司考課之法 乃天命人心向背之機 而國家安危之攸判也 基所關係若是甚重而基法之疏漏不嚴莫今時若".

110) 『與猶堂全書』 1集, 「考績議」, 186~187쪽.

111) 律己의 경우 飭躬・礪行・觴政・色戒・減眷・屛容의 조목이 있다.

112) 赴任・律己・奉公・愛民・吏典・戶典・禮典・兵典・刑典・工典・賑荒・解官에 해당된다(『與猶堂全書』 5集, 「牧民心書」, 299쪽).

113) 『與猶堂全書』 5集, 「經世遺表」, 天官修制 考績之法, 75쪽.

난다 하여 연말에 한 차례 고적하는 것이 타당하다고 하였다. 이는 관리들에게 업무를 파악할 수 있는 충분한 기간이 주어져야 하고, 上司들도 고적에 필요한 자료를 수집할 수 있는 시간을 가질 수 있게 한 것이었다.[114)]

정약용이 제안한 지방관 고과제는 감사의 수령에 대한 권한 축소와 중앙정부의 수령에 대한 통제와 감독의 강화를 목적으로 하고 있었다. 즉 감사의 경우 수령에 대한 자의적인 인사재량권의 축소는 물론 감사 역시 상대평가제에 의해 고과를 받도록 하였다. 수령에 대해서 잦은 고과의 부담을 줄여 지속적인 통치가 이루어질 수 있도록 지방통치의 자율성을 보장해 주는 동시에 수령의 직접 보고와 암행어사의 규찰이라는 과정을 첨가하였다. 이는 감사의 권한을 제약하고 수령을 보다 더 중앙정부의 통제아래 두도록 한 것이다. 결국 정약용의 지방관 고과제는 지방행정의 일선을 담당하는 수령과 중앙정부의 직접 연결을 강화하여, 중앙집권적 통치질서를 확립하고 행정체계 운영의 효율성을 증대하려 한 것이다.[115)]

또한 외방의 관직에 대하여 현실에 맞도록 관품을 조절하고자 했다. 즉 모든 외방직은 최소한 7품 이상자로 제수되게 하고, 필히 軍民兼材의 인사가 파견되어야 함을 강조했다. 외방의 목민관이 일반 행정뿐만 아니라 군사 관계사무도 담당해야 하기 때문이다. 정약용에 의하면 郡守와 尹은 4품, 判官은 5품, 縣令과 察訪은 6품, 監牧官은 7품으로 하는 것이 합당하다고 보았다.[116)] 정약용이 외관의 품계에 관심을 가진 이유는 그의 생의 후반기 대부분을 유배지 및 향리에서 보냈기 때문에 농민들의 처지와 지역사정에 밝았고, 또 지방행정의 제도적

114) 『與猶堂全書』 5集, 「經世遺表」, 天官修制 考績之法, 72쪽.
115) 강석화, 「丁若鏞의 官制改革案 硏究」, 『韓國史論』 21, 1989, 229쪽.
116) 『與猶堂全書』 5集, 「經世遺表」 卷3, 外官之品條.

모순과 운영상의 문제점에 이르기까지 외관제의 불합리한 내용을 너무도 잘 알고 있었기 때문이다.[117]

(4) 재지세력 대책

가. 鄕所制 개혁론

18세기의 조선사회는 생산력 발달을 기저에 둔 사회변동이 진전되었고 신분제의 변화가 야기되고 있었다. 특히 차별적인 중세 신분제 하에서 지배세력으로 분류된 양반층 내부에 경제력을 내세운 새로운 세력의 부상과 편입이 전개되었다. 이에 대응하여 종래의 사족들은 향교와 서원을 중심으로 별도의 세력기반을 확립하고 신향의 진출에 적극 대처하고자 하였다. 이른바 儒·鄕간의 갈등이 도처에서 전개되었다.

신분상승을 도모했던 신향은 구사족이 취임을 거부한 향임직에 적극 편제되었다. 면임은 물론 향청의 하급직임에 가담했던 것이다. 이 시기 신향은 지방관청에 대한 재정보상을 통해 신분상승의 계기를 삼고 있었던 점에서 대체로 수령과의 이해관계도 일치되었다. 누대에 걸쳐 재지의 유력가문으로 존재했던 사족의 시각에서 볼 때 신향의 향임직 참여는 우려할 만한 사항이었다. 이들은 신향에 대해 염치도 없이 수령권에 예속되는 존재로 비유하였다. 당시 신향의 참여에 따른 향소지위의 격하는 이와 같이 여러 요인이 서로 결합되어 야기된 것이었다.

18세기 政論家들은 향촌문제의 하나로서 수령권과 재지세력 사이에 官治와 自治를 둘러싼 절충점의 모색과 조정문제를 고민하고 있었다. 원활한 향촌운영을 위한 제 방안이 대두되는 가운데 기존 재지세

---

117) 이존희, 앞의 책, 338쪽.

력의 향촌지배기구였던 향소를 적시하고 그 활용을 주장하였다. 논의의 목적은 기강의 확립과 官政의 효율성 향상을 위해, 그리고 수령권의 자의적인 행사의 견제와 유력한 재지세력의 참여를 유도하기 위해 향소를 개혁해야 한다는 것이었다. 그 방안은 역대 중국의 鄕官制度에서 유래를 찾아 原意(組織體系, 機能)를 회복함과 동시에 중앙의 관직체계에 편입시켜 공적 지위를 부여하고 공적기구로서 정착시키고자 하였다. 이는 貢擧制에 의한 選人의 중요성을 강조하고 좌수·별감을 종9품의 典正·典檢으로 임용하고자 했던 17세기 반계 유형원의 주장과 궤를 같이하는 것이었다.

당시 재지세력이 鄕權을 제대로 장악해 수 없었던 것은 지배세력 내부의 분화로 인해, 일원화된 기구를 통한 조직적 대응이 어려웠던 데 한 원인이 있었다. 이에 따라 유력 사족이 많지 않은 군현에서는 상대적으로 수령권의 전횡이 커다란 문제가 되었다.

영조 36년(1760) 10월 司宰奉事 李存誠은 12개조의 疏 가운데 "수령이 一邑을 自專해도 군현내 좌수 이하 어느 직임자도 諫하여 시정하지 못하고 조정에서도 적절히 통제하지 못함으로써 심각한 폐단을 야기한다"고 지적하였다.[118] 이 같은 향촌문제를 郡의 佐臣인 좌수직의 제도개선, 즉 각읍 좌수의 명칭을 개칭하고 읍내 閥閱望士를 銓曹에 보고하여 京職처럼 擬望受点하는 안을 제시했다.[119] 사족이야말로

---

118) 『備邊司謄錄』 139冊, 英祖 36年 10月 27日, 13책 474쪽, "嘗見守令自專一邑 人莫矯非 守令曰可 座首以下皆曰可 守令曰否 座首以下亦皆曰否之 其可惡而欲殺之 殺之而後已 此無他 下無敢諫之人 惟意所欲故耳 朝家後雖隨聞重繩 而已殺之人 不可後生 旣誤之政 責之無及 則朝家之不可不矯弊者".

119) 『備邊司謄錄』 139冊, 英祖 36年 10月 27日, 13책 474쪽, "臣請各邑座首 改其名號 使守令 擇邑中之閥閱望士 報于銓曹 銓曹擬望受点 一如京職之例 守令盡職 敬待相議政事 監司別星 毋論侮辱 限以六十朔爲期 而監司褒貶 依守令例 亦書等第 十考十上者 必使銓曹 起遷京職 而三百邑之郡佐 不可

民俗을 잘 알고 있고 향촌사회에서 존경받기 때문이라는 것이다. 따라서 專擅하는 수령을 견제하고 향촌의 효율적인 통치를 위해 좌수의 名位를 중하게 하여 사족을 포진시킨 후 서로 정사를 상의하게 할 것을 주장하였다.

영조 35년(1759) 魏伯珪도 文治主義 관료체제의 전형이었던 宋代의 제도를 모방하여 座首는 丞, 別監은 主簿라 개칭하여 京官에 진출하는 말단 품계를 받도록 하였다.[120]

丁若鏞 역시 治郡에서 鄕所의 중요성을 강조하였다. 그는

> 鄕丞은 수령의 보좌인이다. 반드시 한 고을에서 가장 착한 사람을 택하여 이 직역을 맡도록 할 것이다. (중략) 座首는 賓席의 우두머리다. 진실로 마땅한 사람을 얻지 못하면 모든 일이 잘 다스려지지 않을 것이다.[121]

라고 하여 鄕所職任의 중요성을 강조하였고 적임자의 선발이 政事의 요체임을 말하였다. 또한,

> 대저 수령의 직책에는 백성의 목숨이 달려 있으니 한 사람이 횡포를

盡爲付職 鄕多士夫之邑 則定爲應遷之窠 其餘則拔其治續之卓異者 除職似可矣 士人習知民俗 助治不少 且其坐地尊 而名位不輕 則必與守令 互相可否 規警闕失 不如前日之俛首聽命 此非但祛守令專擅之弊 亦大有補於治道矣".

120) 存齋 魏伯珪(1727~1798)의 學風과 대체적인 經世論에 관해서는, 이해준, 「存齋 魏伯珪의 社會改善論 - 18世紀末 鄕論의 自律性摸索을 中心으로 -」, 『韓國史論』 5, 1979 참조. 宮崎市定, 「宋代州縣制度の由來とその特色」, 『アジア史研究』 4, 東洋史研究會, 1974, 60~61쪽 ; 申採湜, 『宋代官僚制研究』, 三英社, 1981, 191~196쪽.

121) 『與猶堂全書』 5集, 「牧民心書」, 吏典 用人條.

> 부리면 백성이 쓰러진다. 그러므로 감사로써 그를 살피게 하고 都事로써 그를 감시하게 하고 名士를 택하여 향소에 있게 하고 대신을 명하여 京所에 있게 하여, 서로 통제하며 수령으로 하여금 나쁜 짓을 못하게 하는 것이다. (중략) 지금 京所法은 비록 다시 복구할 수 없다 하더라도 향소를 반드시 名士를 등용하여 마땅히 安東의 제도와 같이 할 것이로되 조정의 명령이 있어야만 가능할 것이다.[122]

라고 하였다. 그는 무엇보다 전횡하는 수령의 통치에 대해 향소와 경재소에 각각 名士와 大臣을 등용하여 서로 연결 통제하여 감시하는 것이 중요하다고 지적하였다. 그러나 현실적으로 이미 혁파된 경재소를 염두에 둘 때 현실적인 방안은 고을 내 명사를 향소에 등용시켜야 한다는 것이다. 정약용은 고법 이래 향임의 선택을 중히 여겼는데 근년에 와서 점차 가볍게 대한 사실을 지적하고 安東에서 최고의 명사를 좌수에 임명함으로써 재지세력을 장악하였던 사례와 중국 後漢에서 마을 내 豪强을 제압하고 고을의 행정을 맡게 했던 功曹의 직임을 예로 들어 좌수 임용의 준거를 제시하였다. 이는 향임직에 신향들이 대거 참여하고 점차 수령권에 예속화됨으로써 재지사족들이 임용을 거부한 당시의 상황을 지적한 것이다. 결국 지위회복과 자율성 증대를 통해 향임직이 수령에 의해 관임의 하나로 천시되는 상황이 저지되며, 궁극적으로 재지사족을 결집시켜 보다 완전한 향촌통치를 이룰 수 있다고 본 것이다.

한편 당시 정론가들이 향소에 대해 중앙관직 내지 외관직의 품계부여를 주장했듯이 정약용 역시 유사하게 향소를 활성화하고 능력주의에 입각한 인재 선발의 방법을 강조하였다. 정약용은 좌수를 鄕大丞, 별감은 左右副丞이라 하여 모두 정9품 從士郎의 품계를 부여하도

---

122) 위와 같음.

록 했다. 이후 공적을 평가하여 감사나 어사로 하여금 式年에 각각 900명씩을 추천하게 하고 그 가운데 3인을 뽑아 경관에 임명하면 그 안에서 분명히 명성과 품행 있는 사람이 나올 것임을 주장하였다. 이는 吏曹에서 文官을 임용할 때의 절차를 그대로 적용시킨 것이다.[123] 정약용은 황해도·평안도의 五營將의 中軍과 宋 이후 중국의 守令 보좌 직임인 丞·尉·主簿도 모두 考課 대상이었다는 점을 들어 鄕官도 이에 따를 수 있다고 주장하였다. 향관의 임용시 능력주의에 입각한 貢擧制의 적용을 말한 것이다.

그는 鄕廳이 지니는 본래의 자치기능을 확대 신장하여 수령-이서 중심의 관사체계의 독주를 견제하고 향촌지배체제의 균형을 확보하고자 했다. 그 중 하나가 邑事를 주무하는 이서들의 업무를 감시하도록 한 것이다. 정약용은 향임 6명으로써 六房을 나누어 그 업무를 감독 관찰하도록 했다. 좌수는 吏房을, 首倉監은 戶房을 겸하여 맡고, 左別監이 禮房을, 軍倉監이 兵房을 겸해 맡고, 右別監은 刑房을, 庫監이 工房을 겸해 맡게 하여 직책을 나누어주고 각각 업무를 살피게 하였다. 육방의 문서는 모두 이들의 서명을 받게 하여 만약 농간이 발생하면 허물을 서로 나누어 가지게 했다. 이를 통해 체모가 엄정해지면 정사의 처리가 난잡하지 않을 것임을 말하였다. 한편으로 수령이 일에 밝지 못해 軍訟과 賦訴 등의 주요 정사를 향청에 맡겨서 운영하는 문제점을 적시하였다. 이로 인해 좌수가 이서와 더불어 농간을 부려서 뇌물을 받고 부정을 저지르는 일이 많다고 하였다. 이러한 부정을 방

---

123) 위와 같음. 丁若鏞 역시 18세기의 諸論者와 같이 座首에 대해 군현내 名士를 중용시키되 정9품 文官의 品階 정도를 수여한다는 점에서 그 대우에 다소 격이 떨어진다고 보인다. 그러나 중국 宋代의 選人과 달리 확대재생산되는 士族에 비해 實職의 수가 적었던 사정을 감안할 때 비교적 현실적인 주장으로 여겨진다.

지하기 위해 수령은 좌수를 면전에 불러놓고 소송을 제기한 백성의 변명을 직접 들음으로써 그 일을 조사 처리하도록 했다. 향임들의 자율성 제고에 상응하는 부정방지대책을 동시에 제기한 셈이다. 그리고 좌수의 任免이 수령에 의해 좌우되는 것을 막기 위해 曾經鄕所들이 모여 圈点을 통해 선발하되 수령은 형식적인 差帖만을 부여하도록 했다. 다만 향소가 추천한 風憲·約正이 부정을 저지르는 경우 수령이 좌수의 差帖을 거두어들이도록 하였다.

이상에서 정약용은 治郡의 중핵으로서 수령-이서의 관사체계를 상정하면서도 이들을 견제 감시하고 재지세력을 결집시키는 방안으로 향소의 기능을 복구시키고자 하였다. 그는 향임에 신향이 대거 진출하고 열악한 읍재정으로 인해 향소의 인원 확보가 어려웠던 현실적인 문제점을 동시에 지적하면서도 안동의 예와 역대 중국의 향관 사례를 들어 재지 명사의 등용과 그 자율권의 확립을 주장하였다.

나. 鄕吏論

향리는 조선시기 지배기구의 말단에서 행정의 실무를 장악했던 계층이다. 복잡한 지방관청의 운영체제에서 부세문제를 비롯한 제반 업무의 관장이 향리에 의해 좌우되었다. 목민관에게는 禦吏의 요령이 가장 터득하기 어려운 것으로 지적되었고,[124] 많은 정론가들이 鄕吏의 作奸에 대해 문제를 제기하였으며, 심지어 曺植은 '吏胥亡國論'을 언급하기도 했다.[125]

정약용 역시 이전 정론가들의 鄕吏觀과 크게 다르지 않지만 鄕吏의 作奸이 통치질서의 문란을 가져오는 일 요인으로 보고 『經世遺

124) 「治郡要訣」 6, 臨下.
125) 『增補文獻備考』 卷229, 職官16 雜職吏胥, "李睟光曰 曺植言朝鮮以吏胥亡國 可謂痛切 至于今日吏胥之害滋甚".

表』나 『牧民心書』, 그리고 鄕吏論과 奸吏論에서 그 해결책을 모색하고 있다.

정약용은 향리가 지배자의 지위에서 권한을 가진 존재라고 하였다. 더구나 그 권한이 生殺禍福에 관계되며 백성에게 미치는 영향이 막중한 것임을 지적한다.[126] 특히 "백성은 토지로서 논밭을 삼지만 아전들은 백성으로서 논밭을 삼아 백성의 껍질을 벗기고 골수를 긁어내는 것으로서 농사짓는 일로 여기고, 머릿수를 모으고 마구 거두어들이는 것으로 수확하는 일로 삼는다"라고 지적하며,[127] 향리의 폐를 반드시 矯救해야 됨을 말하고 있다.

정약용은 향리의 부정은 첫째, 일정한 녹봉이 없고 둘째, 직임의 임용시 定制가 없기 때문이라고 하였다.[128] 이에 따라 정약용은 향리의 작간을 방지하는 대책을 다음과 같이 제시하고 있다.[129] 먼저 수령의 律己와 行法이다. 수령이 아랫사람에게 위엄과 덕망을 보이며 스스로 청렴해야 한다는 것과 향리의 부정행위를 법대로 懲治하여 다른 부정을 미연에 방지해야 한다는 것이다. 다음으로 향리의 정원을 정하여 시행해야 함을 강조하였다.[130] 이때 정원은 현재의 수보다 감축하는

---

126) 『與猶堂全書』 1集, 詩文集 論 鄕吏論1, "今守令久者四三年 不然者朞年而已其在位也 若逆旅之過客 然而鄕吏於此 無恩義相係屬 故其權恒在於鄕吏".

127) 『與猶堂全書』 5集, 「牧民心書」 卷4, 吏典 束吏, "民以土爲田 吏以民爲田 剝膚椎髓 以爲耕耨 頭會箕斂 以爲刈穫".

128) 『與猶堂全書』 1, 集鄕吏論 三.

129) 김동수, 「茶山의 鄕吏論」, 『龍鳳論叢』 13, 전남대학교 인문과학연구소, 1983, 7~15쪽. 김동수는 정약용에 의해 제기된 정책이 향리의 부정이라는 현실적인 사안에 대한 대응책일 뿐 향리들의 사회·경제적 처지에 대한 개선이나 법조문의 신설을 통한 체계적인 규제를 주장한 것은 아닌 대체로 소극적인 성격이 강하였음을 지적하였다.

130) 『與猶堂全書』 1集, 鄕吏論 二, "定吏額 國家之切務也".

것이 원칙이다. 향리론에서는 戶의 다소를 기준하여, 1천 戶일 때 10인을 두고 매 千戶의 증가시 2인씩을 증액시키어 大邑이라도 30인을 넘지 않도록 하는 방안을 제시하였다.[131] 즉 정약용은 吏胥 정원제를 시행하면 스스로 행동에 주의할 것이라고 여겼다.[132] 셋째로는 세습제의 폐지, 즉 輪番差任制의 폐지이다. 구체적으로 같은 집안의 세습을 금하고 친형제 사이에는 함께 차임되지 못하게 하며, 8촌간에는 3인의 임용을 넘지 못하게 하였다. 또한 吏房·倉吏 등 權要之任은 營吏의 예처럼 鄰邑의 吏로서 充差시키며, 吏任의 差任은 매년 봄 掌胥院의 差帖을 받아 수행하게 했다.[133] 끝으로 정약용은 京邸吏·營邸吏를 비롯한 전국의 향리를 관장하는 기구로 掌胥院을 두어 운영하고자 했다. 장서원이 서리의 정원을 정하고 그 조례를 반포하여 엄격하게 지켜나가면 당시의 문란한 지방행정도 바로 잡아질 수 있을 것이라 하였다.[134]

정약용에 앞서 趙憲·李德馨·柳馨遠 등의 정론가들이 일찍이 향리들의 俸祿制를 주장한 바가 있다.[135] 그런데 정약용은 향리들의 봉록제에 대해 그 필요성은 인정하지만 적극적인 제안을 하지는 않았다. 무엇보다 향리에게 녹봉을 주는 것은 대대적인 전제의 개혁이 이루어진 다음에야 가능한 것으로 보았다. 일례로 전결의 개혁이 이루어져 은결의 반만 찾아내도 향리의 廩料는 충분하다고 하였다.[136] 결국 정

---

131) 『與猶堂全書』 1集, 鄕吏論 三, 掌胥院條에는 田民의 다소를 기준으로 하되 大邑이라도 30인을 넘지 않도록 하였다. 俗吏條 역시 1천 결마다 5인을 두고자 했다.

132) 『與猶堂全書』 1集, 鄕吏論 3.

133) 『與猶堂全書』 5集, 「經世遺表」 卷2, 秋官刑曹 掌胥院.

134) 『與猶堂全書』 5集, 「經世遺表」 秋官刑曹, 32쪽.

135) 김동수, 앞의 논문, 42쪽.

136) 『與猶堂全書』 5集, 「牧民心書」 卷4, 吏典 束吏, "吏之稍饒 不可遽議 唯大革田制 始可經紀 詳見余田制考 今姑略之(括出隱結之半 以爲吏廩亦有餘

약용의 개혁론은 토지제도와 신분제 내지 행정·재정상의 개혁이 전구조적으로 연결되었음을 보여준다.

정약용은 지방행정의 쇄신을 위한 방안으로 지방의 목민관에게는 개인적인 덕성에 호소하여 경제적으로 절약청백을 요구하고, 서리 단속에 있어서는 법에 의하여 엄하게 다루라고 제안하였다. 이것은 그의 지방행정정책의 '二大根幹'으로 평가되기도 한다.[137]

4. 맺음말

조선후기 실학은 전근대의 마지막 시기에 일어난 현실개혁의 학풍이었다. 따라서 그 개혁론의 주된 내용은 당시 봉건국가 지배체제의 속성이 극단적으로 드러난 여러 사회 모순의 현실을 극복하기 위함이었다. 여느 정론가들과 달리 조선후기 실학자들은 자기 시대의 현실문제를 깊이 인식하고 토지·신분제를 비롯한 전 국가체제에 대한 변혁을 염두에 둔 개혁론을 제시하였다.

조선후기 국제정세와 사회추세를 통찰하였던 실학자들은 각종의 법제를 재정비하고 농업생산력 진흥책의 실시, 賦稅制度의 釐正을 통해 부민부국의 정책을 실현하고자 했다. 사회변동과 혼란의 와중에서 요구된 국가적 과제는 禮治·文治의 달성만이 아니라 武力과 경제력을 갖춘 강고한 국가체제의 확립이었다. 이 과정에서 실학자들은 앞서 축적된 국가운영의 경험을 바탕으로 부국강병에 기초한 강력한 중앙집권국가의 확립을 목표로 내세웠다.

실학자들의 지방제도 개혁론은 국가재정 확보, 치안·행정체계의

矣)".

137) 홍이섭, 『丁若鏞의 政治經濟思想研究』, 한국연구원, 1959, 189쪽.

유지 차원을 넘어서서 근본적으로 향촌사회를 재편성하고 대민지배체제를 확립하려는 견해였다. 정론가들은 새로운 향정론의 정치이념상의 원형으로 주대 향수제를 비롯한 先王의 政制를 제시하고 역대 중국 행정촌의 시행사례를 참고하려 했다. 그러나 대부분의 경우 조선과 중국의 地宜 및 時宜의 차이를 염두에 두고 다양한 내용을 담고 있었다. 국가권력이 집약적으로 실현되고 있는 향촌사회를 어떻게 개혁・정비할 것인가 하는 문제는 국가권력과 재지세력, 기층민과의 관계를 여하히 설정할 것인가의 문제로 치환되기도 한다. 따라서 향촌개혁안에는 당시 전 사회체제의 정비에 관련된 개혁이념이 적극 반영되어 있는 것이다.

17세기 반계 유형원은 적극적으로 향정론을 개진한 대표적인 인물이었다. 유형원 당시 조선왕조에서 논의되는 지방제도 개혁론은 군현의 倂合論과 수령제 개혁론이라는 전통적인 정책의 수준을 벗어나지 못했다. 유형원의 外任重視論, 官職久任論 및 冗官革罷=倂省州縣論은 앞선 李珥의 지방제도 更張論을 계승한 것이었다. 이에 유형원은 한 걸음 더 나아가 토지제도 개혁론과 토지분급제를 바탕으로 생산단위와 적절한 가호수와의 일치를 통해 고법제의 향촌사회를 재현시키려 했다.

그의 향정론은 주대 봉건제의 이념을 전제로 한 王室－藩屛의 확립과 郡縣 幷省論을 담고 있으며 구체적인 향촌조직으로서 향리제를 강조하였다. 즉 전통적인 수령제와 군현대책에 머무르지 않고 생산의 현장인 향촌과 민을 위요한 면리제(향리제)에 보다 주목하였다. 향리제에 따르면 오가작통제를 근간으로 하되 10통을 리로, 다시 10리를 鄕, 坊으로 명명하여 최하부의 행정단위로 삼도록 하였다. 여기에 생산주체로서의 가호를 일정수 배치하고자 했다. 따라서 유형원은 500가 700경 규모의 鄕(坊)을 적절한 생산・행정 단위로 규정하였다. 향의 직임으로 鄕正(坊正)－里正－統長을 계열화하여 특히 士類의 향정 임명을 강조하고 常祿, 伺候를 덧붙여서 실질적인 권한을 담보해 주고자 하였다. 또한 재지사족의 향촌운영의 참여를 유도하기 위한 보조기구로서 鄕約의 조직・직임과 洞契의 기능을 적극 활용시키고 鄕官(鄕所)과 같은 기존 재지기구를 보다 활성화시키는 데 목표를 두었다. 특히 座首・別監을 從9品의 典正과 典檢으로 임명하여 새롭게 관직체계 속에 편입시키고자 했다. 이는 향소의 공적 지위를 회복시키며 그들로 하여금 수령권과 재지세력 사이의 이해 조정 역할을 담당하도록 한 것이다.

그의 향정론은 국가의 향촌지배정책의 강화, 기저의 생산력 발전에 기인한 자연촌의 성장이라는 향촌상황을 직시한 논리였다. 무엇보다 토지분급을 전제로 한 향촌제도의 단위 확정과 이를 기반으로 한 貢擧制・學校制 및 軍士制度의 개혁을 강조한 사실이 나타난다. 이와 같은 토지분급을 전제로 한 본격적인 향촌제도 개혁안은 井田制를 기반으로 했던 고대 봉건제의 遺意에 가장 적합한 방안이 되는 것이다. 이러한 전체제적인 유형원의 개혁안은 즉시 국정에 정책적으로 반영된 것은 아니지만, 차후 18・19세기 향촌문제를 운위한 정론가들의 개혁방향을 제시한 논거의 하나가 되었다.

18세기 대대적인 사회변동 과정에서 순암 안정복은 국가의 향촌지배정책・면리제가 확대되고 재지사족의 향촌지배력이 현저히 약화되는 사실을 확인할 수 있었다. 안정복은 향촌통치에 대한 방책과 鄕社法의 시행방안을 제시하였다. 특히 경제력을 담보한 부민을 주목하고 그들의 향촌지배기구(말단 실무 향임직)에의 참여를 유도하였다. 아울러 「廣州府慶安面二里洞約」의 운영사례에서 보듯 실질적인 군현통치 과정에서 수령중심의 향촌교화를 도모하려 하였다. 안정복은 18세기 신분제 변동과 양반층의 형해화된 현상을 깊이 인식하고 있었다.

그러나 그는 下民의 이익을 옹호하는 논리를 발전적으로 계승하기보다는 '抑强扶弱'의 논리와 洞約 실시를 통하여 사족 중심의 사회질서의 재구축을 모색하고 있었다. 중세사회를 해체시키면서 성장하고 있는 민의 실체를 예리하게 포착하였지만, 이들 사회세력을 중세적인 사회질서 속에 재편입시키고자 노력하였을 뿐이었다.[138)]

안정복은 29세인 1740년(영조 16)에 井田說을 지어 토지문제에 대한 관심을 나타냈다.[139)] 이후 영조 말년에 저술된 것으로 보이는 『雜同散異』의 井田溝洫諸法에서 재차 토지제도에 대한 생각을 밝히고 있다. 자신이 선호한 「配井田法」에서 대토지 겸병을 비판하고 노동력에 따른 토지소유의 상한선을 규정하고 民産의 균등화를 지향하고 있다. 특히 경작능력을 지닌 자만이 토지를 소유할 수 있도록 하는 '耕者有田'의 원칙을 내세움으로써 생산력의 제고를 도모하였다. 향촌문제의 해결은 궁극적으로 민들이 일정한 산업과 거처가 있을 때 가능한 것임을 밝히고자 하였다.

다산 정약용은 18세기 말 중세사회가 전면적으로 해체되어 가는 것을 목도하면서 토지제·신분제를 비롯한 국가 전체제에 대한 개혁을 구상함으로써 중세사회의 기본모순에 대한 인식을 심화시켜 나갔다. 그는 당시 사회를 근본적 개혁이 필요한 위기적 상황으로 규정하였다. 대응책으로 강한 실천지향성을 띠는 경학사상을 바탕으로 하여 집권관료제의 확립을 전제로 한 새로운 질서체계를 제안하였다.

그는 郡縣分隷論·郡縣分等論을 통해 지방행정구역의 조정을 모색하였고, 목민관으로서 守令制 개혁론을 考績制와 더불어 전면 제시하였다. 이어 재지세력에 대한 대책으로 鄕所制 개선론 및 束吏論을 통한 이서제의 문제를 제기하였다. 우선 향소대책은 18세기 향촌지배

138) 한상권, 앞의 논문, 293쪽.
139) 『順庵先生文集』 卷19, 井田說.

에 있어 재지사족의 위상이 현저히 약화되어 상대적으로 수령권·이서의 전횡이 문제시되는 상황에서 官治체제로서의 수령권을 견제할 사족의 육성을 모색한 것이었다. 다음으로 향리의 문제는 이전 시기부터 痼弊로서 지적되었던 것으로, 당시에도 집권관료체제의 말단 실무조직이 방만하게 운영되는 제도적 모순 속에 철저히 利權化되어 사욕을 추구하는 문제점을 해결하고자 한 것이었다. 정약용은 앞 시기 政論家들의 견해를 계승하여 녹봉제·정원규정·세습규제 등 구체적인 인 鄕吏制 개혁안을 제시하고 있다.

정약용의 지방제도 개혁론은 周禮의 6典 編制에 근거하고 있으며, 그것은 지나친 이상론이 아니라 당시 조선사회의 현실을 직시하여 실천이 가능하도록 전용시킨 방안이었다.

이상에서 살펴 본 유형원과 안정복 및 정약용의 향정론은 다음과 같이 정리된다. 첫째, 기존 군현제 대책에서 군현의 효율적인 배치와 수령·향리제의 개혁론을 언급하고, 보다 하부기구인 면리제를 향촌통치의 근간조직으로 설정하면서 향촌내 여러 사회조직을 통일적으로 접합시키고자 하였다. 둘째, 재지사족은 사적 토지소유, 노비에 대한 인신적 지배를 통해, 그리고 차별적인 신분제 및 국가권력에 의해 보장된 계급적 이해관계를 발현하고 있었던 바, 이들을 공적 사회제도인 면리기구의 여러 직임 속에 적극 포섭하고자 노력한 점을 볼 수 있다. 특히 향촌의 직임자로는 중국 역대 사례와 조선조의 사례를 안출하여 입증함으로써 사족 임용의 타당성을 밝히고 있다.

한편 유력한 재지사족에 대해서는 전통적인 향약조직의 직임을 부여하고 수령 보좌기구로서 향관의 직임을 공식화하여 임용시키려 했다. 이처럼 재지사족을 면리기구의 운영직임으로 적극 유치함으로써 효율적인 향촌통치가 이루어진다는 점에 공통된 견해를 보이고 있다. 즉 향촌사회·민에 대한 국가의 단일 지배체제의 확립을 도출하고자 하였다.

셋째, 철저히 토지분급을 전제로 한 향촌조직을 강조하여 생산자·생산단위와 향촌통치조직을 연계시키려고 한 점에서 보다 근본적인 변혁을 주장하였다.

실학자들 사이에서도 지방제도 개혁론의 변화, 발전상은 조선후기 사회경제의 단계적 변화, 그리고 실학 전반의 발전과 대응하며 달라진다. 17세기 단계의 유형원은 양란 후 사회혼란의 극복을 위해 국왕 중심의 집권 관료제의 시행을 모색하였다. 따라서 그는 향리제(면리제)의 정비와 강력한 재지세력의 제어를 중심으로 한 향정론을 펼쳤다. 반면 18세기 단계의 안정복은 전국적인 면리제의 시행을 인정하고 鄕社法을 소개하며, 부민들의 성장을 주목하고 이들을 실무 향임으로 적극 등용하고자 했다. 아울러 향촌지배의 조력자로서 재지사족의 존재를 수긍하여 그들의 공론을 확보하고자 했다. 다음으로 정약용은 대대적인 생산력 발전·상품화폐경제의 성장을 전제로 군현의 행정구역을 전국 각지의 지역경제권과 일치시키려고 했다. 또한 지방통치에서 상대적으로 전횡하는 '수령－이서'의 官治체제를 견제하고 향촌에서 왜곡되는 봉건적 덕정체계의 손상을 막기 위해 수령 考績制와 吏史論을 강하게 제기하였다.

이상에서 살펴 본 조선후기 실학파의 지방제도 개혁론의 흐름이 이후 한말 개혁기에 어떻게 계승되며 관계되는지는 별고를 통해 검토할 예정이다.

부편

조선전기 국가체제의 수립과 농업정책의 방향

1. 머리말

15세기 조선초기에는 새로운 국가건설과 관련하여 농업생산력을 발전시키는 문제가 중요한 과제였다. 조선왕조는 국가건설에 필요한 재정의 확보를 위해 토지제도, 전세제도에 대한 조정과 개혁을 모색하는 한편, 보다 근본적으로는 농업의 생산성을 향상시키고 조세원을 확대시키는 일에 매진하였다. 농업생산의 증대는 농업기술의 개량 및 개발, 그리고 농지의 개간과 확장을 통해 이루어지는 것이었다.

조선왕조는 이 같은 국가의 목적을 달성하기 위해 초기부터 다양한 농업정책, 권농정책을 추진하였다. 앞선 시기에도 농업정책은 시행되었지만 이 시기에는 국가체제 수립이라는 절급한 과제의 일환이었으므로 그 성격과 규모가 달랐다. 무엇보다 국가차원에서 대대적으로 그리고 의욕적으로 전개되었다.

조선왕조의 농업정책은 여말선초 官人·政論家들의 논의를 거쳐 채택된 것으로, 수조권자층을 견제하면서 소유권자층을 보호하고 국가경제 기반을 자영농에 두려는 입장을 표방하였다. 이에 따라 조선왕조는 대토지 소유를 억제하고 소농민 보호정책을 위해 農書를 간행하고 농업기술을 보급하는 한편, 陳荒地 開墾 및 徙民政策 등을 통해 끊임없이 사회 전반의 생산력 수준을 제고시키려는 집권적인 권농정책을 추진하였다.[1)]

이 시기 농업정책에 해당하는 사업은 다양하다. 新田 및 陳田개간, 徙民, 屯田경영, 種子·農具·農牛 보급, 農法연구와 農書간행 등 농업기술의 개발정책, 신품종 개발과 보급, 수리시설 축조와 관리, 山林川澤 관리, 果樹·蠶業 보급, 播種·김매기·추수 등 경작 과정의 감독과 지원 등이 있다. 농지의 起耕에서 수확에 이르는 農作業의 전 과정을 대상으로 한 것이다. 아울러 농업이나 토지를 둘러싼 분쟁의 처리, 농번기 농민의 使役금지, 救荒策 등도 포함된다.[2)]

이처럼 국가체제의 수립에 긴밀히 관련된 조선초기의 농업정책·권농정책 가운데 농업기술의 개발문제를 통해 농업생산의 기술수준을, 농지 및 新田개간을 통해서 그 신분계급적 성격을 이해할 수 있다. 또한 이를 통해 조선왕조의 생산기반이나 체제적 성격을 가늠해 볼 수 있을 것이다.

조선시기 15세기와 16세기의 농업사정은 달라지고 있다. 대체로 15

---

1) 김용섭, 「조선초기 勸農政策」, 『동방학지』 42, 1986/『한국중세농업사연구』, 지식산업사, 2000 재수록 ; 이경식, 「조선초기의 農地開墾과 大農經營」, 『한국사연구』 61·62/『조선전기 토지제도사연구』Ⅱ, 지식산업사, 1998.

2) 이민수, 「조선초기 救恤정책 및 救荒정책에 관한 연구」, 『국사관논총』 76, 65~66쪽. 조선초기 진휼과정에서 보이는 구황작물은 야생식물 가운데 식용이 가능한 잎·열매·뿌리·껍질을 골라 사용하는 것이었다. 이는 종래의 지역적·개별적인 기근 극복의 방법이 국가적·정책적 차원으로 확대된 것을 의미하는 것이었다. 국왕 세종은 이러한 착상의 실현을 위해 야생 초목에서 식용 가능한 식물을 찾은 결과 상당한 성과를 얻을 수 있었다. 대용식물로 활용된 종류는 콩잎·팥잎·竹實·海草·松皮를 위시하여 草實·橡實·黃角·菁根·葛根 등이 있었다. 심지어 白土·白赤土까지 인간이 취식할 수 있는 모든 것을 식용화 하였다.

세기에는 조선전기적 농업체제가 수립·형성되는 과정으로 평가되고, 16세기에는 구조의 변동이 야기되는 과정, 혹은 조선후기적 농업체제가 준비되는 시기로 구분된다. 본 연구에서는 집권적 체제가 수립되는 15세기 조선왕조의 농업정책·권농정책을 중심으로 그 내용과 수행기구의 기능을 서술하고 역사적 의의를 살펴보고자 한다.

2. 고려말의 향촌현실과 농업사정

고려왕조는 말년에 이르면서 정치, 경제, 사회, 사상 등 모든 면에서 구조적 모순이 심화되고 그 신분적 또는 지배층내 구성원 상호간의 갈등 대립이 격렬하게 전개되는 가운데, 국가체제의 유지가 점차 어려워지고 있었다. 왜구·홍건적을 비롯한 수많은 외침과 權門勢家에 의한 농장제의 발달, 당 시기 일련의 사회경제적 요인으로 말미암아 새로운 생산관계, 새로운 향촌사회질서의 수립이 요구되고 있었다.

조선왕조의 건국은 고려말 대내외적인 혼란을 극복하고 사회가 발전하게 되는 과정에서 한 획을 그을 수 있는 기회였다. 새 왕조의 등장에 따라 상기한 제반모순은 새로 마련될 토지제도나 수취체계, 지방통치체계의 틀 속에 어느 정도 반영될 수 있었으리라는 짐작이 가능한 것이다.

고려말인 14세기에는 대내외적으로 어려운 환경 속에서도 농민들의 노력에 의해 농업생산력의 증대가 이루어지고 있던 시기였다. 그러나 왜구의 침략을 받은 고려사회는 거대한 혼란을 경험하였다. 왜구의 침입과 焚蕩은 14세기 중엽부터 말기까지 계속되었는데, 조선전기 定宗 때 '倭寇 爲我國患 幾五十年矣'[3]라고 술회되듯이 50년간에 걸친

3) 『定宗實錄』 卷1, 定宗 원년 5월 乙酉 1-149.

큰 환난이었다. 조선건국의 정치 군사상 기점이 된 위화도회군의 명분 하나가 왜구침입이었음은 그 상징이다.[4] 왜구의 침입으로 인한 농민과 향촌사회의 피해는 대단했다. 이 과정에서 야기된 각종 폐해는 일차적으로 생산자 농민에게 전가되었다. 가시적인 사안으로 경작농지가 황폐해지는 것은 물론 농민들의 流離·死亡으로 인해 인구가 급속히 감소되었다. 沿海 州郡의 부세징수는 상당 기간 중단되어 국가의 세입이 감축되고 있었다. 국가재정도 큰 타격을 받았다. 이와 같이 사회의 재생산 기반이 되는 농업생산력 및 경작지의 감소, 농가경제의 파탄은 고려왕조는 물론, 체제를 붕괴의 위기로 내몰았다.

농지의 황폐는 전국 沿岸 일원에 걸쳤다. 그 가운데 피해가 극심한 곳은 京畿와 下三道였다.[5] 특히 전라도와 경상도는 다른 도에 비해 토질이 비옥하고 농업생산이 뛰어난 지역이었다. 그리고 이러한 비옥지는 대개 해변에 분포되어 있었다.[6] 이러한 곳이 왜구의 침략으로 千里가 蕭然한 지경에 놓인 것이다. 이 시기 경작지 감소, 생산력체계의 붕괴실태는 고려말 양전 결과에 의하여 볼 때에도 荒遠田이 墾耕田의 거의 1/3에 육박한다는 지적이 있다.[7]

고려말 趙浚은 그 상태에 대해 "沃野 수천 리에 펼쳐진 稻田이 倭奴의 침략으로 갈대 숲으로 변하고 국가는 魚鹽·畜牧의 이익을 잃고, 또 沃野에서 들어오는 良田의 수입도 상실하였다"[8]고 통탄하였

---

4) 『高麗史節要』 卷33, 辛禑 14년 4월 乙巳(821쪽, 아세아문화사 영인본), "擧國遠征 倭乘其虛".

5) 『高麗史』 卷78, 食貨 辛禑 14년 趙仁沃 上疏(中冊 721쪽), "全羅·慶尙·楊廣三道 國家之腹心 倭奴深入 擄掠我人民 焚蕩我府庫 千里蕭然".

6) 경상·전라 沿海의 畓은 벼 1, 2斗를 파종하면 소출이 10여 石에 달하여 1結의 소출이 많으면 50·60石, 적어도 20·30石을 내려가지 않았고 旱田 역시 비옥하여 소득이 많았다(『世宗實錄』 卷49, 世宗 12년 8월 戊寅 3-252 ; 이경식, 앞의 책, 15쪽).

7) 『高麗史』 卷78, 食貨1, 祿科田, 恭讓王 3년 5월 給科田法, 中冊 725쪽.

다. 이에 趙浚은 "陳荒된 연해지역의 농지를 개간하고 이에 참여하는 농민에게 20년 동안 면세, 면역하고 水軍에 전속시키자"는 안을 제시하였다.[9] 鄭道傳 역시 개간의 절박함을 강조하였다. 그는 태조 3년(1394)에 간행한 『朝鮮經國典』에서 "우리나라는 山海 사이에 있어 丘陵·藪澤 등 경작할 수 없는 토지가 10에 8, 9가 되고 또 遊手者가 심히 많다. 軍資의 확보와 量食의 자족을 위해서, 그 대책으로 濱海 陳荒地의 개간을 통한 遊手人 流亡人의 安集이 절실하다"고 강조하였다.[10]

이와 같이 濱海 일대 陳荒處의 開墾은 民人의 安集과 더불어 시급한 문제였고, 조선왕조는 이 과제를 이어 받고 있었다. 따라서 건국 직후부터 조선왕조는 국가 전 체제의 복원을 위하여 적극적인 노력을 강구해야 했다. 특히 농업노동력이자 부세 담당층인 농민의 복귀를 위한 대책이 시급하였다. 인적·물적 토대인 戶口와 田結의 확보는 곧 민의 생존조건 회복과 국가재정의 확보라는 民利·國計의 목표를 동시에 이룰 수 있는 전제조건이었기 때문이었다.

한편 고려말 田制·賦稅制度 개혁을 둘러싼 갈등이 대두되었다. 고려전기의 수취체제에서는 토지에서의 租와 戶로부터의 布·役의 수취를 기본으로 하였으나, 고려후기에는 제반 부세가 토지소유규모를 기준으로 변화되어 나가고 있었다. 또한 租·庸·調 三稅 이외에 새

---

8) 『高麗史節要』 卷33, 辛禑 14년 8월 (837쪽), "自鴨綠以南 大抵皆山 肥膏之田 在於濱海 沃野數千里稻田 陷于倭奴 蒹葭際天 國家旣失魚鹽畜牧之利 又失沃野良田之入".

9) 『高麗史節要』 卷33, 辛禑 14년 8월 (837쪽), "自鴨綠以南 大抵皆山 肥膏之田 在於濱海 沃野數千里稻田 陷于倭奴 蒹葭際天 國家旣失魚鹽畜牧之利 又失沃野良田之入".

10) 『三峰集』 卷7, 「朝鮮經國典」 上, 賦典 軍資, "爲今之計 莫若闢閒荒之地 汰遊手之民 盡歸之南畝".

로이 常徭·雜貢이라는 현물세가 부가되었다. 그러나 고려후기의 수취체제의 문란은 성장하고 있는 소농민경영에 심대한 타격을 주어 여전히 경영의 불안정성이 상존하고 있었던 실정이었다.[11)]

고려후기 원종대 이후 고려말에 걸쳐 지속적으로 추진되었던 田民辨正事業은 수취 및 분배체계를 정상화하기 위한 국가의 대응이었던 셈이다. 그러나 지주전호제 농장의 확대를 비롯한 고려후기의 제 변화 특히 잦은 외압으로 인한 사회적 모순이 증가함에 따라 사태의 원만한 수습을 어렵게 하고 있었다. 麗末 전제개혁운동은 이와 같은 배경하에서 개혁의 방향을 둘러싸고 크게 두 세력으로 나뉘어 대립하고 있었다. 田制釐正論과 私田革罷論이 그것이다. 전제이정론의 입장에서 있던 인물은 李穡과 權近이었고, 후자의 경우는 鄭道傳·趙浚을 들 수 있다.

전제이정론의 입장에 서 있던 이색은 이 시기 전제모순의 최대 피해자인 농민을 보호하기 위해서라도 甲寅柱案(1314)을 위주로 하여 이를 엄격히 시행함으로써 전제를 바로 잡을 수 있다고 하였다. 이어서 개간지에는 세를 부과하고 濫賜之田(冒受賜牌田)을 감축시켜야 한다고 하였다. 즉 정당한 절차에 의한 토지의 획득에 대해서는 그 소유권을 인정하여 주되, 다만 이를 국가수조지에 편입시킨다면 국가재정적 측면에서도 또한 耕種之民의 입장에서도 해를 입지 않을 것으로 생각하였던 것이다. 이는 토지제도의 모순에 대한 부세적 측면에서의 대응이면서 또한 지주전호제적 생산관계에 대한 긍정적 관점으로 이어지는 것이다. 이 점에서 엄격한 행정적 조처에 의해 '一田一主'의 원칙을 회복하고자 했던 권근의 개혁방향과도 통하는 것이었다. 급진적 개혁을 주장하고 있었던 鄭道傳의 경우 토지의 사적 소유를 부정

---

11) 위은숙, 『고려후기 농업경제연구』, 혜안, 1998, 234~235쪽.

하는 것은 아니지만 토지의 공유를 전제로 計民受田의 원칙에 입각하면서 借耕에 의한 地主佃戶制를 배격함으로써, 지나친 사적 소유의 발달을 억제하여 부익부 빈익빈에 의한 부의 사적인 편중을 막아 토지와 민에 대한 국가의 齊一的 支配를 통해 國富를 실현하고자 한 것이라고 하겠다. 趙浚은 祖宗田制의 근간을 收租權分給制로 보고 井田制는 아니지만 均田制적 이념을 이어 받은 바람직한 토지제도로 평가하였다. 따라서 그는 수조권분급제로서의 授田受田之法과 직역에 따른 토지분급이라는 祖宗之田制를 현실 속에서 재현해야 할 것으로 생각하였다. 물론 이 조종의 전제는 麗初의 田柴科體制 바로 그것은 아니었다. 그것은 토지와 역제와의 결합으로서의 田丁制 그리고 그 운영원리로서의 田丁聯立을 부정함으로써 수조권의 사적 수수에서 유래되는 사전의 폐해를 막는다는 것이었다.[12)]

전제개혁의 방향을 둘러싸고 전개된 논쟁은 趙浚 등 사전혁파론자들의 주도하에 일단 결론을 맺게 되었다. 이로써 과전법의 성립을 통해 고려후기 이래의 사전문제는 일단락 되었다고 할 수 있다. 사전개혁의 요체라 할 수 있는 역제의 전환은 수조권의 사적 수수를 방지함으로써 사전의 폐해를 막는 데 주목적이 있었으나, 한편으로 지나친 사적 소유를 억제하여 토지와 민에 대한 국가적 지배를 강화시키려는 측면이 있었음을 알 수 있다.

고려후기 이래 수조권을 둘러싼 수조권자(科田主)와 수조권자, 또한 수조권자와 소유권자(佃客) 사이에 타협할 수 없는 이해관계의 충돌

12) 박경안, 『고려후기 토지제도 연구』, 혜안, 1996, 290~293쪽. 고려말기 사대부의 현실타개 방향에 관해 이색 계열과 정도전 계열의 입장에서 개혁론을 정리한 논고로 도현철, 『고려말 사대부의 정치사상연구』, 일조각, 1999. 조준과 정도전 개혁안의 상이점에 대해서는 유창규, 「고려말 조준과 정도전의 개혁방안」, 『국사관논총』 46, 1993이 참조된다.

이 있었다. 이는 고려사회가 안고 있는 보다 본질적인 모순관계의 하나였다. 그러므로 이 시기에는 이러한 문제들이 총괄적으로 해결되지 않으면 안 되었다. 그것은 체제의 재편성을 불가피하게 하는 문제였다. 고려말에서 조선초에 걸치는 일련의 집권적 관료체제의 재정비와 토지제도 및 조세제도의 개혁을 중심으로 하는 중세제도의 재편성, 즉 조선사회의 성립은 그 소산이었다.[13)]

3. 조선전기 농업정책의 수립과 전개

1) 조선국가의 농업정책 인식

고려국가가 그 체제를 유지하기 위해서는 그것을 어렵게 하는 모순구조·농업문제를 타개하지 않을 수 없었다. 이 같은 개혁의 문제는 정치적 입장에 따라 이해관계를 달리했고 정치세력간의 격돌로 나타났다. 차후 정치세력간의 대립은 개혁의 완수를 보지 못한 채 새로운 조선왕조의 개창으로 나타났다. 그러므로 조선왕조는 고려말 사회가 안고 있었던 여러 가지 모순들을 개혁하는 가운데 신왕조의 제도를 정착시키지 않으면 안 되었다. 경제 조세제도와 관련하여 수조권 분급제도를 과전법으로 개정한 것 이외에는 기본적인 문제들이 麗末의 상태로 그대로 남아 있었다. 그러한 문제들은 국가체제의 기본골격의 확립과 긴밀히 연결되면서 점진적으로 마련될 문제였다.

농업의 측면에서 고려국가는 말년에 발생한 농업상의 위기를 극복하지 못함으로써 멸망하고 말았다. 조선왕조는 향촌사회를 피폐케 하고 농업생산자 농민층을 몰락시키며 국가재정을 위축케 하는 요인을

---

13) 김용섭, 앞의 책, 2000, 30~31쪽 ; 도현철, 앞의 책, 260~261쪽.

제거하고 제도를 개혁함으로써 안정된 수취기반으로서의 향촌사회를 건설하는 과제를 안고 있었다. 우선 農政의 수탈성, 조세제도의 불합리를 제거하여 국가와 생산자 사이에 게재된 부당한 중간수탈을 차단하는 것이다. 다음으로 농업기술을 개량하고 농업생산을 증진함으로써 농업생산자 농민층의 담세능력을 키우고 조세수입을 안정적으로 확보하는 문제였다. 국가재정과 농민경제의 안정을 동시에 추구하는 과제였다.

조선왕조의 국왕이나 官人·儒者들의 농업에 대한 인식은 다음과 같다. 農業·農桑은 본업으로 衣食之源으로서 民命에 所關되는 산업이라는 것이다.[14] 국가의 근본인 민인은 '以食爲天'하는 존재였고,[15] 王者는 이 법을 잘 알고 있어야 民事의 성취가 가능하였다.[16] 따라서 농업은 王政에서 무엇보다 우선해야 할 일이었다.[17] 농상을 '國之大政'이니 '天下之大本'으로 인식하고 古今을 막론하고 이를 衣食의 資源으로서 중요하게 여긴 것은 바로 이 때문이었다.[18] 농상은 治道, 곧 王政·仁政이 실천되고 구현되는 場이었던 것이다.[19]

조선사회에서 농업은 백성과 나라의 존립을 근저에서부터 보장해주는 토대로서 모든 구성원이 최우선적으로 염두에 두어야 할 중요한 주제였다. 조선사회에 살고 있는 지배층과 피지배층을 비롯한 모든 구성원은 기본적으로 농업을 통해 사회관계 속에서 활동하기 위한 경제

14) 『太祖實錄』 卷15, 太祖 7년 9월 甲申, 1-137.
15) 『世宗實錄』 卷105, 世宗 26년 閏7월 壬寅 4-579.
16) 『中宗實錄』 卷27, 中宗 12년 正月 戊子 15-251.
17) 「朝鮮經國典」 上 賦典, 農桑 215쪽 ; 『世宗實錄』 卷105, 世宗 26년 윤7월 壬寅 4-579.
18) 『成宗實錄』 卷100, 成宗 10년 3월 乙丑 9-687 ; 『世祖實錄』 卷24, 世祖 7년 6월 戊子 7-469.
19) 이경식, 앞의 책, 52~53쪽.

적 바탕을 마련하고 있었다. 왕실과 국가는 자신의 존재를 꾸려나갈 수 있는 재원을 농업생산에서 확보하였고, 농업생산의 직접 담당자인 일반 농민들은 기본적인 생활의 재생산과 사회경제적인 활동, 국가의 부세수취 등에 대응하기 위하여 농업생산을 수행하였다. 농업을 중시하는 것은 지방 수령의 필수적인 자질에 해당되는 것이었고, 관료들도 農本을 무시할 수 없었다. 조선왕조가 생산의 근원을 농업에서 찾아 이를 본업으로 간주하여 극력 장려하고, 반면 재정운용에서 節用에 힘씀은 유교 경전에 근거하여 국가가 펼치는 경제・운영의 기본방침이었다. 그리하여 조선전기 국왕이나 官人・儒者들이 王道政治 실현의 전제로서 安民의 방도를 논의하고 이를 구체적인 정책으로 모색할 때, 『大學』에서 표명된 生財觀・財用觀은 항상 그 근거 또는 典範으로서 인용 강조되었다.[20] 한편 민인들은 본업인 농상에 힘을 다하여 태만하지 않고, 검약을 숭상하여 사치하지 않으며, 절약하고 낭비하지 않아야만 했다.[21]

고려말기 소유지의 겸병과 지주제의 보급, 그리고 농민의 몰락・파산 등 소유권상의 토지문제는 조선에 그대로 넘겨져 지속 확대되었다. 초기의 조선왕조는 竝作半收制를 금지하는 조처를 취하였다. 토지소유 규모에 제한을 가할 수 없는 형편에서 그 경영관계에 제약을 두어 겸병을 억제하여 보자는 의도에서였다. 그러나 성과가 전혀 없었다.[22]

---

20) 『世宗實錄』 卷87, 世宗 21년 11월 庚戌 4-250 ; 『成宗實錄』 卷55, 成宗 6년 5월 辛酉 9-224. “生財有大道 生之者衆 食之者寡 爲之者疾 用之者舒 則財恒足矣[呂氏曰 國無遊民 則生者衆矣 朝無幸位 則食者寡矣 不奪農時 則爲之疾矣 量入爲出 則用之舒矣]”(『大學』 第十章 釋治國平天下. [ ]는 細註 내용 ; 박평식, 『조선전기 상업사연구』, 지식산업사, 1999, 47~52쪽에서 재인용).

21) 『成宗實錄』 卷21, 成宗 3년 8월 丁亥 8-682, “爲民者 亦各自謀 盡力農桑 勿爲惰慢 崇尚儉約 勿爲奢靡 量財節用 勿爲橫耗”.

22) 이경식, 「조선전기의 토지개혁론」, 『한국사연구』, 61・62, 1988, 5~8쪽.

병작반수제는 이전부터 내려오는 농업관행인 데다가 관리들조차 이 금령을 지키지 않았으며, 또 금령 자체가 노비노동에 의한 대토지경영을 대상에서 제외하고 있었던 까닭이었다. 결국 세종 3년 領議政 柳廷顯에 의해 限田論이 제안될 정도로 많은 문제가 표출되고 있었다.[23]

조선왕조는 세종년간 貢法의 이름 아래 부세제도만을 개편하는 길을 걸었다.[24] 이어 限田論은 성종 3년 9월 檢討官 成俔에 의해 다시 거론되었다. 그는 토지의 겸병과 豪强들의 私債貸與 및 濫徵으로 인해 민인들의 토지가 소멸되어 가는 현상을 목도하고 그 해결책을 재차 限田論에서 찾았던 것이다.[25] 限田에 입각한 토지개혁론이 대대적으로 논의되는 때는 16세기 초 중종 중엽이었다. 토지겸병이 성행하고 지주전호제가 급속히 전개되었던 시대적 상황과 궤를 같이 한다. 이 결과 限田을 50결로 정하고 陳荒田 개간에 대한 면세를 주요 내용으로 하는 방침이 수립되었던 것이다.

한편 농업기술의 개량이나 농업생산력 향상, 농지개간은 지주·대농, 자영소농, 전호농민, 빈농 등 당시 농촌사회 여러 계층의 존재를 전제로 하고 또 이들의 생산활동에 의거하여 진행되고 있었다. 따라서 그 과정은 사회분화를 수반하고 있었다. 이 가운데 소경영 농민의 불안·몰락은 생산을 위축시키고 사회갈등을 유발하며 부세수취를 곤란하게 하여 국가의 안위를 좌우하는 데로 이어졌다. 그러므로 이들의 안정은 생산기반의 조성에서 농업개발과 함께 항시 유의해야 할 점이었다. 이러한 생산기반의 조성을 위해 조선왕조에서는 소농민을 대상으로 力農을 강조하고 독려하였다.[26]

---

23) 『世宗實錄』 卷12, 世宗 3년 5월 壬申 2-432.
24) 본고 2)절 (3)항 結負 量田制의 시행조 참조.
25) 『成宗實錄』 卷22, 成宗 3년 9월 壬寅 8-685.

2) 농업정책의 전개

조선왕조는 고려왕조의 모순을 해결하고 재정기반을 안정시키기 위해 군현에서 새로운 부세 운영원리를 확립하고, 수세원을 색출・확보하는 작업에 매진했다. 또한 이 문제는 14세기이래 혼란을 거듭해 온 향촌사회의 안정과 소농보호를 위해서도 의미가 있는 것이었다. 鄭道傳은 『朝鮮經國典』 版籍條에서 "부역은 균등해야 한다. 만약 그렇게 되면 위로는 일이 모여지고, 아래로는 소요함이 없으니 나라는 부해지고 백성은 안정될 것이다"라고 하여 부역을 균등하게 하는 것이 國富 및 민의 안정과 긴밀한 관계가 있음을 강조하였다.[27]

원만한 생산력 증진은 부세운영에서 수령의 군현 장악력을 높이는 것으로 권농의 업무와 긴밀한 것이다. 국가의 안정적 수취를 위해서는 소농민의 경영안정이 무엇보다 필요하였고 국가에서는 소농민의 재생산을 보장해주기 위해 일찍부터 권농정책을 시행하였다.

조선초기 국가차원에서 농업정책이라고 불리는 사업은 여러 가지 측면에서 시행되었다. 농사를 권장하는 勸農, 농사형편을 주의 깊게 살피고 감독하는 監農, 흉년이 닥쳤을 때를 대비하고 대처하는 荒政 등은 그러한 정책의 주된 구성요소이다. 그런데 이는 기본적으로 농사의 안정적인 수행을 도모하는 것일 뿐, 보다 더 근원적인 것은 농업기술의 발달을 도모하여 농업생산력을 증진시키는 것이라고 할 수 있겠다.[28]

이와 더불어 조선왕조는 생산물의 분배 등 자신들이 지원하는 농업생산 과정에서 파생하는 제반 문제점을 완화시키고자 노력했다. 이 시

---

26) 이경식, 앞의 책, 1998, 540쪽.

27) 『三峰集』 卷6, 「朝鮮經國典」 上, 賦典 版籍, "賦役可均 夫如是 事集於上而下不擾 國富而民安也".

28) 염정섭, 『조선시대 농법발달연구』, 태학사, 2002, 35쪽.

기 생산관계를 통해 벌어지는 사회의 주된 모순과 갈등 역시 농업문제를 둘러싸고 나타나는 상황이었기 때문이다. 이 결과 농업정책에는 생산양식을 지원하는 과정에서 특정계층을 우대하는 편향적이고 계급적인 측면도 있고, 반대로 생산과 분배과정에 대한 국가의 개입과 역할을 강화하여, 이 과정에서 발생하는 갈등과 문제를 해결함으로써 기존의 생산방식과 사회질서를 유지하려는 내용이 공존하게 되었다. 대부분의 국가재정을 농업생산에 의존하는 사회에서 농업생산력이 증대되었다고 해도 그 증가분이 국가의 수취로 연결되지 않는다면 국가의 재정과 운영에는 커다란 어려움이 야기될 것이고, 이것은 고려후기에서와 같이 국가와 지배층 전체의 위기로 발전할 것이다.[29]

따라서 국가의 수취분을 확보하고 관리한다는 의미가 있는 권농정책은 국가기능의 핵심부위에 위치하게 되고 해당 중앙기구와 지방 수령에게도 가장 중요한 임무가 되었다.

(1) 권농기구와 그 운영

조선초기 권농을 담당하는 중앙기구는 典農寺였다. 이는 고려의 제도를 계승한 것이었다. 고려시기 충선왕은 즉위년(1308) 10월에 개성부 5부의 호구를 점검하고 이어서 각 도의 務農使를 불러 다음과 같이 유시하였다.

> 내가 典農司를 둔 것은 한의 상평창 제도를 본받아 백성과 더불어 糶糴을 실시하여 백성들의 급한 것을 구하려는 것이지 사사로운 이익을 얻으려는 것은 아니다. 또 나라에 3년을 대비할 만한 저축이 없다면 나라가 나라답게 될 수 없다. 만약 급한 일이 있게 되어 갑자기 백성에게서 색출한다면 백성의 원망 없이 될 수 있겠는가? 무릇 백성으

29) 임용한, 『조선전기 수령제와 지방통치』, 혜안, 2002, 244~245쪽.

로서 호세 유력한 집에 붙어 있는 자는 날로 부유하고 안일해지며 외롭고 잔약한 백성은 세와 부렴에 곤란을 겪고 있다. 이것은 오로지 명을 받들어 행하는 자가 사를 따르고 공을 버린 까닭이니 내가 매우 민망히 여긴다. 너희들은 나의 뜻을 받아 그 폐단을 통절히 개혁하되 좇지 않은 자가 있으면 그의 범행한 바에 따라 처단한 뒤에 僉議府에 자세히 보고하라고 하였다.[30]

典農司는 나라의 大祭에 쓰이는 黍稷의 공급을 관장하는 것이었지만, 여기서는 그보다 이 기구를 통해 지방에 파견되는 務農使가 수행한 역할이 주목된다.[31] 당시의 務農使는 務農鹽鐵使라고도 불렸던 것으로 그 이전의 勸農使와는 다른 것이었다.[32] 무농사는 豪强之家의 부정을 척결하라는 엄명을 받고 있음과 동시에 그에 따르지 않는 자는 범죄의 내용에 따라 처결한 연후에 첨의부에 보고케 하는 강력한 특권이 있었음을 알 수 있다. 이들은 당 시기 量田을 담당하고 있었다.[33]

조선왕조의 권농기구인 典農寺는 본래 司農寺로서, 고려의 제도를

30) 『高麗史節要』 卷23, 忠烈王 34년 10월조.

31) 典農司는 원래 黍稷 공급을 관장하는 기관이지만 충선왕이 典農司를 두고 출사하는 자는 모두 務農鹽鐵使라 칭하였다(『高麗史』 卷76, 百官志 典農司條 ; 박경안, 앞의 책, 180쪽).

32) 원래 양계에는 勸農使가 있었다. 명종 3년에는 7도 按察使와 5도 鹽倉使가 모두 권농사를 겸하게 하였는데, 뒤에 따로 권농사를 두었다. 그런데 충렬왕 13년에 각도의 권농사가 취렴하여 백성을 해치므로 이를 파하고 按廉使로서 그 임무를 겸하게 하였다(『高麗史』 卷77, 百官2 勸農使條). 따라서 충선왕 직후에는 권농사가 없었고 이때에는 전농사를 두고 이의 관원으로서 무농사의 임무를 띠게 한 것으로 생각된다.

33) 『高麗史』 卷34, 世家 忠肅王 元年 춘정월조, "上王 命宰樞及耆老 議禮計田民等事". 이 시기의 논의는 計點사업 때와 마찬가지로 典農司가 주관하고 있었던 것으로 보인다.

그대로 계승한 것이었다. 태조 원년에 文武百官의 관제가 새로 제정되고 있었는데, 그 일환으로 본 관사가 마련되고 있었다.[34] 사농시는 태종대 전농시로 개편되고 세조년간에 司贍寺로 개칭되었다. 태조 때에는 籍田의 경영과 제수를 마련하는 것이 사농시의 소관사항이었으나, 태종대에는 기구 개편과 함께 제사기능이 典祀寺로 분화되는 가운데, 전농시의 기능은 籍田을 경영해서 제수마련을 위한 비용이나 물자를 조달하는 일과 권농을 위한 屯田을 맡는 업무를 지니고 있었다.[35]

전농시의 籍田 경영이 권농의 뜻을 지니는 것은 두 가지였다. 하나는 국왕이 親耕籍田함으로써 重農·勸農의 뜻을 보인다는 이념적 의미에서였다.[36] 다른 하나는 籍田에서 농사시험을 함으로써 품종을 개량해 나가려고 한 점이었다. 가령 秬黍, 唐白黍 一歲再熟黍의 재배,[37] 陳麥의 결실 여부, 一莖多穗粟의 시험재배 등이 있었다.[38]

권농정책의 구체적인 수행기구는 지방관이었다. 鄭道傳이 『朝鮮經國典』에서 "국가에는 안에는 司農이 있고 밖에는 勸農이 있다"라고 한 것은 지방에서 권농을 담당하는 기관이 외관이라는 의미가 되겠다.[39]

조선왕조는 통치질서를 확립하고 수취기반을 확보하기 위해 중앙

34) 『太祖實錄』 卷1, 太祖 원년 7월 丁未 1-24.
35) 박정자, 「李朝初期의 籍田考」, 『淑大史論』 5, 1970, 77~82쪽.
36) 이와 관련하여 다음의 기사가 주목된다. 『太宗實錄』 卷3, 太宗 원년 12월 乙亥 1-221, "耕籍之禮 所以敬神明 而重農業也" ; 『成宗實錄』 卷15, 成宗 3년 2월 戊辰 8-629, "天子躬耕籍田 后妃親蠶公桑 所以示下民勸農桑也".
37) 『世宗實錄』 卷21, 世宗 5년 7월 壬寅 2-550.
38) 『世宗實錄』 卷86, 世宗 21년 7월 壬午 4-226 ; 『世宗實錄』 卷78, 世宗 19년 7월 辛亥 4-93.
39) 『三峰集』 卷7, 「朝鮮經國典」 上, 賦典, 農桑, "國家 內而司農 外而勸農…… 殿下 屢降德音 必以勸農桑爲首".

집권체제를 강화하고, 군현제에 의한 일원적인 향촌사회통치에 주력하였다. 이 과정에서 농업기술이 발달하고 자연촌이 성장하는 등 향촌사회질서가 크게 변모하게 되자, 고려시기와는 다른 새로운 향촌지배가 필요하게 되었다. 그 결과 조선왕조는 수령권을 강화하여 군현 단위의 일원적인 파악체제를 공고히 해 가는 한편, 면리제 운영체계를 정비하여 그 운영 담당층을 통해 향촌민 교화・통제, 수취체제 운영 등 제반 측면에서 군현 하부 향촌에까지 조직적인 지배력을 관철해 갈 수 있었던 것이다.[40]

조선왕조는 330여 군현에 대해 "地를 지키고 百姓을 양성하며 王命을 받들어 행하는" 관료로서 府尹(종2품)이하 縣監(종6품)에 이르는 목민관(수령)을 파견하였다. 조선 전 시기를 통해 수령은 집권체제의 강화, 지방통치조직의 확립을 운위할 때 가장 중요한 직임으로 간주되었고, 중앙집권적 정치구조와 향촌의 권력구조라는 두 측면에서 동시에 주목되는 대상이었다. 대체로 수령제의 임무는 '農桑盛・賦役均・戶口增・學校興・軍政修・詞訟簡・奸猾息'으로 표현되는 七事를 중심으로 설명할 수 있다. 다시 말해 수령의 통치는 농업재생산 지원, 재생산의 기초이자 세원으로서의 인구확보, 수취체계의 운영, 체제유지를 위한 지배이데올로기의 확산, 군정 및 행정의 수행, 재지세력에 대한 견제를 중심 내용으로 한다.

수령칠사는 수령의 승진・전임・파면 등 인사행정의 기준이 되었으므로 조선왕조는 일차적으로 수령에게 권면을 강조했던 것이다.[41] 趙浚은 昌王 즉위년 7월에 守令考課의 기준인 守令五事를 제청했는

40) 이태진, 「고려말・조선초의 사회변화」, 『진단학보』 55, 1983/ 『한국사회사연구』, 지식산업사, 1986 ; 박진우, 「조선초기 면리제와 촌락지배의 강화」, 『한국사론』 20, 1988.

41) 이존희, 『조선시대 지방행정제도 연구』, 일지사, 1990, 164~166쪽.

데, '田野闢'과 '戶口增'을 우선적으로 내세웠다.[42] 이 건의는 수용되어 태조 원년 8월에 반포한 守令殿最法에 그대로 반영되었으며, 『元典』에도 수록되었다.[43]

그 중 '農桑盛'의 문제는 민생의 안정을 위해서 가장 중시되는 사안이었다. 태조 원년(1392) 9월에 농상진흥방안의 일환으로 수령의 勸農能否로 그 殿最黜陟을 삼도록 하되, 구체 기준을 '田野荒墾 戶口增減'[44]에 두는 방침을 마련하기도 했다. 이 방침은 그 이후에도 계속되어 태조 3년(1394) 墾田의 다소를 3등급으로 하고 이로써 수령에 대한 殿最기준으로 삼았고,[45] 세종 22년(1440)에는 호구증가책으로서 水利를 일으키고 陳地를 개간하고 인민을 召募하여 경작함으로써 호구를 증가시킨 수령들을 褒典하는 시책도 세웠다.[46]

수령의 권농업무에서는 생산력 확대정책과 함께 수령의 적극적인 활동을 통해 토지와 민을 관리하고 소농을 보호・지원한 정책을 강조했으며, 이러한 취지의 규정들을 『經濟六典』에 수록했다.

먼저 陳田은 수령의 허가를 받아 개간하도록 하고, 수령은 이 권한을 이용하여 無田民이나 貧民을 差定하게 했다. 竝作도 농민이 일시적으로 경작불능 상태가 될 때에는 순수한 의미에서 이웃, 친척간의 상호보완적인 경작이 되도록 수령이 감독하여 이들이 失農하거나 부호의 지배 속으로 편입되는 것을 방지하게 했다. 또한 義倉制를 활성화시키고 이를 수령이 직접 운영하게 함으로써 농민의 종자곡을 지원하는 동시에, 소농에 대한 경제적 지배권을 확보하여 농사철에 이들이

---

42) 『高麗史節要』 卷33, 辛禑 14년 7월, 831~832쪽.
43) 『太祖實錄』 卷1, 太祖 1년 8월 辛亥 ; 『世宗實錄』 卷54, 世宗 13년 10월 戊申 등의 기사 참조/ 임용한, 앞의 책, 128쪽 재인용.
44) 『太祖實錄』 卷2, 太祖 원년 7월 壬寅 1-31.
45) 『太祖實錄』 卷5, 태조 3년 4월 庚辰 1-61.
46) 『世宗實錄』 卷88, 世宗 22년 2월 丙辰 4-270.

부호층의 잡역이나 그들의 경작지에 우선적으로 사역되는 것을 방지하고자 했다. 세조 3년 諸道 觀察使에 대한 諭示에서 다음과 같은 事目이 언급되었다.

1. 곡식 종자는 早種과 晩種의 다름이 있는데도 守令이 한꺼번에 나누어주어서 어리석은 백성들로 하여금 早穀을 파종할 때에 晩穀의 종자는 다 먹어치우고, 만곡을 파종할 때를 당해서는 관리가 이를 독려하면 어리석은 백성들은 속여서 파종했다고 하면서 罪責만 구차스럽게 면하고는, 이로 인하여 농업에 실패하게 되니, 금후에는 早穀과 晩穀을 시기에 맞추어 파종하고 그전의 잘못을 되풀이하지 말아야 한다.
1. 비록 雨水가 適中하더라도 守令이 다만 존절히 하는 것만 소중히 여겨, 한 말, 한 되의 소량으로 나누어주어 이미 그 시기를 잃게 하고는, 雨水가 이미 乾燥하고 절후도 또한 늦게 된 뒤에야 마지못해서 乾田에 파종하여 그들로 하여금 失農하게 하니, 금후에는 비내림이 이미 흡족하면 그 田畝의 많고 적음을 계산하여 수효에 의하여 종자를 주어 시기를 잃지 말도록 하라.
1. 종자를 나누어 줄 때에 口食을 주지 않은 까닭으로 무지한 백성이 뒷날의 계획은 생각하지 않고서 그 종자를 다 먹어치우니, 금후에는 종자를 나누어 줄 때에 모름지기 人丁을 계산하여 口食까지 모두 주어서 그들로 하여금 농사에 힘쓰게 하라.
1. 農牛의 사육을 소홀히 할 수가 없다. 守令이 시기에 맞추어 飼料를 주지 않아서 농우가 피곤해서 죽으므로 농사에 힘쓸 수 없게 된다. 금후에는 사료 콩을 미리 먼저 나누어주어서 시기를 잃지 않도록 하라.
1. 解氷할 때에 會計는 堤堰에 맡겨 자질구레한 저택(澤)까지도 모두 견고히 쌓아서 물을 저축하고 새어나가지 못하게 하여 灌漑에 대비하도록 하라.

1. 木綿은 만약 거름만 주고 김매기만 한다면 땅을 가리지 않아도 무성하게 될 것이니, 모름지기 백성들로 하여금 많이 심도록 하고, 아울러 그들로 하여금 麻도 심도록 해야 할 것이지만, 그러나 이를 강제로 하여 소란을 일으킬 필요는 없다.[47]

이를 통해 파종의 시기, 早穀·晩穀의 종자 배분시기, 農牛의 사료 지급, 해빙기 堤堰관리, 木棉 및 麻의 재배 권장이 강조되고 있다.

당시 조선왕조에서 반포한 교서 및 권농절목의 내용을 볼 때, 농법으로는 多耕多耘, 농작업에서는 早穀과 晩穀의 순차재배와 그에 따른 耕種·耕耔·耕穫 등 각 노동과정의 適時遂行, 농업경영상으로는 衣類작물 재배의 병행 등을 골격으로 하는 것이다. 농사수준상 常耕集約의 농법을 바탕으로 1년2작, 2년3작의 농작단계에 따른 것이었다.[48] 조선왕조는 소경영 농민의 안정도 여기서 기대하고 있었다.

우선 조선왕조는 수령의 병작 감독 규정을 통해 소농의 몰락이나 침탈을 방지하고 가능한 한 무전자나 빈민에게 경작지를 마련해 주는 법 본래의 취지를 유지하려 했다. 태종 6년 12월에 새로 제정한 수령칠사에서 수령의 임무 중 하나인 '勸課農桑'의 세부사항을 지정한 부분에서도 병작반수는 분명하게 이러한 뜻으로 묘사되어 있다.

守令을 褒貶하는 데 德行과 等第를 汎稱하고 實效의 有無를 논하지 아니하는 까닭에, 수령은 힘써 虛譽를 구하고, 使臣과 過客에게 아첨하며, 品官과 鄕吏에게 잘 보이려 하여, 힘써 행해 실효가 있는 자 없습니다. 금후로는 狀의 뒤에 적은 칠사로써 고찰하고, 等第와 실효의 事目을 나누어 만들어 각각 이름 아래 기록하여 申聞해서, 黜陟의 憑據로 삼으소서.

47)『世祖實錄』卷6, 世祖 3년 1월 甲戌 7-165.
48) 이경식, 앞의 책, 539쪽.

> 農桑을 勸課하여 경내에 堤堰을 수축한 곳이 몇 곳이며, 도임 후 백성에게 뽕나무 심기를 권고하여 매 1호에 몇 株씩 심었으며, 官에서 심은 뽕나무를 나누어주어서 심은 것은 매 1호에 몇 주씩인가? 백성에게 水車를 만들도록 권한 것은 한 마을에 몇 개씩이며, 관에서 만들어 나누어 준 것은 한 마을에 몇 개씩인가? 勸耕한 것은 몇이며, 온 집안이 병을 앓고 있는 자는 이웃으로 하여금 경작해 주게 하고, 그가 회복되기를 기다려 값을 갚아주게 한 것이 몇인가?[49]

즉 소농경영의 불안정성 때문에 竝作이 늘 발생하고 있었던 만큼 수령이 이를 행정적이라도 점검하는 규정을 마련해 두고, 이 성적을 수령의 고과에 반영한 것이다.

다음으로 조선시대 수령의 권농업무의 특징 중 하나는 경작과정에 대한 수령의 순시와 감독 활동의 강화이다. 조선시대 수령은 농사철이면 잡무를 폐지하고 경내를 순시하면서 토지의 기경 여부와 작황을 살필 뿐 아니라, 파종·김매기·추수 등 중요한 경작단계를 감독하고[50] 農具·農牛·種子 등 필요한 지원을 해야 했다.[51] 수령은 이러한 활동을 통해서 국가수세지의 起耕·踏驗, 경작자 선정 등과 수리시설 점검 등 상기한 권농정책이 집행되는 상황을 직접 고찰해야 했다. 수령의 순시를 통해 경작과정 중에 발생하는 각종 분쟁을 처결하고 향촌사회 내부의 갈등을 조정한다는 점에서도 의미가 있다. 이는 농업생산력을 증진시킨다는 측면과 기존의 생산관계를 안정시키고 국가 수세지와 공민을 확보한다는 것을 주목적으로 하고 있다. 또한 農時에는 관에서 徭役·雜役 동원을 삼가게 하여 노동력을 보호하게 하였다.[52] 種子穀 분급 이후 곧바로 파종시키게 하는 경작(播種)과 연

49)『太宗實錄』卷12, 太宗 6년 12월 乙巳 1-380.
50)『太宗實錄』卷27, 太宗 14년 2월 乙巳 2-4.
51)『世祖實錄』卷8, 世祖 3년 6월 丙午 7-204.

계되고 수령이 특정 토지에 대한 경작 강제를 시행하고 있음도 나타난다.[53]

또한 수령을 통한 경작과정의 감독이 규정화되어 있었다. 이는 후대로 갈수록 더욱 강화되어 『속전』에 수령이 파종·김매기·추수 등을 감독해야 한다는 규정을 추가하기에 이르렀다.

> 續戶典 勸農條에 각 관의 수령은 파종, 제초, 추수 등을 할 때마다 고찰하여 농시를 놓쳐 손상에 이르는 일이 없도록 한다. 능히 고찰하지 못하는 자는 율에 의거하여 논죄한다.[54]

이후 『經國大典』에는 다음과 같이 규정되었다.

> 무릇 농사는 갈고 씨뿌리는 것을 일찍 해야 하고 김은 부지런히 매야 한다. 수령은 경내 4면에 권유해서 제때에 갈고 김매게 한다.[55]

『경국대전』에는 대단히 원론적인 대강만을 밝혔으나, 권농정책의 세부사항에 해당하는 농우·종자 지원, 경작과정의 감독 등은 조선후기까지도 권농의 대표적인 정책으로 계속 강조되고 있었다.[56]

---

52) 『經國大典』 戶典 農務, "且助不給 勿差役 勿徵發".

53) 『世祖實錄』 卷16, 世祖 5년 4월 戊寅 7-324.

54) 『世宗實錄』 卷90, 世宗 22년 8월 乙亥 4-312.

55) 『經國大典』 戶典 務農.

56) 다만 세종에서 세조조에 이르기까지 국가의 정책과 지방세력의 입장이 대립되었는데 점차 상황에 따른 적절한 운영, '민의 편의'가 강조된다. 그 이유는 15세기 후반에 들어서 군현마다 수취액과 운영관행이 정립되었던 것과 군현 운영에 훈구세력과 재지사족의 이해가 많이 개입하게 되면서 초기와 같이 수령의 적극적인 노력보다는 기존 제도의 유지와 적절한 운영이 강조되고, 권농업무의 집행에서도 재지세력의 참여, 수령과 이들과의 타협적인 군현 운영방식이 발달하였던 사정과 관련이 있다고 생각된다(임용한, 앞의 책,

한편 권농을 위해 수령 아래 각 면에서 勸農官이 임명되었다.[57] 권농관은 해당 지역민으로서 임명하되 廉幹한 閑良品官 중에서 택정하였다.[58] 이들은 居鄕 有志・有力者들이었다. 그들 밑에는 監考, 里正, 外方別監 등이 差定되어[59] 권농의 일에 종사하였다. 이러한 권농직 체계는 '經國大典적 체제'가 정착됨에 따라 행정직 체계와의 혼선을 피하기 위해 점차 정리되었다. 이에 따라 지방행정에서 권농직은 守令－勸農官－里正－統主로 정비되었다.[60] 고려시대에도 勸農使는 道 단위의 직임으로 按廉使나 監倉使의 兼務였다.[61] 따라서 그 업무는 처음부터 상밀한 것이 될 수 없었다. 그렇다면 조선초기 농업기술은 고려시기와 달라서 정책상 집중적인 노력이 가해질 필요성이 의식된 결과라 본다.

권농관은 권농업무와 수리시설 관리업무를 맡았다. 이 중에서 지위와 역할이 높아서 초기에는 閑良品官 중에서 廉幹者를 선발하도록 하였다.[62] 監考는 종류와 역할이 다양하여 성분도 다양하였는데, 賑濟 등의 일에서는 지역의 品官으로 임명하도록 하였다.[63] 里正・長은 주로 호구와 관련된 직책을 맡았다. 조선왕조는 이들에게 豪富家가 호구를 은닉하는 것을 적발하는 책임을 지우기도 하였고,[64] 유이민 단

294쪽).

57) 『經國大典』 戶典, 戶籍, 務農.

58) 『太祖實錄』 卷8, 太祖 4년 7월 辛酉 1-81 ; 『世祖實錄』 卷2, 世祖 원년 9월 丁亥 7-88.

59) 『太宗實錄』 卷12, 太宗 6년 윤7월 癸亥 1-366.

60) 『經國大典』 戶典, 戶籍.

61) 『高麗史』 卷77, 百官2 勸農使條 ; 이태진, 『조선유교사회사론』, 지식산업사, 1989, 40쪽.

62) 『太祖實錄』 卷8, 太祖 4년 7월 辛酉 1-81.

63) 연세대학교 국학연구원 편, 『經濟六典輯錄』, 戶典 勸農, 1993, 101～103쪽.

64) 『世祖實錄』 卷5, 世祖 2년 9월 丁丑 7-151.

속, 捕盜, 賑濟, 주민동향 보고 등의 일에 연대책임을 지우기도 했다.

보통의 경우 監考나 里長, 里正, 頭目 등은 향촌의 실력자가 아니었다. 그러므로 이들의 활동은 고려시대의 향리들처럼 자신들의 향촌사회 내에서의 전통적인 권력이나 관행에 의해 뒷받침되는 것이 아니라, 어디까지나 수령의 권위와 지원에 의해 조직 운영되는 것이었다. 이것은 전통적인 향리에 의한 행정체계를 약화시키고 '守令專治'라는 목표에 맞추어 이전의 행정조직과는 다른 수령 직할의 행정조직을 구성한다는 의미가 있었다.[65] 그러나 실제로는 수령이 각종 사무를 監考 등에게 위임하는 사례가 늘었다는 것이다. 향리층과 같이 중간 관리층이 되어 버린 監考의 숫자도 날이 갈수록 늘어갔다. 문종 즉위년 충주목의 경우 各面의 勸農과 方別監과 里正·長에 모두 185명에 이르렀다.[66] 이후 성종 4년(1473) 각종 監考가 너무 많다고 하여 감고와 色掌을 혁파하고 권농관만 면마다 1인씩 두는 조치를 취하기도 하였다.[67] 그러나 이런 조치는 별다른 실효를 보지 못했다.

조선왕조는 그 대책의 하나로서 권농이나 진제, 답험을 맡기는 감고의 경우 가능한 品官이나 有識層에서 선발하려고 노력하였으나, 사족들이 직책에의 임용을 기피하였다. 따라서 성종 때부터는 品官 대신 '勸謹識理者'라는 표현이 등장하였고[68] 『經國大典』에는 다만 勸謹

65) 그러나 향리가 지방행정에서 소외되거나 감고, 이정 등의 조직이 향리조직과 대립하는 새로운 행정망으로 정비되어 갔던 것은 아니다. 일부 지역에서는 15, 6세기에도 향리는 여전히 지방행정에서 중간조직으로서 존재하여 많은 군현에서는 수령－향리－면임·이임으로 연결되는 행정체제가 운영되었다. 특히 토성사족세력이 강한 지역에서는 향리들이 권농관, 이정을 감독하는 경우가 많았다고 한다(이수건, 『조선시대 지방행정사』, 민음사, 1989, 334～335쪽).

66) 『文宗實錄』 卷5, 文宗 즉위년 12월 己亥 6-338.

67) 『成宗實錄』 卷34, 成宗 4년 9월 癸巳 9-58.

68) 『成宗實錄』 卷34, 成宗 4년 8월 癸巳 9-58.

者라고 규정되었다.[69]

수령제와 권농정책의 실질적인 운영실태는 조선후기 原州牧의 사례에서 살펴볼 수 있다.[70] 우선 農形보고와 傳令체계에 관한 사항이다. 勸課農桑에 대한 정부의 節目이 반포되면 수령은 '農形看審', '舊陳摘奸' 등의 조항을 各面 실무자에게 실행하도록 지시하였다.[71] 이에 대응하여 면임은 민들의 起耕, 付種, 除草 상황을 감독・조사하고 陳廢되는 토지가 발생되지 않도록 했을 뿐 아니라[72] 種子穀의 확보를 적극 모색하였다.[73] 면임에게는 1차적인 農形報告의 임무가 부여되었다.[74] 원주목의 경우 面報를 통한 보고체계가 크게 활성화되었다. 그 내용은 각곡 성취여부(작황)와 강수량 측정, 상세한 面別 移秧 실태, 代播의 상황과 같은 대단히 구체적인 농형이 포함되었다. 생산력 확보와 권농에 대한 조선왕조의 지대한 관심을 보여주고 있다.

원주목의 各倉은 예하 면의 거리를 감안하여 面報를 수합・정리한 후 일괄 보고하는 체계를 지녔다. 원주에는 읍내의 司倉(40間)・別倉

---

69) 『經國大典』 戶典 務農, "勸農官 擇勸謹者差之 用心勸課 勿使陳荒".

70) 본고에서 분석하는 『(原州)隨錄』(農牒・戶牒・禮牒・工牒・科牒・兵牒・刑牒 奎古5120-163・4)은 正祖 20년(1796)~22년(1798)까지 原州牧과 강원 監營의 행정・재정구조를 전반적으로 파악할 수 있는 자료이다. 대체적으로 중앙정부의 문헌・法典類들은 농민통제와 수취에 관한 추상적인 원칙들이 수록된 경우가 많기 때문에 지방단위로 편찬된 지방자료의 고구가 당시의 실태파악을 위해 보다 유효하다고 여겨진다(이하 『(原州)隨錄』 생략).

71) 「義興縣公事』 1700年 3月 11日 傳令境內 都尹 副尹.

72) 「治郡要訣」 56條.

73) 「治郡要法」 59條.

74) 面任은 春夏間 災害를 입은 旱畓의 성숙여부에 대해 조사 보고하고 大風을 맞을 때 各里 里任을 초치하여 急水禁火에 대한 주의를 환기시키도록 했다(「南原縣牒報移文成冊」 7月 19日 報巡營). 이 밖에 桑木種植의 사안을 제대로 처리하지 못한 里正・主戶 등에 대한 治罪규정이 있었다(『備邊司謄錄』 31冊, 肅宗 元年 8月 29日 3-185).

(35間)외 北倉(48間, 安昌, 工房2) 西倉(32間, 興原, 戶長2, 工房3, 通引1) 東倉(39間, 酒泉, 戶長1 工房3, 通引1) 覺林倉(30間, 覺林, 工房1) 등 여섯 군데의 창고가 위치하였다.[75] 농형보고(面報)를 통해 원주목에 구축된 전령체계를 보면 각창에는 실무자로서 戶長·監官이 존재하고 倉村의 公員·有事·監色이 있으며, 주요한 사안의 발생시 座首·將校가 파견되어 감독하고 있음이 나타난다. 倉의 都監들은 日課所報를 작성하여 면보와 함께 보고하고 있음이 나타난다.[76] 農形에 관한 面報의 작성자는 面任(風憲)·里任과 訓農官으로 나타나며, 각종 부세징수가 6개 창을 중심으로 이루어지고 있는바 외부 4개 창 소속면의 면보를 창에서 수합하여 정리한 후 보고하는 형태를 지녔다.

이상 조선왕조는 지방관청을 통해 권농정책을 펼쳐 보임으로써 소농경제의 생산과 재생산에 깊이 간여하고 향촌사회의 최하 조직을 관장하고 있음이 나타난다.

⑵ 농지개간

조선초기 농지개간은 새로운 국가의 대과업이었다. 그것은 고려말 이래 붕괴된 농업생산 기반을 복구하고 생산력을 증대시키는 일이었고, 국가건설·왜적방어를 위한 경제기반의 구축이었다. 특히 농경지와 租稅源의 확대에 관련된 문제였다. 이를 위해 여러 가지 방법으로 閑曠地의 개간이 추진되었고, 新田개발에 따른 조세감면과 復戶의 특혜가 주어졌다. 누구든지 농지개간의 주체가 될 수 있었으며, 영세민에게는 개간할 수 있는 진황지가 지급되기도 하고 양반지배층에게는 科田의 일부로서 지급되기도 하였다.

---

75) 『關東邑誌』 江原監營 營誌 倉庫條.

76) 하나의 예로 東倉 都監은 日課所報를 통해 목맥종자를 春還 분급례에 따라 모두 必分했음을 보고하고 있다(「農牒」 丁巳 閏6 10傳令東倉 所屬面).

더욱이 北道지방의 농지개간은 邊地防戍와 국토개발의 차원에서 徙民정책과 더불어 추진되었다. 여기에는 주로 下三道의 富實戶가 抄定의 대상이 되었으며, 조선왕조의 기간 지배층인 양반층·宗親에게도 직접 入居하거나 奴僕을 入送시켜 개간에 종사할 것이 요구되었다.

또한 조선왕조에서는 중앙이나 지방의 각급 관청으로 하여금 전국 각 지방의 閑曠地에다 屯田을 설치하고 개간하게 했다. 조선초기 농지개간은 거국적인 사업으로서 수행되었으며, 그러한 위에서 선진지역의 농업기술을 보급하고 농업생산력을 발전시키고자 하는 것이었다.

이 같은 권농정책으로서 시행되는 新田개발에는 어떠한 신분계급도 참여할 수 있어서, 그 정책의 결과는 소농경제의 안정과 자영소농민층의 확대 성장에 크게 기여하였을 것이다. 그리고 그것은 조선왕조가 왕권강화를 기반으로 한 집권적 봉건국가로서 발전하는 데 기반이 되었던 것이라 하겠다.

개간의 중심대상은 濱海州郡의 陳荒地였다. 조선왕조는 墾田多少에 따른 수령의 黜陟과 褒賞, 奉足制 운영의 융통성, 流民의 歸農과 영농에 대한 지원 등 실질적인 권농시책과 더불어 개간자에 대한 소유권 내지 경작권에 대한 우선 승인, 그리고 면세혜택의 부여 등을 통해 개간을 장려하고 독려하였다. 뿐만 아니라 왜적의 침략이 우려되는 지역에 대해서는 군사상의 시설 및 지원도 병행하였다.[77]

沿海 肥沃地의 개간은 신속히 진척되었다. 태종 초에 실시된 量田에서 무려 30여만 결에 달하는 加剩田이 확보되었다. 대부분 濱海개간에서 온 성과였다. 이후에도 濱海개간은 계속되었다. 민인들은 연안

77) 이경식, 앞의 책, 58쪽.

도서에서도 그리고 山林藪澤 등 공유지나 講武場·牧場 등 국유지에서도 개간활동을 전개하였고 이 역시 점차 확대되어 갔다. 그 가운데서도 주목되는 개간활동은 海澤개간 즉 干拓을 통한 新田 개발의 진전이었다. 개간사업에는 노비·양인·양반·土豪, 빈농·부농, 전호·지주 등 사회의 모든 신분, 모든 계층이 참가하였다. 이 같은 개간의 진전에는 조선국가의 對倭 군사·외교 활동도 큰 힘이 되었다.

개간은 바다 가운데 島嶼에서도 활발하였다. 이미 태종 17년 10월 '籍海島新墾田'함으로써 섬의 새 개간지를 조사하여 田籍에 올리는 작업이 수행되고 있었다. 가령 세종 2년 巨濟·南海·昌善 세 섬에서 개간된 농지가 무려 1,130여 결에 달하고 있다.[78] 연해 곳곳 도서에서도 농토개간이 성행하여 중앙정부에서 파악하여야 할 정도였음을 전해준다.

한편 陳荒地가 농경지로 개발될 수 있게된 데에는 농업기술이 발달하고 그것이 농민들의 경험 속에 축적된 결과이기도 했다.[79] 대표적인 예로 畓만이 아니라 밭 또한 낮은 지대로 이동하던 추세 속에서 下三道 바닷가의 땅이 비옥한 농토로 변하였던 것이다.

해안지역의 개간에 국가적인 관심이 기울여지는 가운데 15세기 중엽에 이르러서는 濱海지역 중 옥토로 될 만한 곳은 대부분 개간되기에 이르렀다. 이어서 염분 때문에 개발이 어려웠던 간석지까지도 개간이 본격화되기 시작했다.[80]

농경지가 낮은 지대로 확산되는 추세는 내륙지역에서도 나타나고

78) 『世宗實錄』 卷7, 세종2년 閏 정월 丙申 2-371.
79) 『農事直說』에 가장 상세히 설명된 논 개간기술은 저습지에 대한 것으로 이것이 당시의 보편적 논 개간 유형이었다(이호철, 「수전농법」, 『조선전기농업경제』, 한길사, 1986, 50쪽).
80) 이태진, 『한국사회사연구』, 지식산업사, 1986, 224~234쪽.

있었다. 그동안 기피되어 오던 강가의 저습지에서도 경작이 이루어지게 된 것이다. 도랑을 깊게 파서 물이 잘 빠지도록 함으로써 저습지가 새로운 농토로 개발되어 내륙지역에서도 水田이 늘어갔다. 15세기 후반부터 川防이라는 새로운 관개기술이 보급됨에 따라 水田의 증가속도도 더욱 빨라졌다.[81] 내륙지역 수전의 개발은 下三道만이 아니라 중부의 산간지대에서도 진행되고 있었다. 수전의 비중이 급증되면서 생산력 역시 발달되었다. 조선초기 濱海 일대에서 진행된 陳田開墾과 干拓사업은 이 시기 농지개간, 新田개발의 중심이었다.

한편 조선초기 개간활동이 전국 규모에서 전개되는 가운데 함경도·평안도 兩界를 위시하여 北方開墾이 전개되었다. 고려말 이래 북방지역은 元·明교체, 왜구 등의 침략으로 정치·경제상 거의 공백상태에 있었고, 이 가운데 여진세력이 부상하고 있었다. 그 해결방안은 '地廣人稀'한 이들 지역에서 농지를 개간하고 인구를 증가시켜 농업생산을 확대하고 軍丁·役丁을 확보하는 길이 최선이었다. 이에 따라 북방개척의 필요성이 제기되었다.

개간은 세종대에서 성종대에 걸쳐 조직성 있게 추진되었다. 徙民의 목표에 따라 단계상 차이가 있었다. 세종대까지의 徙民은 6진·4군 개척에 수반하여 수행되었다. 대상은 주로 해당 도의 南部民이었고, 목적은 祖宗 영역의 회복에 있었다. 개간은 이 속에서 부수적으로 전개되었다. 그러나 세조 이후의 徙民은 대상이 下三道 민인이었고 이 지방 閑曠地의 개간이 주요 목표였다. '地狹人多'한 하삼도의 토지문제를 완화시킴은 물론 北方을 개척하여 농업생산, 인구증가를 도모하였던 것이다.[82]

북방개간은 세조 이후 본격 착수되어 국가의 대과업으로 진행되었

81) 이태진, 앞의 책, 1986, 212~217쪽.
82) 이상협, 『朝鮮前期 北方徙民 硏究』, 경인문화사, 2001, 248쪽.

다. 徙民 1호의 인구는 대체로 13~15인 정도로 추산된다. 조선왕조는 1호에 30결 정도씩의 토지분급을 원칙으로 하였다. 그러나 사정에 따라서는 18결 정도씩 배당되기도 하였다. 개간할 농지가 넓은 無牛者에게 관에서 農牛를 마련, 조달해주었다. 또 개간 정착 시까지 생계안정을 위해 3년 혹은 2년간 元居人의 正田 일부를 대여하는 제도를 마련하고 있었다. 復戶 및 免稅의 혜택은 入送하는 고을마다 차이를 두어 각각 최하 12년・9년, 최고 16년・13년이었다. 그리고 군역은 3년 후에 정해졌다. 북방개간은 단순한 개간이 아니었다. 이는 농업개발을 동반하여 진행되었다. 우선 농지의 常耕・熟治를 위해 整地와 施肥를 모색하였다. 농지의 熟田・常耕은 우리 중세의 농업이 완수해야 할 큰 과제로서 일찍부터 추구되어 오고 있었는데, 조선초기에는 북방개척과 더불어 兩界지방이 그 최종대상이 되고 있었다. 이것은 徙民에 의한 인력동원, 閑曠地의 규모 있는 배분, 각종 물자의 지원 등을 통해, 그리고 下三道 특히 慶尙道의 농법이 개발의 지표가 되어 국가권력이 추진하여 갔다는 점에서 볼 때 人丁과 토지에 기반을 둔 조선 집권봉건국가의 마지막 대사업이었다.[83] 이곳에서의 농업개발은 작물의 재배 보급과 권장으로 귀결되고 있었다. 이는 麥作을 비롯한 旱穀의 재배 보급, 晩種早熟穀의 개량과 보급, 木花재배의 권장, 그리고 水稻作의 개발과 장려 등 여러 방향에서 수행되었고 동시에 雜種法의 보급도 추진되었다.

한편 屯田은 조선국가 자체의 개간활동으로서 성립되는 토지였다. 집권봉권국가에서 중앙정부와 지방의 州・府・郡・縣 및 浦・鎭 등의 각급 행정・군사기구 즉 국가권력의 구현체인 통치기관의 토지소유와 그 확대는 지배체제의 강화와 직결되는 것이었다.[84] 조선초기의

83) 이경식, 앞의 책, 110쪽.

84) 이종영, 「鮮初의 屯田制에 대하여」, 『史學會誌』 7, 1964 ; 이재룡, 「朝鮮初期

屯田制는 고려말의 각종 둔전문제의 정리작업과 戶給屯田의 置廢과정을 거친 후 본격 착수하기 시작하여 세조대에 일단 정비되었다. 조선왕조는 國屯田의 확대에 주력하였고 한편으로 官屯田의 定限制를 시행하여 나갔다. 定限制의 실시는 관둔전의 확장에 따른 농민소유지의 침탈 및 농민층 개간활동의 저해, 그리고 사사로운 점유에 제동을 가하는 데서 나온 것이었지만 동시에 둔전 개발의 책임량을 부과한 것이었고, 나아가 지방관의 관둔전에 대한 자율권을 축소시키는 데 있었다. 이는 이 시기의 집권제의 강화과정과도 궤를 같이 하는 것이었다.[85]

이러한 개간정책으로 세종 14년(1432) 당시 양계를 제외한 6도의 전결수가 총 118만 6,070결로 파악될 만큼 대폭 증가하였다.[86] 태종 3년(1405) 乙酉量田 때에 비해 22만여 결이 더 증가하였던 것이다. 開國 후 40년 만에 조선의 전결 수는 최대로 확대되고 최고의 액수를 기록하는 데 이르렀다. 이후 『世宗實錄』 地理志의 各道總論에 나타난 총 墾田은 163만 2,006결(各邑통계는 171만여 결)에 이른다.[87] 이 같은 墾田의 파악은 조선초기 강력한 중앙집권화 정책의 결과로 보여진다. 각도의 田案이나 간전을 막론하고 모두 측량하여 田案에 올렸기 때문이다.

농지의 증가는 개간활동의 소산이지만 이에 병행해서, 그리고 그

屯田考」, 『歷史學報』 29, 1965.

85) 이경식, 앞의 책, 377쪽.

86) 『世宗實錄』 卷148~153, 地理志5-615~675.

87) 공법시행을 위한 실천과정으로서 세종 사후인 세조 7년(1461)에서 세조 9년까지 경기와 하삼도의 양전이 완성되었고 나머지는 성종 19~20년(1488~1489)까지 완료되었다. 공법 시행 후 30여 년만이었다(김태영, 『朝鮮前期土地制度史硏究』, 지식산업사, 1983, 321쪽 ; 최윤오, 「세종조 貢法의 원리와 그 성격」, 『한국사연구』 106, 1999, 20~22쪽).

動因으로 작용하고 있던 것은 인구증가였다. 인구증가 역시 괄목할 만한 國初의 현상이었다. 세종 10년 양전이 계획될 때 그 이유는 '生齒日繁 開墾浸廣'이었다.[88] 개간 증대와 더불어 그 요인으로 인구증가가 거론되고 있는 것이다. 당시 조선정부가 國役賦課를 목적으로 수행하고 있던 호구조사의 결과를 사례로 살펴보면 그 추세를 짐작할 수 있다.[89]

농지개간의 성행과 인구의 왕성한 증가는 곧바로 재정상의 변화로 이어졌다. 우선 두드러진 변화의 하나는 부세제도상의 변화를 가져온 것이었다. 전세제도의 경우 세종 10년부터 본격적으로 계획되고 수정되어 동왕 26년에 확정 공포되는 소위 貢法의 제정이 그 예이다. 공법에서 나타나는 경작강제 조처로서의 陳田수세의 강행방침은 이 같은 농지개간의 진전 속에서 추진될 수 있었다. 또한 貢納의 物種과 그 수량이 조정되고 있었으며, 군역편성이 새로 모색되어 保法으로 정착되었다.

(3) 結負 量田制의 시행

농정의 불합리를 제거하는 문제는 농민부담의 조세제도를 개혁하기 위한 작업으로서 몇몇 계통으로 시도되었다. 量田制·結負制·踏驗損失의 제도가 그것이다. 고려말의 경우와 마찬가지로 조선초기에도 그 같은 문제를 해결하기 위해 여러 차례의 시행착오를 거치면서

88) 『世宗實錄』 卷41, 世宗 10년 9월 癸丑 3-143.

89) 예컨대 태종 6년(1406) 경기와 5도의 호구는 호 135,045, 구 279,362이었는데(『太宗實錄』 卷12, 太宗 6년 10월 丙辰 1-378), 세종 14년(1432)경에는 戶 151,610, 口 530,448이었다(『世宗實錄』 卷148~153, 地理志 5-615~675). 26년 사이에 호는 1만6천5백여, 구는 25만 1천여가 증가한 것이다. 더구나 이 호구 수는 호적상의 수로서 실제에 비해 '僅十之一二'(『世宗實錄』 卷148, 地理志 5-615)한 수치였다.

수행하고 있었다. 조선초기의 관인들이 먼저 생각한 것은 양전사업을 하여 농지의 실태를 정확히 파악함으로써 조세원을 확대하고, 조세 부과의 기반을 공정하게 하며, 동시에 흉렴의 해에는 농작물의 손실 작황을 공평하게 踏驗함으로써 조세의 부과에 불균이 없도록 하는 일이었다. 그러한 量田사업과 踏驗의 방침은 태조조부터 이미 시작되고 있었다.[90] 국가의 입장에서 조세수입의 증가는 전국 차원의 개간의 진행 이후 양전을 통한 結總 확보를 통해 가능한 것이었다. 그 결과로서 세종조에 이르러 마침내 고려왕조의 조세제도 기반을 획기적으로 개혁하는 조선왕조 특유의 結負 量田制를 마련할 수 있었다.

結負制란, 당 시기 전국의 토지생산성을 측정할 수 있는 방법으로서 지극히 정밀한 제도로 변화 발전되어 왔다.[91] 田品 登第뿐 아니라 尺數·結負數까지 기록함으로써 해당 토지에 대한 생산성을 한눈에 평가할 수 있도록 정비되어 왔다. 뿐만 아니라 해당 토지에 대한 면적 및 조세액까지 환산할 수 있었기 때문에 국가의 입장에서 결부제란 전국의 토지를 명확히 관리할 수 있음을 의미했다. 결부제는 운영 상의 투명성에 따라 농민을 위한 토지소유권의 보호와 농민의 생산성 장려의 측면에서 활용될 수 있음을 의미했다.

세종조 공법에 의해 정착된 결부제는 당 시기 가장 현실적인 현상유지 방안으로 평가되었다.[92] 공법을 통해 검토된 토지운용 및 조세수취의 방식은 수조권에 입각한 토지분급과 소유권에 입각한 사적 토지

---

90) 『太祖實錄』 卷5, 태조 3년 9월 丙辰 1-70 ; 卷14, 태조 7년 7월 己亥 1-129.

91) 김용섭, 「結負制의 전개과정」, 『한국중세농업사연구』, 지식산업사 2000, 232~272쪽.

92) 量田論은 均稅論으로서 結負制를 매개로 담세자와 소유권자를 파악함으로써 사적 토지소유에 대한 방임과 그것을 바탕으로 한 지배정책일 뿐이었으며, 보수적 양반지주층의 입장에서는 최선의 방안으로 생각되던 개혁안이었다.

지배를 전제로 당시 생산력 수준에 걸맞는 수취방식으로 자리잡게 되었고, 그것이 『遵守冊(內題 : 田制詳定所 遵守條畫)』에 의해 재정리되었다.[93]

이 같은 양상은 두 가지 측면에서 주목되고 있다. 먼저 結總의 증가로 증세 효과를 볼 수 있다는 점이다. 종래 전국 田地의 절대다수를 점하고 있던 下等의 전지가 제1·2·3등전으로 편입되고, 종래 넓었던 結積의 山田이 상대적으로 축소된 結績의 5·6등전으로 편성됨에 따라, 결국 전체적으로 결의 실적을 축소시킴으로써 전국의 결총을 대폭적으로 증대시켰을 것으로 판단된다. 총 결부수가 대거 늘어남으로써 국가의 입장에서는 증세 효과를 볼 수 있었다.[94] 이 같은 대폭적인 결총 증대는 세종대까지의 중앙집권력 확대의 소산이라고 볼 수 있다. 나아가 이를 계기로 수세방식의 통일을 기하는 가운데 각 位田 수조지의 혁파와 재조정을 단행하게 되었고, 국가재정의 일원적인 운용을

---

93) 『遵守冊』의 완성은 대체로 세조 7년(1461) 京畿量田 때로 보인다(이영훈, 「'田制詳定所遵守條畫'의 制定年度」, 『古文書硏究』 9·10, 1996). 그 이유는 세종년간 공법에 의한 양전이 제대로 실시되지 못하고 성종년간에 이르기까지 양전에 관한 제반 논의가 이루어지면서 다시 한 번 검토되는 가운데 완성되었을 것이라는 점이다. 세조 원년 7월(1455) 田制儀注 제정을 요청한 이후 조선왕조에서 편찬한 『遵守冊』은 이 요청을 수용하여 실현시킨 것으로 그간에 있던 제사목과 규정을 취사선택하여 종합 정리한 것이다.

94) 隨等異尺制로 표기된 전결수는 20두의 전세를 내는 수세단위일 뿐 그 자체가 토지면적은 아니었다. 오히려 전결수는 수전이 많은 비옥한 지역일수록 점차 실제 면적보다 과대평가 되었는데, 그나마 세조 26년(1444)에 이르면 본래의 전분 3등의 隨等異尺·指尺制가 전분 6등의 수등이척제의 결부제로 전환된 것이었다. 따라서 고려말인 1389년에서 세종 26년까지의 시기에는 양계지방을 뺀 6도의 총계가 50만 결에 불과하였다. 그러나 세조 14년(1432) 경에는 119만 내지 125만 결로 증가하였고, 그 후 양전사업을 통하여 급격히 증가한 그 결수가 바로 『世宗實錄』地理志에 실린 163내지 171만 결에 달하였던 것이다.

도모하게 되었다. 이러한 조치는 분급 수조지가 퇴화하고 토지지배관계가 소유권에 입각한 것으로 보편화해가고 있던 당시의 실정을 반영하여 취해진 것이다.[95)]

다음으로 공법에서 가장 주목되는 내용은 고려말의 결부제와 비교하여 결 실적이 획기적으로 늘어나지만, 租律과 租額은 1/20로 크게 줄어 들었다는 점이다. 고려말・조선초기의 結所出 米 30斗를 전제로 그 1/10인 糙米 30두를 받던 것이, 공법단계에는 結所出 皮穀 800斗(米400斗)를 전제로 1/20인 20斗로 줄어든 것이다.[96)] 게다가 年分九等法을 통해 작황에 따라 20두에서 4두까지를 징수할 수 있는데 불과했기 때문이다.

이러한 상황은 과전을 지급받던 수조권자의 입장에서는 수입이 30두에서 20두로 감소하였다는 것을 의미하며, 납세자의 입장에서 볼 때 토지소유권자에게는 유리한 상황으로 바뀌었음을 의미했다. 수조권자의 수입은 줄었으나 소유권자의 수입은 증가하게 되었다. 이는 국가의 입장에서 보면 국가의 수조권을 강화하는 것이고 이는 사적소유지에 대한 수세 부분이 확대됨을 뜻한다. 이러한 상황이야말로 공법 이후 지주제의 강화를 예고하는 것이기도 했다. 공법제 그 자체는 국가권력・왕권이 집권적 봉건제 하의 수조권자를 일정하게 견제하고 토지소유권자를 보호함으로써 국가경제의 기반을 토지소유권자, 자영소농층에 두고자 하는 조치였다고 할 수 있다.[97)]

그런데 조선왕조의 양전론은 결부제와 밀접한 관련 아래 마련되었

---

95) 김태영, 「제2장 과전법체제에서의 수조권적 토지지배관계의 변천」, 『조선전기 토지제도사 연구』, 1983.
96) 김태영, 앞의 책, 312쪽.
97) 한영우, 「太宗・世宗朝의 對私田施策」, 『조선전기 사회경제연구』, 을유문화사, 1983.

지만, 동시에 신분계급적 차별이 완전히 철폐되지 않은 상태에서 운영되었기 때문에 그것을 둘러싼 갈등은 또 다른 사회모순과 계급갈등을 심화시켰다. 이러한 양상이야말로 결부 양전제 운영과 조선왕조의 均稅論이 지향하고있는 한계라고 할 것이다. 지주층은 이것을 이용하여 더욱 지주경영을 확대할 수 있었고 농민은 갈수록 몰락해 갈 것이기 때문이다.[98]

⑷ 권농정책

권농의 내용은 크게 세 계통으로 구성된다. 첫째는 농작물의 재배와 관련되며, 둘째는 水利문제였고, 셋째는 養蠶에 관해서 이다. 첫째의 문제는 농지의 기경에서 수확에 이르는 농작업의 전과정이 대상으로 되는 것이었지만, 그 중에서 특히 중심이 되는 것은 耕種 耡治의 문제였다. 農時를 失期해서는 안 되었다.[99] 節候와 穀種의 早晩을 잘 조절해야만 했다. 아울러 農時勿奪의 문제도 있었다. 가령 농번기에 농민들을 요역노동에 동원하지 않는 것과[100] 소송의 연기[101] 등이 있었고 심지어 수령의 遞代조차 분주한 農時를 피하도록 했다.[102]

둘째의 문제는 제언, 해택, 방천에 관한 것이었다. 그 중에서도 중심이 되는 것은 제언과 방천의 관리, 수축, 신축 등에 관한 일이었다. 농업생산에서 수리의 가치는 절대적이어서 '堤堰川防 農事之根本', '川防堤堰 耕作之本'이라고 강조되었다.[103] 특히 辭陛하는 수령에게 川

98) 이숙경, 「조선 세종조 貢法制定에 대한 贊反論 검토」, 『高麗末・朝鮮初 土地制度史의 諸問題』, 서강대학교 출판부, 1987, 170쪽.
99) 『經國大典』 戶典, 戶籍, 務農.
100) 『太宗實錄』 卷23, 太宗 12년 3월 辛卯 1-627.
101) 『世宗實錄』 卷43, 世宗 11년 2월 辛丑 3-169.
102) 『經國大典』 戶典 務農.
103) 『成宗實錄』 卷21, 成宗 3년 8월 壬午 8-681 ; 『文宗實錄』 卷5, 文宗 즉위년

防, 堤堰의 관리 修補에 관하여 당부하는 것은 관례가 되었으며, 秋冬交替期에는 勸農官으로 하여금 堤堰의 修築을 지시하였다.[104] 수령은 매년 춘추로 관찰사에게 이 문제를 보고하고, 이를 수축해야 한다는 것이 법으로 규정되었다.[105] 셋째는 種桑 및 蠶室운영을 중심으로 한 사안이었다.

① 농업기술의 증진과 보급

조선시대 농업생산력을 증진시키기 위한 노력은 농업기술의 발전과 농업을 둘러싼 여러 조건을 개선하는 방법이 동시에 모색되었다. 농업기술을 발전시키는 방법은 기존의 것을 개선하는 방법과 현재 가장 선진적인 것을 보급하는 방법이었다.

첫째는 水田을 개발하여 水稻作을 발전 보급시키는 일, 둘째는 농업기술의 개발을 전제로 歲易田을 不易常耕田으로 전화 확대시키는 일, 셋째는 이와 관련하여 선진지역의 새로운 농작물이나 농업기술을 널리 후진지역으로 보급시켜 나가는 일이었다.

歲易田의 不易常耕化 문제는 중세농업의 최대과제이자 국가 권농정책의 핵심이었다. 이는 농민들의 소득증대와 국가의 세수확보에 긴밀히 관련된 사안이었다. 농민들은 농업기술의 향상을 통해 잉여생산물을 확보하여 재생산뿐 아니라 경제력의 축적을 도모할 수 있는 것이었다. 상경전으로의 전화는 중세초기, 고려중기에 이르러 광범하게 전개되었다. 그리고 이러한 전환은 조선초기까지 계속되었다.[106] 歲易

12월 乙未 6-333.

104) 『太祖實錄』 卷8, 太祖 4년 7월 辛酉 1-81 ; 『世祖實錄』 卷2, 世祖 원년 9월 丁亥 7-88.

105) 『經國大典』 戶典, 田宅.

106) 이태진, 「畦田考 - 통일신라·고려시대 水稻昨法의 유추」, 『한국학보』 10, 1978 ; 김용섭, 「고려시기의 量田制」, 『동방학지』 16, 1975.

田을 常耕化시키려는 조선왕조의 노력은 두 계통으로 전개되었다. 하나는 농지의 상경화를 전제로 권농정책을 펴고 休耕·息土하는 농지에 매년 세를 부과하는 것이었으며, 다른 하나는 그 농지의 상경화가 가능하도록 農法을 계몽하는 것이었다. 태조 3년 都評議使司에서 농지의 常耕化와 관련하여 다음의 사실이 논의되었다.

> 놀고 있는 사람은 농사에 돌아가게 하고, 식량이 없는 사람은 먼저 義倉의 곡식을 주고, 병이 나서 耕種하지 못하는 사람은 이웃 사람과 族人으로 하여금 서로 도와서 경종하게 하여 시기를 잃지 말게 하며, 그 田地를 많이 차지하여 서로 묵히면서 다른 사람이 경작하는 것을 금하는 사람은 10負에 笞刑 10대를 집행하고, 매 10負마다 1등을 가하여 죄가 杖刑 80대에 그치게 하되, 전지가 없는 사람과 전지가 적은 사람에게 주어 경작하게 하고, 무릇 백성에게 농사를 권장하는 일은 일체 모두 거행하고, 守令의 殿最는 전지의 개간이 많고 적은 것으로써 3등으로 나누어, 무능한 사람을 물리치고 유능한 사람을 등용시키는 데 憑考하게 하소서.[107]

즉 농지를 多占하여 이를 歲易하는 가운데 타인의 경작 자체를 불허하는 田主에 대한 처벌을 강조한 것이다. 태조 3년의 지시는 이 같은 농지를 해마다 連作 常耕化하기 위해 내린 조치였다. 그러나 歲易 농법의 현상은 지방에 잔존하였고 豪俠之家들의 완강한 반항이 거듭되었다. 조선왕조는 이 같은 현상을 합리적으로 극복해야만 했으며 농지는 正田·續田으로 정리되고 貢法 세제는 강행되었다.

따라서 조선왕조는 농업 상경화에 적합한 농업기술을 보급시키지 않으면 안 되었다. 조선왕조는 중국 화북지역의 旱田농업을 중심으로

---

107) 『太祖實錄』 卷5, 太祖 3년 4월 庚辰, 1-61.

체계화한 『農桑輯要』를 주요 농서로 활용하였다. 그러나 수전농업에서 새로운 농업기술의 보급이 필요했고 그 기술을 『농상집요』에만 의존할 수 없었다. 이에 따라 조선 농법과 '風土不同'의 농업환경에 맞는 새로운 농서의 필요성이 제기되고 곧바로 국가의 권농정책으로 이어져 1429년 최초의 관찬농서인 『農事直說』이 편찬되었다.108) 그 기초자료가 된 것은 下三道, 특히 慶尙道지방의 농업관행이었다. 조선왕조는 선진지역의 관행농법을 수집하는 조치로서 下三道의 이른바 '耕種耘穫의 법'·'五穀의 土性所宜'·'雜穀交種의 방법' 등을 수집하여 鄭招 등으로 하여금 새 농서를 편찬하게 한 뒤, 함경도·평안도 등의 산간 및 한전 농업지대에 이 농서를 확산시켰던 것이다.109) 말하자면 이 시기의 농업정책은 중국이나 우리나라 下三道 등 농업선진지역의 농업기술을, 농업후진지역으로 보급시킴으로써 전국의 농업생산력을 한 단계 높은 차원으로 끌어올리려는 것이었다고 하겠다.110)

그러나 『農事直說』은 그 내용에 있어 주로 主穀만을 중점적으로 서술하여 채소류나 과수·특작 또는 식품에 관한 내용을 전혀 포함시키지 못한 한계를 가지고 있었다. 관찬농서로서 『농사직설』이 갖는 한계점 때문에 경우에 따라서는 중국농서들이 여전히 권농의 지침서로

---

108) 『世宗實錄』 卷44, 世宗 11년 5월 辛酉 3-181. 15세기에 편찬된 관찬농서로 태종대의 『農書輯要』와 세조대의 『農蠶書』가 있었다(염정섭, 「15~16세기 水田農法의 전개」, 『한국사론』 31, 서울대학교 국사학과, 1994, 77쪽).

109) 김용섭, 앞의 책, 458쪽.

110) 농업생산을 위한 기초조사는 세종 6년부터 있었던 지리지 편찬사업과 관련하여 그 일환으로 수행되었다. 전국의 지방관으로 하여금 그 지방의 風氣(氣象), 戶口, 墾田(농지), 土宜(作物), 堤堰 등을 조사하여 이를 『慶尙道地理志』(세종 7년) 등 각도 지리지의 한 항목으로 편제하고, 이를 기초로 중앙에서 『新撰八道地理志』(세종 14년)를 편찬하였으며, 뒤에는 『世宗實錄地理志』(단종 14년)로 증보 정리함으로써, 전국 각 지역의 농업생산을 위한 기초사항을 일목요연하게 파악할 수 있도록 하였다.

사용되고 있었다. 그러한 상황에서 姜希孟은 당시 경기도 지방의 불안정한 소농민들의 관행농법에 주목하면서 열악한 그들의 경영을 개선하기 위해, 성종 23년(1492)에 최초의 사찬농서인 『衿陽雜錄』을 저술·간행하였다. 또한 그는 농민들의 농사작업을 월별로 서술하였을 뿐 아니라 다양한 작물들의 재배법도 함께 다룬 농서인 『四時纂要抄』도 편찬하였다. 특히 『금양잡록』은 당시 경기도 衿陽縣의 실제 관행농법을 수록한 점에서 이 시기 소농민경영을 이해하는 데 무엇보다 소중한 자료가 된다.

한편 조선전기에는 중앙정부가 중심이 된 농서편찬 사업 외에도 각 지역의 지방관들에 의한 농서간행 사업도 추진되었다. 대표적인 사례로서 16세기 초의 경상관찰사였던 金安國은 農書와 蠶書를 언해하여 간행하였으며, 그의 산하에 있던 안동부사 李偶는 중종 12년(1517)에 기존의 농서에다 새로운 관행농법을 추가한 『農書輯要』를 간행하였다. 한편 『농사직설』을 보완하기 위한 증보작업도 지방관들에 의해 추진되었는데, 그 단적인 예로서 16세기의 昌平縣과 17세기의 龍州縣에서는 종래 없었던 木棉의 耕種法, '新增種綿'편을 증보한 새로운 판각이 만들어졌다. 이들 농서 외에도 정종 원년(1399) 牛馬에 관한 醫書인 『新編集成馬醫方』, 15세기 초에 朴興生의 『撮要新書』, 그리고 15세기 중엽의 화훼서인 姜希顔의 『養花小錄』 등이 있다.[111] 또한 16세기 농법을 정리한 농서로 柳彭老의 「農家說」, 高尙顔의 『農家月令』, 柳袗의 『渭濱明農記』가 있다. 전자는 1592년 이전의 것이고, 후자는 임진왜란 이후 농업생산력을 회복하기 위해 16세기의 선진농법을 도입하기 위해 정리된 것이었다.[112]

---

111) 김용섭, 「『衿陽雜錄』과 『四時纂要抄』의 농업론」, 『조선후기농학사연구』, 1988, 일조각, 81~103쪽 ; 이호철, 「농업과 농업기술」, 『한국사』 24, 국사편찬위원회, 1994, 100쪽.

이와 같은 조선전기의 농학은 중국농서를 도입하는 데서 출발하여 이를 번역하여 보급하는 과정을 거쳐 마침내 자체 농서의 편찬과 간행으로 발전해 나갔던 것이다. 특히 이들 농서의 편찬이 官撰과 私撰이라는 두 보완적인 방식을 통하여 급속히 전개되었는데, 16세기에 들어서 더욱 확산되었다. 결국 이와 같은 농학의 발달은 이 시대 농업발전에 커다란 영향을 주었다.

전국적으로 진행되던 농경지의 개발과 확산은 농법의 발달에 의해 뒷받침되고 있었다. 下三道의 경우 1년 1작이 중심을 이루던 밭에서는 그루갈이(根耕) 또는 2년 3작으로 옮겨가기 시작했다. 논에서는 대체로 1년 1작의 형태로 경작되었던 것이 벼－보리・벼의 이모작이 시도되기도 했다.[113] 下三道를 중심으로 이전의 휴한농법을 극복하고 상경화를 이룬 데 이어, 일부에서는 집약농법을 시도하는 단계에까지 이르고 있었다. 땅의 힘을 강화시키기 위한 노력도 계속되었다. 시비법에서 종자에 거름을 묻혀 파종하는 糞種과 구덩이에 거름을 주는 糞科 등의 방법 외에 농지 전체에 거름을 주는 糞田 역시 이루어졌으며, 객토방법도 발달되고 있었다.[114] 『世宗實錄』 地理志에 수록된 사실들은 농민들의 축적된 경험을 바탕으로 지역마다 그 지질과 기후에 맞는 곡물의 종류와 종자가 선택되어 재배되고 있었던 사실을 확인할 수 있다.

② 수리시설의 정비

농경을 영위하는 데 있어 田地에 물을 대기 위한 수리시설은 필수적으로 요구되었다. 이 시기 농업에 대한 인식에서 '農事以水田爲

---

112) 염정섭, 앞의 글, 141쪽.
113) 이호철, 「조선전기의 농법」, 『조선농업사연구』, 한길사, 1986.
114) 이호철, 「糞田法」, 앞의 책, 1986, 185～221쪽.

主'[115]라고 하듯 수전농업을 농업의 중심으로 보며 水利作畓하는 것이 여러 가지로 유리하다고 보는 것이었다. 제언을 축조할 경우 일부 水沒지역이 발생한다고 하더라도 蒙利畓이 많아져 국가수입은 늘게 마련이었다. 더욱이 국가의 財用은 大米가 중심이어서 국가재정상으로도 이는 유리한 것이었다.[116] 심지어 旱田농업에 익숙한 北道 지방에서 대해서도 引水灌漑를 통한 수전농업의 확산을 계획하였다. 함경도 吉州 이북의 수령들에게는 勸農起耕하는 수전의 면적에 따라 시상할 것을 약속하기도 했다.[117] 북도지방에서도 점차 수전을 개간하는 바가 늘어나고 있었으며, 下三道 徙民들이 多作水田하여 이익을 보면서 이를 모방하는 농민들이 늘어가는 추세였다.[118]

15세기 농업에서 시비법과 같은 기술은 강남농업의 수준에 이르렀으나, 이앙법을 본격적으로 실현시키지 못한 주요한 요인이 관개수리 시설의 미비였다고 지적되기도 했다.[119] 따라서 수전지대에서 수리시설을 하는 것은 선행되어야 할 일이었다.[120] 국초부터 많은 관인들이

---

115) 『文宗實錄』 卷10, 文宗 원년 11월 乙巳 6-452.

116) 『世宗實錄』 卷49, 世宗 12년 9월 乙酉 3-259.

117) 『世宗實錄』 卷88, 世宗 22년 3월 丁未 4-273.

118) 『世宗實錄』 卷69, 世宗 17년 9월 庚辰 3-651.

119) 이태진, 「14, 15세기 농업기술의 발달과 신흥사족」, 『한국사회사연구』, 지식산업사, 1986. 『農事直說』의 벼농사조에는 水耕直播와 乾耕直播, 그리고 揷種法(모내기법, 苗種法)을 풀이하면서 "모내기법은 제초하기에는 편리하지만 크게 가물면 모내기의 적기를 잃어 失農하게 되므로 농가로서는 위태로운 일"이라고 경고하기도 했다. 『農事直說』 種稻 苗種法, "萬一大旱則失手農家之危事也". 이는 인위적 시설과 노력 없이는 수리혜택을 볼 수 없는 乾畓이 많았기 때문으로 여겨진다.

120) 문중양에 따르면, 조선의 경우 이앙법에 불리한 기후조건과 불충분한 수리여건 때문에 여말선초 이래 한반도에서의 수도작의 보급과 확산, 그리고 조선후기 이앙법 정착의 과정이 독특한 형태로 이루어졌다는 것이다. 수도작의 전개과정에서 건경직파와 같이 한반도에서 오래된 전통인 한지농법적 재배방식을 수도작에 응용한 파종법이 한반도에서 수도작이 광범위하게 보급되

수리시설의 수축이나 신축을 제언했다. 鄭芬은 제언을 수축함으로써 雪水를 저류할 것을 건의했고,[121] 李殷과 禹希烈은 한발을 대비하여 제언 축조가 필요함을 역설하였다. 태종 14년 12월 李殷과 禹希烈, 그리고 韓雍 등이 지방에 파견되어 수리시설을 순찰하고[122] 차후 각도에 제언 축조령을 내리고 있다. 제언을 축조함으로써 수몰이 되는 농지에 대해서는 堤下의 陳地 起耕田으로 환급해주기도 하였다.[123] 차후 조선왕조의 대대적인 관심 속에 수리정책은 궤도에 오르고 守令七事의 節目에서도 중요한 문제로 거듭 강조되었다.[124]

수리시설로서 수차의 보급이 적극 논의되었으나 우리나라 土性이 滲漏가 심해서, 소요인력에 비해 灌漑효과가 적은 것으로 나타났다. 따라서 그 설치를 自願하거나 自激水車 이외의 人力水車 보급정책은 철회하지 않을 수 없었다.[125]

수리개발은 관개를 위한 것이지만 이 시기에는 특히 농지개간과 결부되어 권장되고 있었다. 태종 9년 정월 '여러 도에서 전적으로 제언을 축조하여 농상에 힘쓰고 모든 田野가 개간되도록'[126]하라는 왕명

는 데 보다 큰 역할을 했다는 것이다. 즉 중국에서 강남농업이 송원대 인위적 배수형 수리기술과 불가분의 관계 하에 성장했던 것과는 다르게 한반도에서의 강남농업의 실현, 즉 수도작의 확산과 이앙법의 보급은 중국과는 다른 전개과정을 밟았다는 것이다. 따라서 한반도에서의 수전농업의 발전과정에서 수리가 갖는 위치는 중국의 경우와 다를 수밖에 없었다. 이것은 고려말 조선 초부터 강남농업의 실현의 노력이 농촌지식인층에 의해서 주도되었지만 그들이 편찬한 조선의 농서에 송원대의 수리학을 담지 않았던 농업기술사적 배경으로 지적하고 있다(『조선후기 水利學과 水利담론』, 집문당, 2000, 78쪽).

121) 『太祖實錄』 卷8, 太祖 4년 7월 辛酉 1-81.
122) 『太宗實錄』 卷28, 太宗 14년 12월 乙亥 2-46~47.
123) 『太宗實錄』 卷31, 太宗 16년 5월 辛亥 2-116.
124) 『文宗實錄』 卷4, 文宗 즉위년 9월 癸酉 2-270.
125) 『世宗實錄』 卷60, 世宗 15년 4월 辛卯 3-465.

은 이런 사실을 말해주고 있다. 태종 14년(1414) 이후부터는 더욱 본격 독려되었다. 이해 6월 각도에 대해 도내에서 수리를 일으켜 良田을 만들 수 있는 곳과 古堤堰을 수축해서 可耕할 수 있는 곳을 세밀히 조사하여 結負數를 보고하도록 하는 조처가 취해졌다.[127] 아울러 李殷·禹喜烈·韓雍 등 水利 堤堰에 밝은 인물들이 전국 여러 고을을 往巡하며 제언수축을 관장하고 권려하였다.[128] 金堤 碧骨堤의 重修,[129] 富平堤堰의 수축,[130] 古阜 訥堤의 보수 등도 바로 이 시기에 시행되었다.

이 당시 제언 축조는 沿海 陳荒地의 개간과 海澤의 신전개발과 긴밀히 연계되어 이루어졌다. 우리나라에서 수리의 이용이나 개발은 지형·풍토의 특징에 따라 다르다. 경상도 특히 안동과 같은 산간 내륙의 고을들은 수리사업에서 堤堰보다는 川防을 이용하였다.[131] 큰 가뭄을 당하면 산이 대부분인 내륙은 대개 곳곳마다 溪間이 있어 관개를 할 수 있으나, 濱海 일대의 들은 바다와 연결되어 대개 川流가 짠 潮水를 받아 전답에 관개할 수 없어 제언의 축조와 보수는 절대 필요하였다. 그러므로 湖南右道를 비롯한 沿岸 沿邑에는 제언이 많았다.[132] 이와 달리 영남지역을 중심으로 내륙의 소규모 수리시설로서 洑가 15세기 후반부터 활발히 개발되고 있었다. 천방이라고도 불리는 이 관개기술은 14세기 후반부터 시도되기 시작하여 15세기 후반에 이

126) 『太宗實錄』 卷17, 太宗 9년 정월 辛未 1-473.
127) 『太宗實錄』 卷27, 太宗 14년 6월 庚戌, 2-21.
128) 『太宗實錄』 卷28, 太宗 14년 12월 乙亥 2-46 ; 『太宗實錄』 卷35, 太宗 18년 正月 甲子2-200.
129) 『太宗實錄』 卷30, 太宗 15년 8월 乙丑, 2-78. 연인원 11,580명을 동원하여 길이 3,480척의 제방을 보수하였다.
130) 『太宗實錄』 卷33, 太宗 17년 4월 庚申, 2-155.
131) 이태진, 「16세기 川防(洑)灌漑의 발달」, 『한국사회사연구』, 지식산업사, 1986.
132) 安鼎福, 「臨官政要」 農桑章.

르러 본격적 발전을 보게 되었다. 천방은 지형에 따라 하천을 막아 물을 끌어 올려서 하천보다 높은 지대에 물을 대거나 범람하기 쉬운 지역에 방축을 쌓고 구멍을 뚫어서 저습지를 농토로 이용하는 기술이었다. 이 방법으로 새 농토를 확보해 간 것은 대부분 노비노동력을 보유하고 있던 留鄕品官 등 재지지배층이었다.[133] 하천 중상류지역의 개발은 재지 지배층의 邑治로부터의 이주와 함께 이루어져, 향촌사회가 새롭게 발전하는 한 원인이 되었다.[134]

조선초기 수리행정은 고려조와 같이 工曹 山澤司에서 맡았다가 1444년 戶曹 版籍司로 옮겨졌다. 이후 수도작 면적의 확대와 이앙 재배의 유리한 점이 나타나고 수리행정의 비중이 높아지면서 1459년 호조판서가 堤堰提調를 겸하게 되었다. 지방에는 임시로 堤堰別監 또는 敬差官을 파견, 제언의 파괴나 冒耕을 적발하여 치죄하거나 제언의 보수를 담당하였다. 1481년에는 堤堰司를 분리하여 수리행정을 담당하였다.[135]

이러한 과정을 통해 구축된 下三道의 제언은 15세기 후반 경상도 지역에는 714개,[136] 1518년 경상도 800개, 전라도 900여 개, 충청도 500여 개[137]에 이른다.

③ 農桑정책

조선전기 농업정책은 대부분 '勸農桑'이라는 용어로 표현되었다. 이는 농업과 함께 양잠업이 국가의 주요 산업이었음을 의미하는 것이다.

---

133) 이태진, 앞의 책, 212~217쪽.

134) 이수건, 「고문서를 통해서 본 조선사회사의 일연구」, 『韓國史學』 9, 정신문화원, 1987, 46~57쪽.

135) 이광린, 『李朝水利史研究』, 한국연구원, 1961.

136) 『慶尙道續撰地理志』(1470년경 발간).

137) 『中宗實錄』 卷46, 中宗 18년 정월 庚戌.

전근대사회에 있어서 직물은 의복의 원료인 동시에 화폐의 대용으로 사용되고 있었기 때문에 국가에서는 재정의 근간이 되는 米와 布의 안정적 수취를 위하여 농업뿐만 아니라 의류작물 재배에도 많은 관심을 가지고 있었다. 조선초기 국가에서는 여러 의류 작물의 재배를 권장하였다. 특히 조선초기에는 목화의 재배 권장정책이 시행되었다. 그 가운데 세종년간의 勸綿정책은 가장 적극적으로 추진되었다. 특히 북방까지 목화를 보급시키려는 정책이 시행되었고, 그 결과 성종대 이후에는 함경도 북부를 제외한 전지역에 면화가 재배되어 목면은 대중적인 옷감으로서의 위치를 확고히 하게 되었다. 14세기에 수입된 목화는 15세기 중엽에 이르러서는 북부 일부 지역까지 보급되어 우리 농민의 의복생활에 큰 변화를 일으키고 있었다. 생활에 필수적인 두 농작물인 벼와 목화는 성장에 알맞은 토양 및 날씨에 차이가 있어서, 상호 자연스럽게 교역이 이루어졌다. 그러나 목화는 씨를 뿌릴 수 있는 전답이 필요한 작물이었다. 3월 파종에서부터 7월의 수확에 이르기까지 7차례 정도의 김매기를 해주어야 할 정도로 많은 노동력을 필요로 하였다.[138] 따라서 소유전답이 1결 미만이며 노비를 소유하지 못한 영세소농들의 경우 목화의 대량 재배는 손쉽지 않았으며, 시간이 흐를수록 목화는 대량의 토지와 노동력을 소유한 지주들에게 경작이 유리한 작물로 인식되고 있었다.

조선전기 의류직물의 종류로는 무명·삼베·모시·비단이 있었으며, 이들의 원료는 각각 木花·麻·苧·桑이었다. 이 중 조선초기 국가가 농민을 대상으로 하여 중점적으로 육성하려 했던 산업은 양잠업이었다. 양잠업에 중점을 두었던 이유는 의류작물의 환경과 밀접한 관

138) 김용섭, 「"農事直說"과 "四時纂要抄"의 木棉耕種法 증보」, 『동방학지』 57, 1988, 99~101쪽 ; 민성기, 「農家月令과 16세기의 農法」, 『조선농업사연구』 일조각, 1988 참조.

련이 있었다. 무명·삼베·모시를 생산하기 위해서는 원료작물을 재배할 경작지가 필요하였다. 반면에 양잠업은 여러 가지 면에서 유리한 경영조건을 가지고 있었다. 양잠업은 목화농사와는 달리 재배전답이 필요치 않으며, 농사기간도 3월부터 5월까지 약 40일에 불과하였다. 더구나 양잠의 원료가 되는 뽕나무는 전국 각지에서 자생하고 있었기 때문에 양잠법만 습득하게 되면 누구나 쉽게 종사할 수 있는 가내 부업이었다. 조선초기에는 주로 野桑을 이용하여 양잠을 했던 것으로 보인다. 그러나 양잠업이 점차 활성화되면서 家桑을 재배하여 양잠을 하는 경우가 많아지고 있었다.[139] 더구나 양잠업은 摘桑에서부터 누에를 쳐 고치를 수확하기까지 노동의 전과정이 여성들의 손에 의해 이루어졌다.

앞서 살펴 본 바와 같이 조선시대에 農桑은 衣食과 王政의 근본이며 백성의 생명에 관계되는 것, 그리고 民事의 소중한 것으로 여겨지고 있었다.[140] 따라서 군주는 민생의 근본이 되는 농상을 적극 권장하고 이끌어야 할 의무를 가지고 있었고, 이러한 인식은 시기에 따라 표현의 차이가 조금 있을 뿐 조선왕조 전 시기를 통틀어 일관된 것이었다. 건국 직후 조선왕조는 권농정책과 함께 의류작물의 재배 권장정책을 지속적으로 추진하였다. 그러나 세조대까지만 해도 민간에서는 농사에만 주력하고 다른 산업에 종사하는 사람들이 많지 않았던 것 같다. 세조 3년 1월 각도 관찰사에게 다음과 같은 의류작물의 재배를 권장하는 기사가 보인다.

(승지 등이 아뢰기를) 농사일과 種桑은 한쪽만을 버릴 수 가 없습니

---

139) 남미혜, 『조선전기 양잠업연구』, 이화여자대학교 박사학위논문, 2002, 137~138쪽.

140) 본고 각주 13)과 같음.

다. 지금 小民들이 다만 농사에만 힘쓰고, 桑麻와 木棉을 심는 것은 힘쓰지 않고서 대부분이 米穀으로써 布를 무역하여 옷을 만들고 있으며, 이로써 날로 빈핍한 지경에 이르게 되었습니다. 속히 여러 도에 諭示하여 勸課에 더욱 힘쓰게 하오소서 하니 전교하기를 좋다 하였다.[141]

향촌 내 여러 구성원 가운데서도 의류작물 재배 권장의 일차적인 대상이 바로 小民들이었다. 당시 조선왕조는 농민생활의 안정과 국가재정의 확보라는 과제를 동시에 해결하고자 모색했던 바, 그 방안의 하나가 바로 의류작물의 재배·권장이었던 것으로 보인다.[142]

15세기의 勸蠶정책은 蠶室의 설치, 蠶書의 간행, 植桑의 장려, 그리고 儀式을 통한 시범 등을 들 수 있다.[143] 잠실은 중앙에 궁궐과 외부의 몇 곳에 설치되며, 지방에는 각도의 都會蠶室을 비롯하여 각 읍에 설치되었고, 이곳에서 양잠을 시범 보여 농민들에게 기술을 전파하려했다. 그러나 잠실은 생산품의 상납문제와 생산량에 따른 관리자의 처벌문제 등 제도적 모순으로 인해 많은 폐해를 일으켰으며, 결국 후대에까지 지속되지 못하였다. 蠶書의 발간이란 『農桑輯要』의 일부를 요약하거나 吏讀 또는 한글로 번역하여 농민들에게 배포하는 것이었다. 잠실의 설치가 시범을 통한 기술의 전파에 있었다면, 잠서는 이론적인 신기술을 농민에게 보급하는 수단이 되었다. 또한 조선왕조는 先蠶祭를 통해 양잠의 풍요를 기원했으며, 親蠶禮를 통해 백성에게 모범을 보이고, 뽕나무 재배의 확대를 위해 種桑法을 제정하고 蠶種을 배포하는 등 양잠의 확대정책을 추진하였다.

141) 『世祖實錄』 卷6, 世祖3년 1월 辛未 7-164.
142) 남미혜, 「조선초기 농상정책의 수립과 양잠의례의 정비」, 『이화사학연구』 29, 2002, 153~155쪽.
143) 이의명, 「15·16세기 양잠정책과 그 성과」, 『한국사론』 24, 1991, 104~119쪽.

조선왕조는 개국 초부터 유교를 중시하며 유교적 예제를 정비하였다. 유교식 예제는 태종 13년에 비로소 정비되기 시작했다. 이로써 국가의 기본 통치이념과 밀접하게 관련된 吉禮의 大・中・小祀의 등급이 매겨지게 되었다.[144] 이러한 大・中・小祀의 국가의례 가운데 농업과 관련된 의식이 바로 先農祭와 親耕禮이며, 養蠶과 관련된 의식이 先蠶祭와 親蠶禮였다. 농업과 관련된 의식인 親耕은 왕이 종친 이하 문무대신을 대동하고 籍田으로 나가 先農壇에 제사한 다음에 거행하는 의식으로 先農祭와 동시에 행해졌다. 親耕의식은 왕이 직접 쟁기를 다섯 차례 밀고 나면 이하 대신들이 품계에 따라 일곱 차례 혹은 아홉 차례 미는 형식으로 진행되었다.[145] 즉 先農祭는 농업신인 神農과 后稷에게 풍년을 기원하는 제사를 드리고 제사 후에 국왕이 직접 籍田에서 五推之禮를 행하는 2단계로 구성되었던 것이다. 先農의 명칭에서 보이듯이 中農・後農의 관념도 있었으나 태종 14년에 폐지됨으로써 농업신의 제사는 先農만을 대상으로 거행되었다. 先農祭는 제사의 과정뿐 아니라 왕이 직접 농사의 시범을 보이는 실제적인 측면을 포괄했으므로 조선에서는 重事로 간주되었다. 조선전기 先蠶祭의 정비와 親蠶禮의 시행은 농업과 아울러 주요 부업으로 양잠업이 부상하는 것과 밀접히 관련이 있으며, 왕비가 주도하는 의식인 親蠶禮가 국가의례로서 여러 차례 거행됨으로써 여성노동력의 중요성도 점차 증대해가고 있음을 확인할 수 있다.[146] 결국 신라・고려시대까지 양잠이 貢物의 생산을 위한 것이었다면, 15세기 양잠정책은 爲民의 차원에서 소농의 경제안정과 副業化를 위한 전초단계였다고 할 수 있다.[147]

---

144) 한형주, 「조선초기 中祀祭禮의 정비와 그 운영」, 『震檀學報』 89, 2000, 90쪽.
145) 『(국역)親耕・親蠶儀軌』 해제, 민족문화추진회, 1999, 1쪽.
146) 남미혜, 앞의 글, 169쪽.

이와 같은 조선왕조의 적극적인 勸蠶정책에 힘입어 16세기에 접어들면서 기술이 크게 발달하고 지역적으로 북방까지 양잠이 확대된다. 16세기에 형성된 전국적인 유통망에 따라 상업적 분위기가 성숙되고, 私營수공업의 발달, 사치풍조에 따른 禁制의 붕괴 등으로 인하여 견직물의 수요가 증가되었으며, 또한 상품화됨으로써 양잠이 농민에게 이익을 주는 산업이 될 수 있었다.

조선초기 조선왕조는 '男耕女織'을 적극적으로 권장하고 유도함으로써 여성노동의 적극적인 활용과 함께 취약한 소농경제를 안정시키려 했다. 이러한 의도 하에 체계적으로 양잠업에 대한 정책을 수립하고 이를 국가적인 시책으로 계승하려 했다.

4. 맺음말－조선전기 농업정책의 역사적 성격

15세기 조선초기의 중앙집권체제는 앞선 시기와 비교해 볼 때 가장 강력한 것이었다. 그러한 집권체제는 왕권의 절대성이 추구되는 방향에서 이루어졌다. 즉 왕권이 가장 강화되어 모든 신민 위에 초월적으로 군림하는 형태를 취하고 있었다. 왕권의 절대성은 신유학 이전 漢·唐儒學이 보장하던 것이다. 즉 天道는 왕만이 알 수 있고 또 人間世에 구현시킬 수 있는 것으로 인식되었다. 왕도정치란 바로 그러한 天道 구현의 정치였다.[148]

한편 조선왕조의 건설과 초기의 개혁정책은 소유권과 수조권에 입각하여 복잡하게 전개되었던 농민·토지에 대한 경제적 지배를 점진

147) 이의명, 앞의 글, 142쪽.
148) 이태진, 「세종대의 농업기술정책」, 『조선유교사회사론』, 지식산업사, 1989, 38쪽.

적으로 소유권에 입각한 단일의 경제제도로 전변시키고 있었다. 이 같은 변동을 거치는 가운데 조선왕조는 소유권에 입각한 단일 경제제도·토지제도에 기반하여 중앙집권적 관료제가 한층 강화된 집권적 봉건국가를 재건하여 갔다. 그것은 토지생산력 발달에 따른 소유권적 토지지배방식의 확대라는 역사적 추세를 반영하면서 새롭게 추진된 과정이기도 했다.

이 시기 사회적 생산력의 기본은 연작농업의 보편적 실현이라는 농업생산력을 바탕으로 하고 있었다. 또한 앞선 시기보다 국가직속 양인층의 소농경영이 확충되었다. 이 단계에서 양인 자영농을 중심으로 하는 중세적 소농민경영이 우리나라 역사상 전형적으로 정립되고, 거기에 상응하는 신분직역제, 計田法적 수취제 등을 바탕으로 한 국가체제와 사회질서를 구현하기에 이르렀다.

이 같은 집권화를 가능케 한 경제적 기반은 농업생산력의 발달이다. 조선전기의 농민들은 1년 1작의 旱田경작을 하는 것보다 단위 면적당 토지생산력을 높이기 위한 집약적 토지이용이 필요하게 됨에 따라, 水田 전환이 가능한 곳에서는 洑를 끌어들이고 堤堰을 축조하면서 수전농업을 이루어갔다. 그러나 그렇지 못한 환경에서는 旱田으로 그냥 두어 2년 3작 내지 1년 2작의 농경방식을 채택하였다. 수전농업의 발전과정을 고찰해 보더라도 조선초기는 조방적인 농업에서 집약적인 농업으로 변화하는 대전환기였다.[149]

이 시기 농업생산력 발달은 직접적으로 農學이 발달하고 농업기술이 고도화되었을 뿐 아니라 노동수단인 役畜과 농구가 새로 발달된

149) 조선전기의 농업생산력은 지속적으로 성장하였음이 분명하다. 그러나 이러한 성장은 어디까지나 노동생산성 중심의 조선전기의 농업생산력이 토지생산성에 기초한 조선후기 그것으로의 전화라는 성격을 갖는 것이었다(이호철, 「농업과 농업기술」, 『한국사』 24, 국사편찬위원회, 1994, 116~117쪽).

데 기인하고 있다. 또한 인구의 급속한 증가, 농지공급의 확대라는 간접적인 요인에 의해서도 더욱 촉진되었다. 특히 후자의 경우 국가에 의해 주도되어 급속한 농지공급의 확대와 질적 개량을 통해 이 시기 농업생산력 발전에 적지 않은 영향을 끼쳤던 것이다.

조선초기 농업은 '食은 백성의 하늘'이란 인식 아래 天道 구현의 유일자인 왕의 정치의 중요한 과제였다.[150] 수령의 農政에 관한 임무도 왕의 그러한 소임을 대행하는 것이었다. 이전 시기와 달리 農政 수행을 위해 관료·수령 외에 재지세력·권농관 등 여러 계층이 참여하고 있다. 이처럼 다양하고 詳密한 농정 수행의 모습에서 이 시기 농업이 기술상으로 새로운 가능성을 지니고 있었고 활성화되어 있음을 파악할 수 있다.

그런데 이 같은 대대적인 농업정책의 전개과정에서 그것을 보다 효과적으로 이용하고 수행할 수 있었던 것은 부유한 농민층이나 부강한 양반지배층 및 국가자신이었다. 국가가 심혈을 기울인 농지개간의 중심이 되었던 것은 부민과 국가였다. 이 시기 국가의 농지개발 정책은 주로 지주제적인 기반 위에서 추진된 것임을 부정할 수 없다.[151] 아울러 농업 기반시설인 수리시설의 확충 또한 그러했다. 수령제와 예하 권농기구를 통한 경작 감독기능도 한계에 봉착하여, 소농을 보호 육성하기 위해 재지세력을 제어하기보다는, 원활한 조세수취를 위해 점차 지주·재지 유력세력과 합의 하에 현행 지주제의 농민 예속 관행을 그대로 인정하고 말았다. 체계적이고 법제적인 향촌제도의 정비 없이 현능한 수령제의 운영에 기대하는 데 따른 문제점이었다.

무엇보다 국가적 차원의 양전사업은 결과적으로 사적 소유를 보호

---

150) 申洬, 「農家集成」, 世宗 勸農敎文, "國以民爲本 民以食爲天 農者衣食之源 而王政之所先也"(『農書』 아시아문화사, 139쪽).

151) 김용섭, 앞의 책, 329쪽.

하는 차원을 넘어 그것을 방임함으로써 이전보다 훨씬 커다란 규모의 지주적 토지소유가 출현하게 되었고, 결과는 계급모순을 심화시키고 있었다. 조세액 확보에만 전념했던 문제점이었다. 근본적으로 과전법 체제 하에서 운영상의 모순만 시정함으로써 토지소유권·토지지배 관계상의 입법을 가질 수 없었다. 결국 모순이 증대되고 집권체제의 정비와 약화 현상이 반복되었다.[152]

조선초 국가적 목표로 대대적인 民利·國計를 내세워 자영농 보호, 소농경제 중심의 농업정책을 전개하였다. 그러나 조세원 확충을 위한 개간정책, 조세감면, 농업기술의 개발 등의 정책이 모두 地主·大農에게 유리한 결과를 야기하였고, 이를 막기 위한 力農論 또한 집약적 농법(精農論)의 강조로 인해 역시 地主·大農에게 유리한 것이었다.

역농론은 이념상으로는 신분계급의 상하질서와 지주와 전호, 대농과 소농의 상하관계 및 그 토지소유의 소유·경영규모의 대소관계가 일치하는 현실을 전제로 하고 동시에 이를 바탕으로 한 사회안정을 도모하고 있었던 것이며, 이 범위 내에서 소경영 농민의 생산 주체성에 입각하여 多耕多耘과 의류작물 재배의 병행 등 농업근로를 최대로 강조하는 精農을 내용으로 하고 있었던 것이다. 이 力農이 추구하는 소경영 농민의 노동집약과 盡力으로, 농업생산이 증대하는 위에서 수립되고 또 이를 촉발하고 있었다. 精農論의 농경법은 현실적으로 일반 소농민들에게는 부담스러웠고 地主·大農層에 적절하였다. 정농론은 실제 농업생산의 담당자인 자영소농이나 전호농민의 사회경제

152) 과전법이라는 신분제적 토지법제가 전형적으로 구비되었으나 그것이 의존하고 운용되는 기초로서의 소유권적 토지지배관계가 더욱 발전함에 따라 이 시기에 사실상 종막을 고하게 되었다는 사실을 볼 수 있다. 그것은 국가법제로써 막을 수 없는 소농경영 분화의 필연적 결과이며, 이후 보다 확대되어 전개되어갈 지주제의 성격과 향방을 제시하는 현상이기도 했다.

분화가 커지고 몰락이 심해지면 동요하게 되어 있었다. 그러면서도 토지개혁은 기대하기 힘든 가운데 역농 자체는 더욱더 강조될 수밖에 없었다. 이 같은 생산증대가 농민분화와 농상분화를 동반하고 이는 점점 심해짐으로써 도리어 역농은 차질을 빚고 부진해졌으며 그 실질 기능을 상실하여 갔다.[153] 세종 3년 限田法과 五家作統法이 제시된 것은 조선왕조의 소농·자영농 보호정책의 지향에 많은 문제가 있음이 드러난 것이다.

결국 15세기에 전개된 제반 농업정책은 소농민의 보호 육성을 통한 국가의 집권력 확보, 체제 확립을 위한 정책이었으나 계급적으로 대농·지주를 위한 결과를 야기했다. 더욱이 16세기경으로 접어들면서 과전·직전체제가 쇠퇴함으로써 토지매매에 가해졌던 제약이 풀리게 되고, 이로 인해서 토지겸병이 성행하게 되었다. 그들은 이와 같은 토지를 노비노동에 의한 가작이나, 노비 및 作人노동에 의한 농장제, 또는 병작반수를 중심으로한 지주전호제로서 운영해 나갔다. 이 시기 토지겸병의 폐해를 극복하기 위한 限田論·토지개혁론이 재차 그리고 강하게 제기되고 있었다.[154]

이제 농업문제·토지문제는 한층 복잡한 국면으로 접어 들었고 이것은 사회문제·정치문제로 심화되어 갔다. 중소지주와 거대지주 사

---

153) 이경식, 앞의 책, 542쪽.

154) 이 같은 전형적인 질서는 그 지반으로서의 소농민 경영 및 그것과 대응관계에 있는 국가체제의 상호 기축적 전개에 따라 점차 전반적인 변천의 길로 들어섰던 것이다. 그런데 이 시기에 전형적인 것을 구성하고 그것의 변화를 초래하기도 한 주요한 요인으로는, 소농경영이라고 하는 이른바 하부구조의 전개와 함께 전체 국가사회의 기축을 이루고 있던 상부구조로서의 강인한 국가체제의 규정력 또한 간과해서는 안 될 것이다. 양자는 물론 별개로 작용한 것이 아니라, 전체 사회구성의 모든 측면에서 차원과 분야를 달리하는 갖가지 대응관계로 역사를 움직여 가는 기축으로 작용했다.

이의 대립도 점증되어 갔고, 부농과 빈농의 알력, 지주와 전호의 갈등도 증대되어 갔다. 조선의 토지·농업문제는 서서히 새로운 국면 곧 사회경제상의 체제문제로 전화하여 가고 있었던 것이다.

부편

조선후기 七峰書院의 건립과 配享人物

1. 서

조선시대의 사설 교육기관은 書院·書齋·精舍 등과 祠宇·鄕賢祠·鄕祠·里社·影堂·別廟·世德祠·遺愛祠·生祠堂 등을 들 수 있는데 흔히 서원·사우로 통칭되었다. 이러한 서원·사우는 先儒의 연고를 따라 지방의 士林에 의해 건립되었고, 사림이 모여 도의를 논하며 향풍을 두텁게 하는 기구였다. 사우는 서원과 달리 인간 본성에서 우러나오는 報本과 尊賢에 목적을 두고 祀賢만의 기능을 지닌 제향장소였다. 국가에서는 右文政策의 일환으로 서원·사우에 扁額을 내리고 頒書·給田 등을 통해 장려하였다.[1)]

조선시대 관동의 수부도시였던 원주에는 七峰書院과 陶川書院, 忠烈祠, 廣岩祠가 건립되어 지역의 학문과 사상의 형성에 크게 기여하였다. 이 중 七峰書院은 광해군 4년(1612)에 설립되어 1673년에 賜額을 받았으며, 원주의 대표적인 사액서원으로 그 비중이 컸다. 耘谷 元天錫, 八溪君 鄭宗榮, 久菴 韓百謙, 觀瀾 元昊는 사상과 정치활동,

1) 정만조, 『조선시대 書院연구』, 집문당, 1997, 88~89쪽 ; 이수환, 『조선후기 서원연구』, 일조각, 2001, 16~29쪽.

학문 면에서 원주를 대표하는 주요 인물이며 칠봉서원에서는 1871년까지 이들 先賢을 배향하였다.

본고에서는 조선후기 서원 건립의 배경과 정치·사회·교육적인 위상을 살펴보고, 七峰書院을 중심으로 한 원주지역 서원운영의 구조와 전개과정을 서술하고자 한다. 이를 통해 차후 원주 및 타지에 거주하는 4대가문의 후손이 보관하는 고문서와 문중 자료를 근거로 4인의 행적과 사상, 그리고 관내 在地士族의 동향을 본격적으로 연구하려 한다.

2. 조선후기 서원의 건립

서원은 그 연원을 고려시대의 祠廟와 書齋까지 거슬러 올려보기도 한다. 즉 先賢·先師를 奉祀하는 '祠'와 자제를 교육하는 '齋'가 결합되어 이루어진 것이 서원이라는 것이다.[2] 그러나 서원이 性理學을 연구하는 학자들의 집결소이고, 학문의 진흥과 인재양성을 목적으로 하는 講學의 장소였다는 점에서 본격적으로 주자학이 전래된 고려말 이후의 존재에서 그 연원을 설명할 수 있을 것이다.

최초의 서원인 白雲洞 書院은 사묘의 부수적인 존재에 그쳤다. 그 후 退溪 李滉에 의해 강당과 사묘를 동시에 갖는 형태를 취하면서 서원은 儒者의 藏修處 제공이 설립의 주된 목표가 되었고, 祠賢은 부차적인 것이 되었다. 그것은 당 시기 鄕校와 官學의 쇠퇴와도 관련된다. 또한 서원은 鄕會·留鄕所와 함께 士林들의 세력기반이 되는 조직체였으므로 지배 이데올로기를 보급하고 지방사회를 교화하는 데도 일

---

2) 유홍렬, 「조선에 있어서의 書院의 성립」, 1929/『韓國社會思想史論考』, 일조각, 1980, 39쪽.

정한 역할을 수행하였다.

祠宇는 서원과 달리 인간본성에서 우러나오는 報本과 尊賢에 목적을 두고 祀賢만의 기능을 지닌 祭享장소였다. 사우의 발생은 서원보다는 훨씬 빨라 삼국시대부터 싹트기 시작하였다고 하며, 고려에 들어와 사묘가 상당수 건립되었고, 일반 民間家廟 형태로서는 고려말 주자학 전래 이후 본격적으로 발생하였다고 한다.[3)]

이와 같이 서원과 사우는 발생초기에는 그 설립목적이 달랐고 형식에 있어서도 구별되었다. 그러나 17~18세기에 이르면 모두 祀賢위주의 인물중심이 되어 서원과 사우의 질적인 차이는 크지 않았고 양자가 혼칭되는 경우도 있었다.

1) 서원의 건립배경

서원과 사우의 건립배경에 대해 英祖 14년 兵曹判書 朴文秀는 다음과 같이 지적하였다.

> 예로부터 書院과 祠宇의 설립은 京外를 막론하고 道德과 節義가 높은 분이 있으면, 원근의 선비들이 감흥을 받아 의논을 내고 각자 私財를 털어서 그가 살던 마을이나 혹은 그가 노닐던 곳에 創建합니다. 때로 제사지내며 선비들 또한 머물면서 藏修하는 곳으로 삼아 덕을 높이고 가르침을 이어 받아 몸과 행실을 조심하니, 크게는 나라의 쓰이는 바가 되며 작게는 마을의 矜式이 됩니다. 書院이 敎化를 두터이 하고 풍속을 좋게 하여 治道에 도움을 주는 것이 이와 같습니다. 이것이 바로 士林들이 某院은 도덕으로 某祠는 절의로 請額을 하는 까닭이며, 조정에서는 이에 도덕과 행실을 고찰하여 賜額을 허락할 만하면 그것을 들어주었을 뿐입니다.[4)]

3) 유홍렬, 위의 논문, 1929/『韓國社會思想史論考』, 일조각, 1980, 29쪽.

여기에서 보듯 서원·사우는 先儒의 연고지를 따라 지방 사림에 의하여 사사로이 건립되고 사림이 보여 道義를 논하며 鄕風을 두텁게 하는 교육·교화기구였다.

조선시대 서원의 건립은 다음의 시기로 구분할 수 있다. 中宗代에서 明宗代까지의 초창기 건립기를 거쳐 宣祖代에서 肅宗代까지의 발전기, 그리고 景宗代에서 高宗年間까지의 정리기로 볼 수 있다. 초창기 서원에 대한 국가의 입장은 약간의 물질적 지원을 하는 소극적 장려책 외에는 불관여의 입장을 고수하였다. 仁祖·孝宗년간만 하더라도 濫設이란 느낌을 줄만큼 수가 많은 것도 아니었고, 지방에서의 서원의 폐해도 정치·사회적으로 크게 문제되지 않았기 때문이다.

士林의 학문활동기구이자 향촌사회의 私學에 그치던 서원은 孝宗대 西人계 山林의 진출로 道學的 정통성의 추구에 따라 중앙정치와 관련을 갖게 된다. 그러나 顯宗·肅宗 이후의 잦은 정권교체 속에서 被禍者의 伸冤이란 면과 함께 향촌 사림의 현실적 이해관계가 편승하게 됨으로써 서원의 수는 급격히 증가된다. 특히 顯宗 이후 禮論이 격화되면서 각 당파가 자기파의 광범한 지지를 얻기 위해 賜額을 빈번히 해주게 되어 院祠의 건립이 활발하였다.[5)]

이와 더불어 祭享인물에 있어서도 아무 연고가 없는 儒賢이나 중국 聖賢을 선정하거나, 심지어는 그 지역의 지명이 성현의 이름이나 居所와 일치되기만 해도 그들을 배향하는 院祠가 건립되었다.

---

4) 『承政院日記』 卷876, 영조 14년 8월 10일 兵曹判書 朴文秀 상소문, "從古院祠之創 無論京外 有道德節義者 則遠近章甫 起感而發議 各捐私財 或建於其生老之鄕 或創於其杖屨之地 以時享之 士子亦居 而爲藏修之所 尙德襲訓 淑身謹行 大則爲國家所需用 小則爲鄕黨所矜式 其書院之敎化善俗 有補於治道 有如是者 此所以士林之請額 某院以道德 某祠以節義 而朝廷 於是乎考其道德察其行 許可者則許之而已".

5) 이수환, 앞의 책, 2001, 27~29쪽.

한편 후대로 오면서 동족마을의 발달과 함께 동족집단 내부의 상호 결속과 사회적 지위유지의 필요성이 제기되면서 서원은 족적 기반의 중심기구로서 그 사회적 역할을 증대시켜 나갔다. 이는 향촌사회에서 기존의 사족지배체제가 점차 위기에 봉착하고 있는 것과 맥을 같이 한다. 특히 이 시기 향안·향약 등 사족간의 결속을 보장하던 자치조직이 쇠퇴하던 현상은 사족들로 하여금 문중 보장의 필요성을 절감케 하였다. 이러한 가문의식의 발휘 속에 서원은 문중 내 名祖·顯祖의 제향을 통한 향중의 벌족으로서의 사회적 지위 유지, 문중 자제의 교육과 교화를 통한 문중 내 윤리질서의 유지 등을 도모할 수 있었다. 따라서 이 시기에 오면 서원의 각 가문별 분립현상이 뚜렷해진다.

따라서 서원·사우는 종래 교육기관의 의미가 크게 축소되고, 祀賢의 기능이 강조되면서 오히려 향촌에서의 문중의 우위권 경쟁을 위한 도구로 이용되고, 한편으로는 그들 문중의 사회·경제적 이해를 대변하는 도구로 전락해 갔다. 즉 17세기 중반 이후 서원의 급격한 남설 및 각 가문 선조 간의 우열을 둘러싼 각종 시비, 서원의 추배문제 등 서원을 중심으로 한 갈등은 이러한 서원의 성격변화에 기인한 바가 크다.

서원대책을 놓고 집권세력들의 이해관계는 서로 달랐다. 조정의 논의를 보면 山林系와 非山林系 관료 사이에 상당한 논란이 있었다. 이것은 국정을 운영하는 정견의 차이에서 비롯되었다. 道學정치의 구현을 목표로 하는 산림계의 경우 명분을 앞세우고 臣僚 중심의 정치와 향촌자치·민생안정을 정치론으로 삼았으며, 경세관료는 군주중심의 현실정치론과 중앙집권책·부국강병론을 국정운영의 지표로 내세우고 있었다. 그러므로 경세관료가 집권해 있던 仁祖·孝宗년간만 하더라도 오히려 서원 남설에 대한 경계와 통제론이 성하였으며, 산림계가 정국을 주도하던 顯宗 이후 서원이 격증하고 賜額이 남발되었던 것이다.

英祖 17년의 대대적인 書院毁撤도 산림계와 반대쪽에 서 있던 경세론 위주의 탕평세력이 정권을 장악한 상황에서 가능하였다.[6] 당시 국왕 영조는 무허가 院祠에 대해 '甲午(肅宗 40)定式 이후로 조정에 보고하지 않고 私建·私追享한 것은 大臣과 儒賢을 막론하고 모두 철거하게 하고, 당해 方伯은 무조건 罷職, 守令은 拿處, 首昌儒生은 5년간 停擧하게 하며, 이후로 私建 및 私追享하는 사례가 발생하면 方伯·守令은 모두 告身의 律로서 다스리고 儒生은 遠配하게 하라'는 엄명을 내렸다.[7]

三南지방에 비해 강원도는 儒化가 비교적 늦게 이루어져 孝宗 때까지도 院祠의 수가 많지 않았다. 江陵에 李珥의 生家가 있고 嶺南士林의 일정한 영향을 받았지만 士林의 활동은 활발히 전개되지 못하였다.

『增補文獻備考』 학교조에 실려 있는 강원도의 서원을 보면, 강릉 3, 원주 5, 춘천 3, 철원 1, 영월 3, 양양 1, 삼척 1, 이천 1, 평해 3, 통천 2, 평창 1, 고성 1, 울진 7, 금화 2, 평강 1로 15개 지역에 모두 총 35개가 설립되었음을 알 수 있다. 이밖에 『俎豆錄』(正祖년간 편찬), 『書院謄錄』 및 『典故大方』(1924)를 종합하면 강릉 8, 원주 5, 춘천 3, 철원 1, 영월 2, 양양 1, 삼척 1, 이천 1, 평해 3, 통천 2, 평창 1, 고성 1, 울진 7, 금화 2, 평강 1로 총 39개의 서원이 확인된다. 다음 표에서 보듯 강원도 지역의 서원 건립 및 사액년도 현황을 살펴보면 17세기 전반에 집중되는 것을 확인할 수 있다.[8]

---

6) 이해준, 「조선후기 書院의 성격변화와 書院政策」, 『裵鍾茂總長退任紀念史學論叢』, 1994.

7) 『英祖實錄』 卷53, 英祖 17년 4월 壬寅條.

8) 原州郡, 『原州地方書院學術調査報告書』, 1992 참조.

강원지역의 서원

서원명	설립년대	소재지	배향인물	사액년도
五峰書院	1556(明宗11)	강릉시 성산면 오봉리	孔子・朱子・宋時烈・咸軒	
松潭書院	1624(仁祖2)	강릉시 강동면 언별리	李珥	1660
七峰書院	1612(光海君4)	원주시 호저면 산현리	元天錫・元昊・鄭宗榮・韓百謙	1663
陶川書院	1693(肅宗19)	원주시 지정면 안창리	許厚	1693
文岩書院	1610(光海君2)	춘천시 신북면 용산리	金澍・李滉・趙絅・李廷馨	1648
道浦書院	1650(孝宗1)	춘천시 서면 신해리	申崇謙・申欽・金敬直	
東溟書院	1628(仁祖6)	양양군 양양읍 조산리	趙仁璧	
景行書院	1639(仁祖7)	동해시 송정동	金孝元・許穆	
龍山書院	1705(肅宗31)	동해시 려운동	李世弼	

祭享人物은 일차적으로 해당 院祠의 성격을 나타내는 상징적인 존재라 할 수 있다. 특히 후대로 올수록 제향인물의 비중은 커져서 어떤 인물을 모셨느냐에 따라 원사의 성쇠를 결정짓는 요소가 되었다. 일반적으로 祠宇에 제향되는 인물이 '行誼節烈 矜式一鄕'자임에 비해 서원의 제향인물은 '問學道德 師表百代'인 자이어야 했다.[9] 즉 서원에는 '行誼節烈'만이 아닌 '道學淵源', '學問宗師', '功績爲國', '死節之忠', '人倫追師表', '公論歸一' 등의 제 조건에 합당해야 비로소 제향인물로 모셔졌다는 것이다. 中宗에서 明宗, 宣祖대에 이르는 시기만 해도 위의 원칙에 적합한 인물이 제향되었으나, 光海君대와 仁祖대를 거쳐 서원이 남설되었던 肅宗대에 이르러서는 學問人이라 보기 어려운 인물, 儒化를 남긴 守令, 行誼있는 儒者까지도 서원에 모시게 되어 서원과 사우의 구별을 어렵게 만드는 요인이 되었다.

원사의 제향인물은 그의 연고지에 제향되는 것이 일반적이었다. 家鄕, 寓居, 卜居, 卒地(墓所 포함), 謫居(謫卒 포함) 등을 들 수 있다. 지

9) 『書院謄錄』 卷6, 景宗 4년 4월 28일조, "列邑書院之設……故問學道德 師表百代 則躋享書院 行誼節烈 矜式一鄕 則建立私廟……".

역적 특성과 연관시켜 보면 경기·충청·전라·경상의 4도는 家鄕·寓居·卜居가 주류를 이루고 있어 名臣·儒賢을 많이 배출한 지역임을 웅변해주고 있는 반면, 함경도 등 북쪽지방은 수령의 비중이 높다. 이는 名臣·儒賢을 배출하지 못한 지역으로서는 그곳을 거쳐간 인물이라도 모셔야 했기 때문으로 보인다.[10)]

서원의 건립은 외면상으로는 先賢과 鄕賢을 敬仰하는 一鄕 또는 一道 士林의 公論에 의해 이루어진 것으로 일컬어지나, 실제로는 祭享者의 文人·鄕人·後孫·黨人들의 합력으로 추진되었다.[11)] 후손들은 그들의 顯祖를 제향하는 院·祠를 건립함으로써, 가문이나 동족간의 결속과 상호유대를 유지하고 나아가 官歷과 학문이 門閥의 尊貴를 좌우하던 당시 사회에서 명문으로 행세할 수 있었다. 한편 先師의 學統을 계승하고 그의 道學的 지위를 고양하기 위해 문인들에 의해 원·사의 건립이 추진되기도 하였다. 마지막으로 鄕人이라 일컬어지는 在地士族들에 의해 횡적인 유대관계와 향촌민에 대한 그들의 우월한 지위를 보장받기 위한 결집소로서 건립을 추진하기도 했다. 이 경우 이해관계를 같이 하는 지역내 유력한 양반세력들이 대거 가담하였을 것이다. 물론 서원의 건립과 운영에는 제향자의 후손이 깊이 관여하며 때때로 位次문제나 追享事로 타후손과 鄕戰을 벌이는 사례는 흔히 발견된다.

2) 서원의 기능－교육적 기능, 정치·사회적 기능

서원제가 우리나라에 도입되어 정착을 보게 되는 것은 16세기 중엽인 中宗末~明宗년간이었다. 中宗 38년(1543) 풍기군수 周世鵬이 고

---

10) 全用宇, 「朝鮮朝 書院·祠宇에 대한 一考察」, 『湖西史學』 13, 1985, 14쪽.
11) 정만조, 앞의 책, 1997 ; 이수환, 앞의 책, 2001, 38쪽.

을 백성들의 교화와 양반들의 교육을 위해 중국의 白鹿洞 書院을 모방한 白雲洞 書院을 창건했다. 明宗 5년(1550)에 같은 곳에 군수로 부임한 退溪 李滉의 요구로 백운동 서원은 '紹修'서원으로 賜額되면서 나라의 공인을 받은 사설교육기관으로 독자적인 활동을 허락받았다.

중국의 서원이 講學을 중시한 데 비해 조선의 서원은 강학에 못지않게 유생 스스로의 學習과 修己의 과정인 藏修를 강조하였다. 특히 초창기인 16세기 후반 退溪나 栗谷 같은 유학자들이 마련했던 각 서원의 院規에서 확인된다. 퇴계의 伊山書院 원규에는 교사의 강의에 의한 타율적인 학습보다는 유생들 스스로의 독서와 상호간의 토론·논변(朋友講習)을 장려하고 여기서 터득한 바로써 마음을 닦고 몸소 실천에 옮겨(躬行心得 踐履篤實)야 한다는 점이 강조되고 있다. 다시 말해 유생 스스로의 자율성·자발성에 의해 한 사람의 士林으로서의 완성에 주안점을 두고 있다. 경전의 학습을 강제하려는 목적하에 관학에서 행해지던 講經시험에 의한 평가 규정이 원규에 없는 것과 서원의 건물구조에서 내적 수양공간으로서의 東·西齋를 독립적으로, 그리고 비교적 큰 규모로 확보하고 있었던 이유가 여기에 있었다. 서원이 당시 성장하던 士林의 양성소이자 공급처로서의 역할에 충실했던 것이다.[12)]

서원의 교육활동을 살펴보기 위해 먼저 피교육자인 원생에 대한 검토가 필요하다. 최초의 서원인 백운동 서원의 院規에 따르면 院生의 자격은 생원·진사 또는 司馬試의 初試 입격자를 우선으로 한다고 하고, 향학열이 높고 操行이 있으나 初試 入格이 아닌 경우는 반드시 승인을 얻어 입원하도록 엄격히 규정하고 있다.[13)] 이렇게 볼 때 초기

---

12) 정만조, 『한국 書院의 연구동향과 재조명』(경기대학교사학회 학술심포지엄), 2000, 7쪽.

13) 『列邑院宇事跡』 白雲洞書院規.

백운동 서원은 원생의 수준에서만 본다면, 중앙의 관학인 성균관에 준하는 향촌교육기관으로 설립되었다고 할 수 있다.

그러나 당시 향촌사회의 사정은 생원・진사의 수가 극히 적고 사림의 수는 증가되고 있었다. 더 나아가 서원은 과거준비기관이 아닌 참다운 修己와 학문의 실천도장이라는 인식이 팽배하였다. 따라서 이후 입원자격을 엄격히 하되 생원・진사로 제한한 규정은 사라졌다.

한편 入院生에 대한 신분적 규제조항은 명시된 것은 없으나 당시 서원이 양반층만을 대상으로 하는 교육기관이라는 것이 상식화되었다. 일반적으로 각 서원의 입원생의 수 및 그 지역적 범위는 배향인물, 주관자 및 서원의 향촌사회 내 영향력이나 경제적 형편에 따라 상이하였다. 명실상부한 사학교육기관으로 확고한 위치를 확보하고 있던 초창기 서원의 경우는 士林들의 적극적인 호응에 힘입어 원생들의 지역적 범위가 상당히 넓었다.

서원의 교육적 기능은 17세기 초・중반까지는 일정하게 유지되고 있었다고 보인다. 원생들의 교육활동은 유생의 자발적인 공부와 이들에 대한 교수 및 정기적으로 개설되었던 講會・居接 또는 지방관의 주관 하에 개설되는 백일장 등을 들 수 있다. 그러나 후대로 갈수록 이 같은 상황은 지속되지 못한다. 서원의 수적 증가에 따른 지원체제의 분산으로 서원의 재정이 악화되면서 유생의 居齋가 사실상 불가능해졌기 때문이다. 그리하여 講會조차 부정기적으로 개최되는 등 서원의 교육적 기능이 점차 약해졌다.

다음으로 서원은 지방문화의 중심지로서의 역할을 수행하기도 했다. 서원이 향촌지식인들의 집결처였던 만큼 지역문화 활동의 장이 되었을 것이다. 상당수의 서원에는 書庫와 함께 藏板閣을 부속건물로 갖고 있다. 이는 서원에서 木板의 鋟板과 開板・印行이 이루어지고 있었음을 말해준다. 즉 서원은 도서관적 기능 외에 지역 출판문화의

거점이기도 했다. 서원은 사액과 동시에 국가로부터 서적을 지급받았으며, 자비로 서적을 구입하기도 하였다. 이후에도 국가에서는 원생들의 학문을 북돋기 위해 서적을 인출할 때마다 서원에 頒賜를 거듭하였다. 또한 각 가문에서 印刊된 문집 등이 반질되어 옴에 따라 향촌사회의 양반유생들을 위한 도서관적 기능을 충실히 수행하였다. 이와 같이 서원은 지역내 도서관적 역할뿐만 아니라 서적을 직접 출판하기도 하여 지방출판 문화의 중심지로서 문화창달과 지식보급에 큰 역할을 하였다.[14]

서원의 설립목적 중의 하나가 尊賢崇德이었으므로, 서원에서의 제향은 대단히 존엄시 되었다. 서원에서의 제향을 위한 의례와 절차는 모든 서원이 동일하지는 않지만 대체로 대동소이하다. 서원에서는 봄과 가을에 날을 택하여 1년에 2회씩 제향하는데, 서원에 따라서 仲春(음력 2월)과 仲秋(음력 8월)의 中丁日에 행하기도 하고, 季春(음력 3월)과 季秋(음력 9월)의 상정일에 제향하기도 하였다. 제향시의 제관은 헌관과 제집사로 대별된다. 헌관으로는 초헌관, 아헌관, 종헌관이 있고, 제집사는 祝, 贊者, 謁者, 贊引, 司尊, 奉香, 奉爵, 奉爐, 奠爵으로 分定된다.

서원이 지닌 정치·사회적 측면을 살펴보겠다. 조선시대 서원과 당시의 사회여건 특히 16세기 후반에서 17세기 말에 이르는 士族중심의 향촌체제 및 朋黨정치와의 관련성을 주목해 볼 수 있다. 당 시기 서원 건립의 동기는 양반 지위의 族的 보장과 鄕權의 장악, 그리고 정치적인 면에서 집권세력의 집권명분 합리화와 黨勢의 확대에 있었다. 향촌士林 사이의 서원건립과 운영을 둘러싸고 벌어지는 주도권 다툼(鄕戰)에 중앙의 老論·少論·南人의 정치적 이해가 일정 정도 반영되어

14) 이범직, 「조선전기 서원의 교육기능」, 『한국사론』 8, 국사편찬위원회, 1980.

있다. 즉 서원이 鄕村士林의 聚會所이면서 동시에 중앙정파를 지지하는 여론 조성의 중심지 역할을 수행했을 것으로 추론해 볼 수 있다. 書院通文·京院長, 搢紳有司의 조직이야말로 서원과 붕당정치의 관계, 즉 향론의 수렴을 통해 중앙의 자파계 붕당활동을 지지하는 여론을 조성하는 서원의 정치적 역할을 단적으로 보여주는 것이다.15)

그러나 17세기 후반 붕당정치의 공존체계가 무너지고 상호비판이 당론으로 변질되면서 파탄을 맞이하는 상황에 이르자 서원의 운영체제 역시 점차 문란해져 祭享기능이 위주가 되며 濫設의 경향이 노골화되고, 18세기 이후 蕩平의 실시로 朋黨정치의 자취가 소멸되는 속에서 정치적 역할을 상실한 채 가문중심기구로 전환되고 있었다.

즉 16세기 말~17세기 초에는 문중적인 성향이 거의 배제된 채 鄕中公論이나 士族的·學問的 분위기를 바탕으로 하고 있었으나, 소위 濫設期라 불려지는 18세기 중·후반에 이르면 가문 중심의 名賢 先祖를 제향하면서 그 族的 권위를 과시하는 형태가 일반화된다고 볼 수 있다.16)

3. 七峰書院의 운영과 配享人物

1) 건립과정과 배향인물

조선시대 원주는 감영소재지였을 뿐 아니라 小科와 大科의 급제자를 많이 배출한 지역이었다.17) 이는 학문의 전통과 뛰어난 교육환경을

15) 이태진, 「士林과 書院」, 『한국사』 12, 국사편찬위원회, 1978 ; 정만조, 「17~18세기 書院·祠宇에 관한 시론」, 『한국사론』 2, 서울대 국사학과, 1975.

16) 이해준, 「조선후기 門中書院의 개념과 성격문제」, 『이수건교수 정년기념논총』, 2000, 560쪽.

17) 최진옥, 『조선시대 생원 진사 연구』, 집문당, 1998.

배경으로 한 것이었다.

서원은 後孫·門人·鄕人들의 힘이 모아져야 건립이 가능하다. 무엇보다 서원 건립을 위해서는 향촌사회에서 양반사족들의 기반이 확고하여야 하고 여론(鄕中公論)의 일치가 선행되고 공동의 관심사에서 출발해야 하는 것이다. 또한 경제력과 학문을 중시하는 기풍이 중요하였고, 봉사의 대상이 되는 훌륭한 학자가 반드시 있어야 했다. 원주는 元天錫 같은 절의의 인물을 배출한 이래 士風이 크게 진작되었다. 17세기 전반 원주에는 거주하거나 직 간접적인 연고를 가진 유명한 학자와 문인, 관료가 다수 있었다. 정종영·한백겸을 비롯해서 허후, 정시한, 김창일, 김세렴 등이 원주와 관계를 맺으면서 양반사회에 자극을 주어 학문분위기를 고조시켰던 것이다.

조선의 從祀制는 대개 중국의 제도를 채용한 것으로서 1인만 祭享하는 경우는 獨享이 되고 2인 이상일 때는 位次에 따라 主享, 竝享(聯享), 配享(從享) 등으로 구분하고, 다시 제향의 시기에 따라 創建시 奉安, 追鄕(合享), 追配 등으로 분류할 수 있다.

院祠의 제향인물의 설정, 특히 主享의 설정은 그 院祠의 건립자가 어떤 학자의 문인인지 혹은 어떤 名臣의 후예인지 등이 결정적인 요인으로 작용하게 되는 것이다. 당연히 가문이나 학파, 또는 지방의 명예를 높여줄 수 있는 忠節人 등을 내세워 主享으로 모시게 된다. 이렇게 해서 主享이 결정되면 다시 그 고을 또는 외부인 중에서 건립자 집단의 존경을 받을 만한 인물이 선정, 配享된다.

지역내 서원의 건립은 처음에는 祠廟·精舍 등으로 출발하여 중간에 서원으로 승격시키는 예가 많았다. 이를 반영하듯 원주에서도 祠宇가 건립되어 先賢奉祀와 지역 훈도들의 교육이 수행되다가 서원의 건립으로 이어졌다.

원주에서 가장 먼저 설립된 서원은 七峰書院이다. 또한 원주에는 퇴계학통을 이은 예학의 대가 鄭逑의 문하에서 수학하고, 원주에 입향해서 많은 제자를 길러낸 觀雪 許厚를 모신 陶川書院이 숙종 19년(1693)에 지정면 안창리 홍법사 자리에 건립되었다. 그밖에 숙종 43년(1717)에 愚潭 丁時翰을 모신 道東書院이 부론면 법천사지에 세워졌다. 문막면 취병리에는 四寒 金昌一을 모신 翠屛書院이 있었다. 그런데 다른 자료에는 도동서원을 道東祠 또는 廣巖祠로, 취병서원은 翠屛祠 또는 景行祠로 기록하여 마치 서원이 아니라 사우인 듯한 인식을 보여주고 있다. 원주의 대표적 사우로는 忠烈祠가 있었다. 여기에는 元冲甲을 主享으로, 金悌甲과 元豪가 배향되었고 역시 사액을 받았다.[18]

「七峰書院事蹟」에 따르면 '사림이 본향 선현에 대한 尊慕의 뜻을 합의'하여 광해군 4년(1612)에 七峰書院(祠宇)을 창건하고, 인조 2년(1624)에 운곡 원천석을 主壁에 봉안하고, 인조 16년(1638)에 東壁에는 팔계군 정종영을, 西壁에는 구암 한백겸을 봉안하였다. 이후 숙종 29년(1703) 10월에 觀瀾 元昊를 追配하여 유력 서원으로서의 위상을 확고히 다지게 되었다.[19]

당시 칠봉서원 운영자들은 서원의 지위를 높이기 위한 여러 노력과 함께 끊임없이 請額疏를 올리고 있다. 賜額이라 함은 서원의 건립에 따른 국가적 공인을 받는 것이다. 따라서 사액서원의 제향인물은 가문의 興起人이거나 국가의 유공자라야 한다는 까다로운 조건이 요구된다. 그러나 그들이 건립한 서원과 사우가 이러한 기준에 일치된다고

---

18) 장영민, 「원주지역사개관」, 『원주사회연구』 1, 1998.

19) 제향인물의 추종세력 사이에 위차를 둘러싼 갈등이 곳곳에서 벌어지고 있었다. 문제의 집점은 위차의 기준을 어디에 두느냐 였다. 즉 道學위주로 할 것인가, 年代위주로 할 것인가, 혹은 官職위주로 할 것인가, 年齡위주로 할 것인가로 심각한 대립을 하는 것이었다. 그러나 七峰書院의 경우 主壁, 東·西壁으로 나누어 배열하여 이 문제를 해결하고 있다.

하여 모두다 사액을 받는 것은 아니었다. 따라서 국가로부터 사액을 받았다는 것은 건립세력이 그만큼 중앙정계와 밀접한 유대를 유지했음을 보여준다.

사액을 얻기 위해서는 많은 비용과 인력이 소모되었다. 지역 유림들이 모여 사액을 요청하는 상소를 작성하고, 유생을 서울에 보내 상소하게 하고, 또 여론을 불러일으키기 위하여 성균관과 고위 관료들에게 청탁 인사를 다니는 데에 막대한 비용이 소요되었다. 사액의 요청은 한두 번의 상소와 청탁으로 가능한 일도 아니었다. 몇십 년 동안 여러 차례의 시도를 거쳐 겨우 사액서원이 된 사례도 있었다.

많은 노력과 투자가 이루어져 사액을 받는다면 이는 무형의 자산이 되는 것이었다. 중앙의 당파는 儒林들의 여론을 이용하고 정치적 배경을 튼튼히 하려고 한 점에서 사액서원에 대한 배려를 이전보다 한층 더 각별히 하였을 것이다. 그리고 사액서원에 대한 지방관의 협조적 태도와 물질적 지원이 계속되고, 사액서원으로서의 위상이 유림사회와 지역사회에 더욱 크게 작용하였을 것이다. 서원에 관여하는 유림들과 후손들도 그만큼 사회적 위세를 더욱 크게 지닐 수 있었을 것이다.

칠봉서원의 사액과 관련하여 현종 4년(1663) 4월에 進士 韓用明이 疏頭, 判書 權大載가 製疏하여 請額 上訴를 올렸다.

> 강원도 진사 한용명 등이 상소하기를, "고려 진사 원천석은 학문이 정심하고 도덕이 순수했는데, 좋지 못한 때를 만난 탓으로 치악산에 은거해 있으면서도 전혀 답답해하는 마음을 갖지 아니하고 다시는 섬기지 않을 뜻을 굳혔습니다. 그러다가 고려조의 운세가 마지막을 고하고 진정한 인주가 혁명을 함에 이르러서는 더욱 율리의 고절을 힘쓰고 서산의 청풍을 멀리 끌어당겨 유정함을 끝내 보전하면서 이를 잊

> 지 않겠다고 길이 맹세하였으니, 천석과 같은 자야말로 이른바 만고의 강상이 되고 백세의 사표가 되는 자라 하겠습니다. 따라서 그는 실로 정몽주나 길재와 함께 아름다움을 짝하고 향기를 같이 하는 존재로서 마치 은나라에 세 사람의 인자가 있었던 것과 같은 격이라 할 것입니다. 생각건대 우리 태종대왕께서 감반의 구은이 있다고 하여 거듭 은총을 가하시고, 산 입구에까지 가시어 그의 아들 형을 기천의 수령으로 임명하심으로써 그를 봉양할 여지를 마련해주기까지 하면서도 끝내 작록은 가하지 않아 그의 뜻을 이루어주셨으니, 천석의 고상한 풍도가 이에서 더욱 드러났다 하겠습니다. 지난 갑자년에 본주의 선비들이 본주 북쪽 칠봉 아래에 서원을 세워 그를 경모하는 정성을 부쳤는데, 아직까지 사액을 늦추시어 은광이 빛나지 못하고 있으니, 참으로 성조의 흠전이요, 선비들이 실망하는 바라 하겠습니다. 원하옵건대 아름다운 편액을 내려주셔서 향사를 영광되게 해 주소서" 하였다.[20)]

그러나 이때는 禮曹의 防啓로 이루지지 않았다. 재차 현종 5년(1664) 3월 生員 崔東老가 疏頭가 되어 請額하였고, 현종 14년(1673) 2월에는 進士 韓佐明이 소두가 되고 左相 李端夏가 製疏하여 재차 청액하였다. 드디어 현종 14년(1673) 12월 16일에 국왕의 특명으로 사액하고 賜額致祭文을 별지에 첨부하여 예조정랑 宋挺濂을 칠봉서원에 파견하였다.

---

20) 『顯宗實錄』, 顯宗 4년 4월 甲子, "江原道進士韓用明等上疏 以爲高麗進士元天錫 學問精深道德純粹 遭時不淑隱居於雉岳山 秉無悶之心堅不事之志及其麗運告訖 眞主革命益勵栗里高節 遠挹西山淸風 終保幽貞永矢不諼 則若天錫者眞所謂萬古綱常 百世師表者也 實與鄭夢周吉再並美而齊芳若殷之有三仁也 惟我 太宗大王以甘盤舊恩 荐家寵眷降臨山扃 至於命其子泂爲基川守 以爲榮養之地 而終不以爵祿加之以成其志 天錫高尙之風於此益著矣 往在甲子本州多士 立院於州北七峯之下 以寓景慕之誠 而尙稽揭額未賁恩光 誠 聖朝之欠典 多士之缺望者也 願 賜以美額以榮享祀".

사액제문

국왕은 신하 예조정랑 송정렴을 보내어 원양도 원주목 고려 국자진사 원천석, 우찬성 정종영, 증 영의정 한백겸의 영전에 제사 받드노라. 백성들이 고려의 덕을 싫어하므로 하늘이 성조에게 계시하사 어두움과 더러움을 깨끗이 씻으매, 만물이 다 그것을 함께 보았다. 그러나 특수한 사람은 홀로 가면서 돌아보지 않고 치악산에 숨어 영원히 고반을 맹세하였다.

삼가 생각하면 헌묘께선 그 생각이 감반에 간절하셨으므로, 이미 역마를 보내 부르셨고, 또 화란을 굽히었으나 굳은 그 뜻은 마침내 몸을 피한지라, 필부의 뜻을 빼앗기 어렵기에 예를 갖춰 겸손하사 높은 절개를 이룩하게 하셨다. 서산에서 고사리 캔 것이 주나라 덕에 무슨 손상이 있겠는가. 동강에 낚시를 드리운 것은 실로 한 나라 풍속을 붙든 것이니, 그 성취한 것을 살펴보건대 어찌 미리 수양한 것이 없었으랴. 젊어서 학문을 좋아했는데 장성해선 더욱 힘써 닦고 연구를 거듭하여 의리를 깊이 깨달았다. 탁하고 어지러운 세상을 만나자 쌓아 둔 포부를 시험하지 못했고, 잠깐 국자에 머물렀지만 그것은 벼슬을 구하기 위해서가 아니었다. 세상을 피해 살면서도 고민이 없었으니 그 일을 높이 평가할 만하고 풍성이 미치는 곳에는 다른 시대의 사람들을 흥기하게 하였다. (중략)

이에 예관을 보내어 삼가 맑은 술잔을 올리노니 이 몇 글자의 빛나는 액자는 만고의 자랑스런 법이 될 것이다.[21]

---

21) 賜額致祭文

維世次癸丑十二月十六日 國王 遣臣禮曹正郎宋挺濂 諭祭于原襄道原州牧故 高麗國子進士元天錫 右贊成鄭宗榮 贈領議政韓百謙之靈曰 民厭麗德天 啓聖祖 一掃昏穢 萬物咸覩 展如之人 獨行不顧 隱居雉嶽 永矢考槃 恭惟 獻廟 念切甘盤 旣勤馹召 亦屈和鑾 志堅踰垣 匹夫難奪 能以禮下 俾遂高節 採薇西山 何損周德 垂釣桐江 實扶漢俗 究厥所就 豈無預養 少也好學長益勉强 優游涵泳 深諭義理 遭時濁亂 蘊而莫試 暫遊國子 非爲筮仕 遯世無悶 高尙其事 風聲所及 異代興起

八溪鄭君 天資英晬 曾在齠齡 觀者歎異 硏窮聖學 早登師門 內確外端 金精

八溪君 恒齋 鄭宗榮은 원주 봉산동 출생으로 2차례씩 6조판서를 2차례씩 역임했고 강원도·경상도·평안도 관찰사를 지냈으며 말년에 다시 그의 고향(원주 만종)에 돌아왔다. 別廟가 횡성 공근에 소재하여 원주와 횡성에 동족마을이 크게 번성하였다.[22]

久庵 韓百謙은 『東國地理志』의 저자이자 실학사상을 연 선각자의 한 사람으로 평가되었고 강원도 안무사를 역임하였다. 후손들이 원주에 동족마을을 형성하며 살아가고 있다.

한편 숙종 29년(1690) 10월 7일 생육신의 한 사람인 觀瀾 元昊를 칠봉서원에 배향하기를 청하는 상소가 생원 元鉽과 진사 尹億 등에 의해 작성되었다. 원호는 수양대군의 왕위찬탈이 가시화되자 집현전 직

玉溫 國選廉謹 僉擧姓名 宮壼天樂 曠世輝榮 蘖臣秉國 勢若煮手 朝臣奔走 猶恐或後 超然若浼 獨耻媚竈 頹波砥柱 疾風勁草 位躋崇班 終保雅操 履滿知足 引年懸車 江樓 賜餞 進退皆華 並美二疏 前後孰多

侍郎韓子 行潔氣和 年纔弱冠 慨然求道 潛心羲易 洞澈玄奧 中罹文網 禍將不測 天護善良 乃謫有北 歲在龍蛇 時事艱危 邊氓煽亂 逯膺島夷 官軍魚散 列邑風靡 一二人同 灑泣舊義 元惡授首 一方以平 世用武夫 功出書生 受知穆陵 屢加 恩擢 謝事昏朝 居貞蘊櫝 念茲賢喆 接武于原 譬馬多冀 如玉出崑 所操雖殊 均播遺芬 瞻彼七峰 章甫如雲

玆遣禮官 敬奠泂酌 數字華額 萬古矜式

知製敎 閔宗道 製

다음으로 춘추제향의 축문을 살펴보겠다.

春秋祭享 祝文

谷耘谷元先生 伏以學傳洙泗 道屯首陽 一部詩史 萬古綱常 斯文之享 永世無彊 謹以牲幣粢盛庶品 式陳明薦

恒齋鄭先生 學究性理 德冠儒林 恒存敬畏 表裏交修卷 而歸之 不顯其光 高山景行 久而彌仰合膺禮陟 以配先哲

久庵韓先生 學探閫奧 行篤孝友 觀玩萬變 所造彌深丘園 晩節其樂之眞 斯文柱 玆景仰彌久 宜配先哲 永世禋享

22) 정종영의 생애와 그 후손들의 동족마을에 대해서는 오영교, 「조선후기 동족마을 연구 2 - 초계정씨 동족마을의 사례를 중심으로」, 『조선후기 사회사연구』, 혜안, 2005가 참조된다.

제학의 벼슬을 버리고 고향인 원주에 낙향하여 은거하였다. 단종이 영월에 유배되자 영월에 옮겨 단종을 사모하고 3년간의 시묘를 행하다가 재차 원주(남송)에 귀향한 인물이었다.

七峰書院請享疏

삼가아뢰옵니다. 신등이 시골에 살면서 듣자온즉 성상께서는 여러 대를 거쳐 조정에서 미처 처리하지 못하였던 특전을 베푸시어 특히 단종대왕의 위호를 추호로 올리시고 대묘에 모시니 매우 훌륭한 일입니다. 그리고 대신이 뒤이어 그때 절의로 죽은 사람 중 정표할 만한 두 신하의 사실을 아뢰니 특별히 정문을 지어 포상하는 은전을 내리셨습니다. 숨은 공을 밝히고 착한 인품을 드러내어 육신에 뒤이어 빛나게 하시니 그 소문이 퍼지고 나라 안이 모두 감격하였습니다. 그런데 두 신하에 대한 일은 이미 수백 년 전에 있었던 일이라 자세히는 알 수 없읍니다만 원호는 곧 신등과 같은 고을 사람이므로 신등이 애비나 노인들이 전하는 말을 듣고 여러 사람의 기록을 참고하여 자세히 알고 있습니다.

대개 원호는 영묘 초년에 벼슬하기 시작하여 문종조까지 여러 벼슬을 역임하면서 문학과 명망이 당대에 높았으며 벼슬을 직제학에까지 올랐습니다. 그러다가 단종이 즉위하신 후 얼마 안 있어 병으로 사면하고 고향으로 돌아왔으며 단종이 영월로 물러나시게 되자 곧 영월 서쪽에 있는 사내평으로 가 거처하면서 정자를 짓고 그 이름을 관란이라 하였습니다. 채마밭에 물주고 김매여 목숨을 보존하고 몸을 숨겨 자취를 감추니 사람들이 그의 얼굴을 보지 못하였습니다.

그 후 단종의 삼년상을 입고 상기가 끝난 후 다시 집에 돌아왔는데 광묘께서 호조참의의 벼슬을 제수하고 불렀지만 나아가지 아니하였고 수양산 백이 숙제의 굳은 절개로 끝내 동쪽 언덕에서 생을 마치니 그 높은 기풍과 남은 공렬이 어제의 일과 같이 생생합니다. 같은 고향 선비들이 그 풍도를 숭상하고 의기를 사모하여 지금까지 내려오고 있습니다. 이번에 다행히도 정표하는 은전이 지하에까지 미쳐서 사라져가는 자취가 다시 환하게 빛나게 되니 도리어 표상하는 은혜가 유감이 없다고 말할 수 있겠습니까.

그러나 신등이 이 어른을 애모하는 마음에서 본다면 아직도 부족함이 없지 않은바 서로 의논하여 말하기를 "원래 백대의 세월이 흐르고 천리를 건너 멀리에 있어도 감동하는 것이 있고 또 이분이 세우신 의연한 사실은 저 멀리 있는 초나라, 월나라에서 듣더라도 감격하고 감탄하지 않는다면 그것은 정말로 사람이라 할 수 없을 것이다. 이 어른은 가까운 우리 고장에서 나시고 평소에 기거하시던 곳과 묘소도 우리 고향에 있는데 그 높은 절개는 아직까지 사람들의 입과 귀에서 떠나지 않으니 그 어른을 기리는 정성이 새삼 간절하다. 그렇다면 돌아가신 고향의 스승 중에서 우리가 제사 모실 분은 이 분이 아니고 또 누가 있겠는가"라고 하였습니다.

우리 고을 북쪽에 칠봉서원이 있는데 곧 고려조 진사 원천석을 제사받드는 곳입니다. 그 절개나 의리에 있어서 전인이나 후인이나 모두 아름다워 하니 함께 배향하여 제사 드리는데 누가 불가하다고 하겠습니까. 더구나 우리 성상께서는 육신이 절개를 지키고 죽은 의리를 가상히 여기시어 노호의 현액을 하사하시고 중정에 제사지내게 하시니 문황제가 효유를 권장하는 의리를 오늘에 와서 다시 보게 하신 것인즉 성인이 하시는 일이 보통보다 만만배나 뛰어나신 것이라 하겠습니다.

원호의 행적은 비록 육신과는 다르지만 마음은 같은 것이어서 그 충성과 절개가 함께 빛나는 것인즉 육신을 향사하게 한 오늘에 와서 그를 선현의 사당에 함께 배향함은 사리에 합당한 일이라는 것은 조금도 의심할 여지가 없는 일입니다. 이 일은 신등이 좋아하는 사람을 두둔하여 왕조의 은혜를 바라고 궁중의 은총을 빌어서 한 지방을 빛내자는 것은 결코 아닙니다. 이번에 베푸신 충절의 신하를 표창한 은전에 뒤이어 여러 어진 이에 대한 은전을 베푸시고 옛 사당에 제사 드리게 하여 크게 포상 찬양하신다면 이는 신등 한 고을 선비의 자랑과 모범이 될 뿐만 아니라 모든 지방의 사람들도 이 일로 인하여 옛 것을 기리고 추앙하는 마음이 크게 일어나게 될 것입니다. 생각이 여기에 이르니 조정에서 의열을 숭상하고 권장하는 일을 돕는 것이 어찌 적은 것이라고 하겠습니까.

신등이 이제 감히 주제넘고 외람됨을 무릅쓰고 먼길에 글을 올려 성상의 존엄하심을 번거롭게 하옵는 것은 바라옵건대 신등의 절의를 숭모하는 충정을 밝게 살피시고 성조의 충의를 표창하는 은전을 베풀어 주시기 바랍니다.

시대가 다른 충의의 혼령이기는 하지만 한 사당에서 제사 받들 수 있게 된다면 이 어찌 신등의 사사로운 영광뿐이겠습니까. 이것은 곧 나라의 빛나는 일이라 하겠습니다. 신등의 격하고 절박한 마음을 억누를 수 없어 삼가 죽기를 무릅쓰고 아뢰나이다.[23]

---

23) 七峯書院請享疏

伏以臣等跧伏畎畝頃聞 聖上擧累朝未遑之典追上 端宗大王位号躋祔 太廟甚盛擧也大臣繼以其時 節義人可以旌表者兩臣聞 特賜旌閭闡幽隱表風聲使得列於六臣之後聽聞攸曁遠邇聳動兩臣事既在數 百年之外其詳雖不可得而元昊卽臣等同州人也臣等得之於父老之口誦參之以諸人之誌述則可以斑斑 考之矣盖元昊釋褐於 英廟初載歷敭於 文宗朝文學聲望見重当世官至直提學 端宗嗣服卽謝病歸梓鄕逮至 端宗遜位于越也卽就越之西思乃坪居焉号其亭曰觀瀾灌園鋤圃以給其生潛身匿跡人莫見面後服 端宗喪三年然後復歸于家 光廟以戶曺參議召之不起抱西山之苦節終沒東岡之坡高風餘烈凜然如 昨此同鄕之士所以向風慕義憐之至今也今幸旌表之典延及泉壤泯沒之跡煥然復章顯遂之恩可謂無憾矣 然而以臣等愛慕斯人之心亦有所歉 然於中者相与謀之曰事固有曠百世越千里而相感者若斯人所立之卓然 雖使楚越聞之而若不感激嗟惜則誠無人心者也而斯人也近出吾鄕杖所依冠所藏磊 落之節尚今照人 耳目其鄕往之誠当復何若然則鄕先生沒而可祭者非斯人誰歟州之北有七峯書院卽高麗進士元天錫俎豆之所也之節之義前後並美配而食之復誰曰不可況我 聖上嘉六臣死節之義賜以魯湖之額俾受中丁之享
文皇帝奬孝孺之義復見於今日而聖人作爲出尋常萬萬也元昊與六臣異跡同心忠節並炳則逮六臣享祀之後配食於先賢之廟事理卽灼乎無疑此非臣等阿其所好徼惠 王朝假寵眷於 九重以顯耀於一方者也 仍此旌節之後更推衆賢之典腏食舊祠以大褒揚則非獨臣等一州之士有所矜式四方聞之亦將有想風

이에 대하여 國王은 전교하기를 '해조로 하여금 품의하여 처리케 하겠다'고 비답하였다. 이후 禮曹回啓에서 "(전략하고)집을 옮겨 영월에 가서 삼년의 복상의 예제를 다한 것은 그 행적이 더욱 높고 갈수록 빛나는 것이니 원근 사람들이 사모하고 감탄하지 않은 이가 없으므로 동향의 선비들이 더욱 더 일어나서 옛 사당에 모시고 제사드리자는 요청이 있는 것입니다. 원천석은 麗朝에 절개를 온전히 지킨 한 선비로서 그 두 사람의 행적이 대략 같고 또 동향인이고 보니 함께 제사드려 이 나라 선비들이 의지하고 자랑하며 본받을 곳으로 삼게 하는 것이 합당하리라고 생각합니다."라고 하였다. 결국 숙종 29년(1690) 10월 7일에 同副承旨 黃一夏 次知가 아뢰어 시행토록 재가하라는 비답이 있었으며 재가의 내용대로 奉審하고 곧 합하여 享祀하는 일을 사우에 알리고 시행하였다.

당시 숙종이 단종의 廟號를 정하여 解冤한 때에 맞추어 원호를 선양하는 사업이 이루어졌던 것이다. 당시의 주장은 운곡 원천석이 태종을 피한 것과 관란 원호가 세조의 부름을 거부한 것을 동일하게 높은 절의로 평가하였다. 관란 원호의 봉안문에도 이상의 사실이 기록되어 있다.[24)]

2) 운영과정

興起者矣其在 朝家宗崇奬義烈之道曷可少補哉臣等玆敢不避猥越裹足封章仰溷 宸嚴伏願 聖主明察臣等慕節之忱推 聖朝表忠之典特使異代之忠靈乃得並食於同堂則豈獨臣等之私榮斯乃 國家之光也臣等無任激切屛營之至謹昧死以聞.

24) 奉安文 甲申年(숙종 30)
文學著望 進退惟義 獨扶綱常所立卓爾 遺風凜然 聞者激昻 表厥宅里 褒典孔彰式遵 朝命躋享七峰抑惟耘谷百世攸宗堂堂 大節前後同符 陟降有靈有德不孤 一體祊祀 苾芬惟馨 千古佑啓 惠我光明.

서원의 경제기반은 서원의 유지와 존립을 가능하게 해주는 물질적 토대였다. 주요한 것으로 書院田, 書院奴婢, 院保(院屬), 屬店・屬寺, 現物供與(寄附와 扶助), 除役村(書院村)을 들 수 있다. 서원은 광대한 토지와 많은 노비를 소유하고 있으며 토지는 院奴・佃戶들에 의해 경작되고, 지방관에 의한 儒生供饋用의 현물제공 및 貢物移給, 서원 부근 거주 농민의 노동력 징발 등으로 꾸려지고 있었다.[25)]

초기 서원의 경제기반은 서원전과 노비에 비중이 두어졌다. 그러나 후기로 갈수록 서원이 남설되면서 국가의 지원이 약해지고 지방관의 屬公田 지급은 줄어들며, 나아가 서원전 경작농민의 抗租까지 본격화함으로써 지세의 수취가 여의치 못하게 되었다. 또한 건물의 중수로 인해 부족해진 서원재정을 채우기 위해 토지를 자주 방매한 결과 서원경제에서의 토지의존도는 크게 줄어들며 그 대신 納物院生이나 私募屬, 書院村(除役村)에서의 징수가 서원재정에서 높은 비율을 차지하게 되었다.[26)]

서원전의 유형은 국가 지급지, 조세 지급지(收稅田과 免稅田의 구분), 書院買得地(買得, 願納)의 셋으로 나누어 볼 수 있다. 서원에 대한 국가의 토지지급은 완전한 토지소유권의 이급이 아니라 경영권에 한정된 만큼, 국가가 토지의 최종적인 처분권을 장악한 상태에서 지급과 회수가 이루어지고 있었다. 서원에 지급된 收稅田의 경우, 특히 주변 寺社田에서의 수세권을 서원에 배정하는 방식이 시행되었다. 이를 통해 서원이 국가의 향촌지배와 같은 영역적 지배를 행하고 있었다. 서원 소유지에 대한 면세는 별다른 규정없이 숙종대까지 관례적으로

25) 민병하, 「조선서원의 경제구조」, 『대동문화연구』 5, 성균관대 대동문화연구원, 1968 ; 이수환, 「조선시대 서원의 경제적 기반」, 『이수건교수정년기념논총』, 2000.

26) 윤희면, 「조선후기 書院田 再論」, 『吉玄益教授停年紀念史學論叢』, 1996.

지급되고 있었다. 당시 서원전이 면세되어야 한다는 인식의 출발점은 서원전이 향교전과 마찬가지로 학전으로 설립되었다는 논리에서 출발하고 있었다. 학전은 당연히 관전과 같이 세금을 내지 않는다는 것이었다.27)

그러나 서원의 남설과 개개 토지에 대한 토지소유권의 발전과 이에 기초한 조세체계가 수립되면서, 면세는 곧 民結의 침탈이고 국가재정의 감축으로 귀결되어 『續大典』의 면세규정이 마련되었다.28) 사실상 이것은 서원전에 대한 면세특권의 부여라기보다는 당시 면세전 수준에서의 추인과 동결이었으며, 그 이후의 면세전 획급의 금지조처였다. 즉 自備 3結의 면세규정은 국가재정과 관련이 없는 未準之結, 閑地에 한정한 것이기 때문이다. 이러한 제반 국가적 조치는 대원군의 서원훼철로 끝을 보게 되는데, 그것은 국가적 특권, 즉 屬公田의 환수이며 동시에 규정 외의 면세조치의 철회인 것이다.29)

토지소유권의 성장에 바탕을 둔 사회경제적 질서가 수립되는 18세기에 접어들면서 서원에 대한 국가의 토지지급은 보이지 않고, 조세지급지를 비롯한 제반 정책도 국가와 서원의 현실적 위치가 고려되면서 상호보완적 지원체제가 아니라 현상유지 혹은 억제하는 방향으로 전개되어간 것이다.

이제 서원은 주어진 조건 아래서 주체적으로 입지를 확보하여 모든 사회변동에 대처하여야만 하였다. 대체로 18세기 이후에는 서원에 토지를 기증함으로서 서원의 권위를 빌어 자기 가문의 유지를 꾀하려는

27) 玉山書院, 『呈書謄錄』, 萬歷 17년(1589년, 선조 22년) 2월 일, "巡察使 學田與官田 均不稅者……今者書院等是學也".

28) 『續大典』 戶典 諸田條.

29) 최원규, 「조선후기 書院田의 구조와 경영」, 『孫寶基博士 停年紀念韓國史論叢』, 1988, 622~623쪽.

목적에 의한 원납이 큰 비중을 차지하게 된다. 초기 서원의 매득영역은 서원의 향촌지배력과 관련하여 그 범위가 넓었으나, 서원의 지배력의 축소화 경향에 따라 서원 인근 지역으로 한정, 집중되고 있었다. 이 매득전은 전반적인 상품화폐 유통경제의 발전에 따라 점차 서원의 주요한 토지획득 수단이 되었다.

이러한 서원전의 경영은 양인농민을 쓰는 지주경영도 있으나 서원 소속의 노비경작이 일반적이었으며, 庫直이나 使令, 冒入民 및 書院村民에 의한 경작도 그들이 기본적으로 서원에 예속된 私民的 존재였던 만큼 노비경작의 범위를 크게 벗어나지 않는다고 하였다.

다음으로 書院奴婢는 서원전과 함께 서원경제를 구성하는 2대 재산이었다. 이들은 서원내 각종 잡역 및 서원전의 경작 등 생산분야에 종사하거나 또는 身貢納付의 경제적 의무를 지고 있었다. 이들 서원 노비는 서원이 창설 보급되는 초창기에는 국가에서 사액을 내리는 경우 서책·전답과 함께 지급되는 경우도 있으나, 일반적으로는 제향자의 外孫, 門徒들의 기부 및 官奴婢의 給屬·買得·納上·生産 등의 형식을 통해 확보·확대된 것이었다.[30] 각 서원의 형편에 따라 정도의 차이는 있겠으나 후대로 갈수록 노비도망 및 未推현상이 뚜렷해지면서 노비는 재산으로서의 가치가 급격히 감소해갔다.

궁극적으로 서원경제는 조선후기 사회변동과 궤를 같이하는 것이겠지만, 18세기 중·후반이 되면서 점차 영세성을 면치 못한다. 서원의 수입·지출의 불균형 현상이 시작된다. 이는 서원 경제력의 핵심이 되는 서원전 경작, 身貢수납과 이자수입이 용이하지 않게 되면서 나타난 현상이다.

七峰書院의 경우 강원감영 소재지인 원주목에 비교적 이른 시기에

30) 이수환, 앞의 논문, 2000, 509쪽.

건립되었기 때문에 擧道的인 士林의 지원을 받을 수 있었을 것이고, 또 제향인물의 비중으로 보아 관의 후원이 집중되었을 것으로 여겨진다.

賜額書院은 제례에 사용할 祭需도 관아로부터 지급받았다. 관아에서 제수를 지급하는 대상은 원칙적으로 향교와 사액서원에 국한되었다. 사액서원은 향교보다는 못하지만 그에 버금가는 대우를 받았던 것 같다.[31] 사액서원에 제수를 지급하는 것을 會減이라 하여 미사액서원의 官封과 구별하였다. 관에서 지급하는 제수의 운영은 禮房이 담당하였다. 祭享 하루 전에 院任이 노비들을 거느리고 관아에 가서 제물을 받아 오면 獻官과 執事들이 서원 문밖에서 도열하여 이를 맞이하였다.

사액서원은 소속 원생의 규모에서도 특혜를 받았다. 인조대의 校生考講과 관련하여 향교에서는 東齋 양반유생과 西齋 額內교생을 구별하였다. 서원도 이를 답습하여 양반들을 동재 유생, 비양반들을 서재 원생으로 각각 구분하였다. 서원에서는 전에 없었던 서재 원생을 받아들여 考講을 피하게 해주는 대가로 米布 등을 받아 재정 충당의 방법으로 이용하였다. 그리하여 군역을 담당하여야 할 양인농민들이 서원에 입속하는 사례가 점차 증가하였다. 서재 원생들이 군역 도피처가 된다는 점에서 조선왕조는 이를 그대로 방치할 수 없는 일이었다. 이에 일정 규모의 서재원생을 인정하되 액수를 제한하고자 하였다.

院保의 수에도 차이가 있다. 保人은 군역부담과 관련 있는 것인데, 서원도 원보가 소속되었다. 효종 8년(1657)에 원보의 수를 사액서원은 7명, 미사액서원은 5명으로 정하였다. 원보가 군역의 피역수단으로 활용되면서 서원에서는 액수를 무시하여 받아들이고 곡식이나 현금을

31) 『全羅道大同事目』, "文廟五聖의 幣帛은 大同米로 題給하고 사액서원의 幣帛 역시 이처럼 제급한다".

수수하였다. 조선왕조에서는 원보의 수를 현실화하여 향교는 40명, 사액서원은 20명을 정원으로 삼고 미사액서원은 인정하지 않았다. 그 뒤 30명 정도가 관행처럼 되었다.[32)]

이처럼 사액서원이 되면 여러 가지 이득을 얻고 있었다. 이는 서원 재정에 비추어 보면 상당한 비중을 차지하는 것이었다. 그러나 사액서원이 가지는 정치·사회적 위세라는 무형의 권위가 더 큰 혜택으로 다가왔을 것이다.

후대로 갈수록 서원의 남설과 만성적인 재정곤란이 야기되었다. 이는 서원을 관에 예속시켰고, 또 사회적 폐해의 온상으로 인식시키는 요인이 되고 있었다. 특히 한꺼번에 많은 재원이 소요되는 건물의 수리와 중건은 서원의 재정적 어려움을 가중시키곤 하였다. 이에 관아의 협조에 크게 기댈 수밖에 없었다.

서원은 스스로 재정 충당을 위해 전답과 서원노비를 매각하거나, 還上을 대여 받고 債錢을 얻어 쓰기도 하였다. 때로는 중앙관료를 내세워 각 고을이나 문중에 求請을 하고, 향교에 扶助를 구걸하며, 백성들에게 금전을 강제로 징수하기도 하였다. 아울러 앞서 서술한 額外院生이나 私募屬을 冒入하여 서원이 避役의 소굴이니 良役弊端의 원인이라는 지적이 끊임없이 나오게 하였다.

古毛谷面에는 七峰書院의 경제적 기반인 일종의 除役村이 존재했던 것으로 추정된다. 원래 서원촌(제역촌)은 折受地와 같이 관의 雜役 면제, 還上不受, 閒丁收括까지도 할 수 없는 특권을 지녔지만 서원의 私的인 예속으로 인해 그 폐해가 더욱 컸었다.

일례로 칠봉서원의 수리시 소용되는 기와장 잡역과 장리쌀의 이자곡 담당은 古毛谷民의 부담이었다. 정조 20년(1796) 11월 원주목에 보

32) 전형택, 「조선후기 필암서원의 경제기반과 재정」, 『전남사학』 11, 1997.

고된 첩보에 따르면[33] 고모곡면 민의 일부는 관내에 소재하는 수어청의 창고[34]에 둔안에 기록된 토지의 전세를 납부해 왔다. 그런데 辛巳年(1761, 영조 37)부터 칠봉서원에서 서원입안처라 칭하고 징세를 강요하여 이의 시정을 요구하는 정소를 김순남 등의 이름으로 원주목에 호소하고 있다. 원주목에서는 결급을 위한 경계를 정하는 데 있어 전후 일체의 문서를 살펴서 결정하기로 하는 등 신중히 대응하고 있다.

여기에서 보는 바와 같이 관내 거주민으로서는 수어둔청의 둔전과 칠봉서원의 서원전의 이중 징세를 당하는 점을 시정할 것을 요구하였다. 따라서 칠봉서원의 서원전은 고모곡민을 대상으로 전세 납부의 차원에서 운영되고 있었음을 확인할 수 있다.

서원의 임원으로는 대체로 院長·講長·訓長·齋長·都有司·執綱·直日·掌議·色掌 등을 두었다. 이 중 서원내의 대소사를 담당하

---

33) 「隨錄」, 刑牒 丙辰(1796) 十一月 初三日 報, "本州古毛谷屯民金順男等 以屯案所付土地 年年納稅於屯倉 中間 辛巳年分 自七峰書院 謂之本院立案處是如 分定徵稅一庫 耕食兩處納稅 極爲寃抂是如 呈訴於 守禦屯廳 而到付背關內 節該土稅疊徵 已極駭然 定經界決給亦爲有等 以前後文券一併搜閱 屯民院屬遂條查問 今方論報是乎矣 事在久遠 猝難釐正 不可但以一次查報於該廳而止乙仍 于查牒一通粘後 上使以爲日後憑考之地事".

34) 守禦廳은 廣州·楊州·竹山·原州를 屬邑으로 하여 前營－廣州, 左營－楊州, 右營－原州, 後營－竹山 및 牙兵의 左·右·中部의 편제를 가졌다. 남한산성에는 축성 당초에 전속의 守堞軍이 없었다. 정묘호란 때는 李曙의 摠戎軍이 산성에 入守했지만, 그 뒤 산성 전속의 수첩군의 필요성이 절감되어 守禦使를 두고 摠戎廳 소속의 광주읍과 안동·대구·원주 등의 군사를 入防軍으로 정한 적이 있었다. 이후 顯宗대까지 수어청은 거리가 먼 경상도 지역을 제외하고 광주·죽산·양주의 기내 3개읍과 원주 1읍의 4영을 소속시키고 있었다. 이후 숙종년간에 들어와 둔전을 확보하기 위하여 양근·횡성 등지의 宮家折受地 또는 訓局의 屯田을 山城 소속으로 옮기고 있다. 이후 정조 19년 6월에 壯勇營의 확대에 따라 수어청 역시 경비와 인원이 대폭 줄었다(이태진, 『조선후기의 政治와 軍營制 변천』, 한국연구원, 1985, 213~217쪽).

는 일은 도유사였다. 정조년간 七峰書院 都有司의 추천장에 따르면 중앙에서 관직을 역임한 지역 사족들이 상호 경합하는 사실들이 나타나 있다. 前正郎 李馨德, 前佐郎 韓光植, 前縣監 丁述祖가 경합하다가 10分을 얻은 간현출신 李馨德이 선발되었다.[35)]

바로 '鄕中公論'을 주도하고 官과의 영향력을 행사하는 지역 유력 문중들(한산 이씨, 청주 한씨, 나주 정씨)의 勢과시 경연장이었던 셈이다. 朝官의 경력이 있는 유력 재지사족들이 도유사에 추천된 사실이 이를 증명한다. 서원이 朋黨政治期 지방거점으로 역할했던 사안과도 관련하여 京院長·搢紳有司의 활용은 주목된다.[36)]

특히 동족마을을 형성하고 있는 유력문중이 나서고 있는바, 간현의 한산 이씨가(議政公派)를 대표하는 李馨德의 경우도 그 사례이지만 이보다 앞서 압곡리 강릉 최씨 동족마을을 형성시킨 장본인이었던 醉石 崔文潑의 경우도 칠봉서원의 운영자로 꼽힌다.[37)] 취석의 행적 중 당시 향촌사회와 관련된 면은 칠봉서원의 운영에 참여했다는 사실이다. 다음 2수의 시를 통해 당시의 심회를 기록하고 있다.

---

35) 韓山 李氏 議政公派 소장문서.

36) 이수환, 앞의 책, 2001, 122~127쪽.

37) 醉石은 병자호란을 겪고 난 궁핍한 시대에 강원도 횡성군의 산촌에 은거한 崔文潑(1607~1673)의 아호이고, 『醉石詩集』은 그의 한시 595수를 실은 遺稿集이다. 취석의 仲兄 文活(1600~1666)과 아우 문식이 庚午式年兵科에 연벽등제한 뒤를 이어, 숙부 기백이 乙亥增廣別試丙科에, 나중에 伯兄 文漢(1595~1695)마저 壬午式年丙科에 등제하여 다투어 宦路에 올랐으나, 유독 취석만은 29세 때인 1635년(인조 13)에야 生進科에 입격했다(宗會, 「江陵崔氏睡軒公派譜」, 1934 ; 江陵崔氏宗會, 「臨瀛世稿」, 1934). 취석의 나이 30세 때 병자호란이 있었고, 33세가 되던 해 그는 오랜 방황에서 벗어나 원주 古毛谷 鴨谷 水洞(현재 횡성군 서원면 압곡 2리 물골)에 정착·은거하기 시작했다. 이듬해 그는 '醉石亭'이라는 정자를 세웠고 38세 되던 1644년에 압곡리 35번지 터에 草家를 지었다(오영교, 『강원의 동족마을』, 집문당, 2004, 210~214쪽).

내가 사는 깊은 골 산골 변두리에 있는	我居深在碧山陲
골짜기에 가득하던 누런 띠풀도 다 베었는데	滿谷黃茅盡刈之
열기둥이 처마 밖에 드러나고 벽도 다 헐었는데	十柱排簷皆捭土
칠봉서원 기와 굽는 일이 어찌 사사로운 일이랴	七峯燔瓦豈營私
재곡으로 늘리는 장리쌀 공평하게 걷는 날은	齋穀至公收債日
친한 사이에도 야박하게 따지는 때이다.	交情還薄覓疵時
부역은 도리어 백성의 뜻을 침범함이 아닐까	役民不是侵民意
모든 집의 배고픔을 면해 주고자 한다.	欲使全家免苦飢
어찌하여 중년 들어 험해지는가	豈以中年阻
이제 생각하니 말속인가 의혹이 가네	今懷末俗疑
처신은 일찍이 굽힐 일 아니했는데	行身曾不枉
흔들고 긁는 소리 다시 한 대서야	撓舌復奚爲
도움이 적으면 친해도 오히려 배반하는	寡助親猶叛
말 많은 세상이란 걸 나도 스스로 아네	多言我自知
산골의 적막함을 달게 여기는 터이니	山村甘寂寞
세상 사람 빈정거리는 대로 내버려두리	一任世人嗤

첫 번째 시에서 徭役의 일종으로 七峰書院에 소용되는 기와를 담당하고, 서원의 재정을 위한 환곡의 장리 운영형태로 민들이 부담스러웠음을 밝히고 있다. 칠봉서원에 대한 부역으로 힘겨워하는 민들의 어려움을 보고 안타까움에서 이 시를 썼으리라 본다.

두 번째 시는 취석이 53세 때 칠봉서원의 운영을 담당하면서 겪는 곤란에 대해 심회를 서술하고 있다. 당시 취석은 문벌의 배경 때문에 칠봉서원의 운영에 관여하고 유력 재지세력의 일원으로 살아갔던 것으로 보인다.

다음으로 칠봉서원의 건물구성을 살펴보겠다. 조선시대 서원의 건물 구성은 규모나 명칭이 반드시 일치하지는 않으나 先賢·先師를 모시는 祠堂과 학동을 교육하는 講堂, 학동이 起居하는 東·西齋를 주건물로 한 것이 공통이며 약간의 차이는 있으나 장판각, 전사각, 영정각 등 많은 부속 건물이 있다. 선현 선사를 봉안하였던 사당과 학생들이 공부하던 강당과 기숙하던 동·서재, 그리고 서고·문·문루 건물로 추정되는 터에는 연안 김씨 가문의 분묘 3기가 있고, 기타 서원의 부속건물이 있던 곳으로 짐작되는 장소에는 민간인 주택이 들어서 있어서 현재 서원의 모습은 찾아볼 수 없다. 고목 앞은 부속건물지로 추정되며, 급경사지를 지나 樓門과 동·서재, 강당, 서고, 내문을 거쳐 사당이 존치되었을 것으로 보인다.[38]

칠봉서원의 위용과 서재의 존재를 확인할 수 있는 題詠을 다음에서 볼 수 있다.

운곡의 사당이 반 허공에 솟았으니　　耘谷祠堂架半空
그 높은 자취 우리 해동에 으뜸임을 알겠네.　　從知高躅冠吾東
책 속의 깊은 뜻을 이미 부지런히 탐구했고　　已將矻矻探書奥
다시 맑은 정신으로 나라 주인을 깨우쳤으니　　更喚惺惺警主翁
군신의 도리에 익숙한 그것이 곧 의열이고　　講熟君臣眞義烈
고관대작을 업신여기는 그것이 바로 豪雄이다.　　志輕軒冕是豪雄
문 앞에 우뚝 선 천길의 벽을　　門前特立千尋壁
우러러 보는 가운데 威儀가 완연하네.　　宛爾儀形俯仰中
(尹之復)

만고에 빛나는 하늘의 해와 같은 그 綱常을　　綱常萬古日麗空
붙들어 심은 그것이 곧 海東의 道임을 알겠네.　　扶植方知此道東
사당의 모습은 옛 백록동이거늘　　廟貌卽今追白鹿

38) 원주군, 앞의 책, 1992.

儒風은 어찌 꼭 文翁을 기다려야 하랴.　　儒風何必待文翁
골에 가득한 맑은 구름에 시냇물 소리가 멀고　　晴雲萬壑溪聲遠
처마에 늘어선 뭇 봉우리는 바위 형세가 웅장해라.　　列峀排簷石勢雄
西齋에 하룻밤 나그네는 뼈 속까지 맑아지니　　一宿西齋淸瀅骨
여기가 곧 武夷山의 구곡인가 하네.　　依然九曲武夷中
(李植)

감반의 옛 학문이고 백이의 지조이기에　　甘盤舊學伯夷操
임금의 발굽이 산에 다달아 한숨 쉬었다.　　駐蹕山臨舒嘯皐
천길의 우뚝한 칠봉을 우러러 보면　　瞻彼七峯千丈崒
날을 듯한 사당이 서로 마주해 다 높네.　　翼然祠屋兩相高
(鄭熙夔)

본래 七峰書院이 위치한 서원면은 한말까지 원주목에 소속되어 있었으나, 고종 32년(1895) 지방제도 개혁시 횡성군에 편입되었다. 원주목에 속하였을 당시에는 古毛谷面이라 불리었으며, 편입할 때에 地何谷面의 일부를 함께 흡수, 통합하여 서원면이라 하였다. 주지하듯 서원면의 유래는 면내에 위치한 칠봉서원에서 유래한 것이다. 서원면에 편재된 행정구역은 1리, 분1리, 2리, 분2리, 3리, 4리, 5리, 6리로 모두 8개였으며, 1973년 산현리, 매호리, 옥계리, 석화리, 창촌리, 압곡리, 금대리, 유현리로 나뉘었다. 1982년 2월 15일 행정구역 개편에 따라 산현, 매호, 압곡1리가 원주시 호저면에 편입하여 압곡1리를 용곡으로 고치게 되었다. 압곡리는 마을 이름을 지을 때 압실마을과 용곡마을이 합해져서 이룬 마을이라고 하여 압실에서의 압자와 용곡에서의 곡자를 한 자씩 따서 압곡이라 하였는데, 용곡마을은 원주시 호저면으로 이관되었고 지금의 압곡리는 압실만으로 되어 있다.

한편 취석 최문발은 그가 거주하던 압곡리의 풍광을 시에 담고 있다. 특히 '鴨谷8景詩'로 불리는 「山庄十詠呼韻」, '鴨谷8景'의 제5景인 굴아우골의 단풍, 압곡8경의 제6경인 물골의 여울 물소리를 읊은 '水洞灘聲', '馬山殘月'은 압곡8경의 제8경인 馬山 위에 지새는 달을 읊은 것이다.[39] 이는 당시 칠봉서원 주변의 풍광이 뛰어났음을 보여주는 시이다.

3) '辛未存置'와 七峰書院

18세기를 전후하여 농촌사회의 분화가 진전되고 신분제가 동요함에 따라 사족 중심의 향촌지배질서도 크게 변화하였다. 그 계기는 사족들의 물적 토대의 약화, 새로운 사회세력, 즉 饒戶富民층의 성장으로 인한 신・구세력간의 갈등・심화에 있었다.

새로운 사회세력은 최초에는 '양반이 되고자 하는 자(欲爲兩班者)' 등의 서술적 표현으로 불렸다. 따라서 어떤 정체성을 갖고 있지는 못하였다. 그러다가 점차 '新鄕'이라는 표현이 자주 등장하게 되고 이제 이들은 신향이란 틀 속에서 나름의 정체성을 갖는 집단으로 결집되어 갔다. 이에 따라 기존의 사족들은 상대적으로 구향으로 불리며 여기에서 신향과 구향 사이에 향권장악을 둘러싼 대립이 일어나게 된다. 이러한 대립이 이른바 '鄕戰'이었다.

원주에서도 향전이 격심하게 발생하였다. 정조 7년(1783)에 내린 『關東御使社目』의 조항에는 향전을 준엄하게 다스리라는 것이 들어있었다. 그리고 正祖는 아예 향전율을 만들었지만, 몇 년 뒤인 정조 16년 원주에서 향전이 일어났다. 경상도 安東의 예에 따라 만든 원주의 鄕憲에서는 문벌이 좋은 양반을 都有司로 뽑아 座首와 別監 등 향임의 임면과 같은 향촌의 일에 간여하도록 하였는데, 당시에 이르러

---

39) 최홍순, 「醉石詩集硏究」, 단국대학교 석사학위논문, 1984.

향임을 둘러싸고 잡음이 일어났고 도유사의 권위가 떨어져 회피하는 일도 있었다. 이에 관에서는 薦出을 빙자하여 회식을 마련하고 六房官屬이 유사의 집을 방문하여 접대하는 등 도유사 선임에 간여하였던 것이다. 아울러 하급 향임들이 민간에 부정을 저지르는 경우도 발생하였다. 이는 정부에서도 신·구향 사이의 향전에서 비롯된 것이라 규정하였다.[40)]

여기서 말하는 향임선출의 문제는 곧 매향매임으로 다른 지방처럼 원주에서도 향촌양반의 권위를 추락시키고 신분적 혼효를 일으키는 사태가 벌어졌던 것이다.

서원의 정치적 의미도 많이 변해갔다. 붕당정치의 전개와 심화에 따라 서원이 당론의 근거지 역할을 하였지만, 영조·정조대의 탕평정치의 결과 서원의 당색이 많이 퇴색되었다. 그리고 19세기의 세도정치기에는 중앙에 견제세력이 거의 없는 상황이었기 때문에 문벌들이 굳이 지방사족들의 협조를 얻고자 하지도 않았다. 오히려 지방사족들이 중앙권력과 결탁하기 위해 선현들의 영정을 베껴 영당과 서원을 세우는 빌미로 삼고 있었다.

서원을 철폐하여 민생의 회복을 도모하겠다는 대원군의 정책은 이 같은 상황에서 시행하였다. 고종 5년(1868) 8월에 이르러서는 미사액서원의 철폐를 단행하였다. '大院位分付'의 형식으로 된 미사액서원의 철폐 명령이 예조 관문을 통하여 각 고을에 하달되었다.

서원의 철폐를 맡은 고을 수령은 지방사족의 반발에 부딪치기도 하고, 고을 유림과 서원 후손들의 관계를 고려하여 가능하면 이를 늦추어보려고 노력하였지만, 중앙의 독촉에 마지못해 서원 철훼에 직접 나서야만 하였다. "位版埋安, 祠宇毁撤, 保率簽丁, 田畓出稅"라는 조치

---

40) 『備邊司謄錄』 180冊, 正祖 16년 윤4월 26일조.

대로 서원 건물은 허물어지고 경제기반은 모두 박탈당하였다. 서원을 철훼할 때는 우선 선현에 대한 告由와 위패의 매안을 행한 다음, 건물을 철거하는 순서로 행해졌다. 건물의 재목은 건축 자재로 재활용하였고, 서원의 전답은 후손들에게 돌려준 것 이외에는 대부분 향교나 養士齋에 귀속시켰고, 일부는 지방 관아에 돌려 재정 충당에 활용하였다. 殖利錢, 서적, 祭器, 노비 등은 대부분 鄕校나 養士齋에 귀속시켜 교육활동에 충당토록 하였고, 院生은 신분적 지위에 맞는 選武軍官에, 院保는 일반 군역에 충당시켰다.[41]

이후 고종 8년(1871) 3월에는 전국에 47개소만 남겨놓고 사액서원 모두를 철폐하라는 명령이 내려졌다.[42] 미사액서원의 철폐 때처럼 사액서원의 경제기반은 屬公되었고, 院生·院保도 군역에 충당되었다. 서원철폐에 항의하는 지방사족들의 집단상소와 개별 상소가 계속 이어지긴 하였지만 서원 철폐의 원칙은 지켜졌다.

이른바「辛未存置」47개 사액서원은 廟1, 院26, 祠20으로 文廟에 從享되어 있는 薛聰 등 16인이 主享인 서원 16개와 忠節大義로 파악된 31개의 묘 및 서원·사우였다. 선정 원칙에는 문묘 종향인들이 主享인 서원과 御筆 賜額되거나 御製를 보관하고 있는 서원이 많았다. 이는 왕실의 권위를 높이려는 의도가 담겨있다고 해석된다.

대원군은 서원철폐를 통해 서원적 향촌질서를 일소시키고 새로이 국가적 입장이 강조된 향촌질서를 수립하고자 한 것이다. 아울러 이는 경제적 측면에서 잔존 서원 이외의 모든 면세조치의 철회이며, 屬公田의 환수였다. 그는 동원 가능한 공권력을 집결시켜 서원이 가진 특권적 기반을 송두리째 뽑아버리려 한 것이다. 결국 서원은 이제 조선

41) 윤희면,「고종대의 서원철폐와 양반유림의 대응」,『한국근현대사연구』10, 1988.

42)『日省錄』高宗篇 8, 辛未 3월 20일.

왕조의 향촌질서 유지기반으로의 기능을 소실하고 명맥만 유지할 수 있었을 뿐이었다.

철폐 이후 서원의 전개추이는 3개 유형으로 대별된다. 첫째, 잔존 서원은 법전에 정해준 규정 이외의 것은 出稅토록 하고 1868년 9월의 조치대로 시행하게 한다.[43] 대체로 특혜는 復戶 3결이다.[44] 둘째, 서원을 훼철하고 소속재산도 국가에서 환수하는 경우이다.[45] 셋째, 조정과 관련된 토지는 모두 환수하는 경우이다. 이때 사원전은 존속되어 향촌 儒林들이 이를 토대로 契를 조직하여 기존 질서의 틀을 그대로 유지코자 하는 경우이다.[46]

전국의 서원 중에서 47개소만 남기고 모든 서원을 철폐할 때에 칠봉서원도 철폐되었다. 당시 칠봉서원의 재산 등 일체는 原州鄕校에 移管한 것으로 되어 있다.

그런데 서원건물은 1910년까지 있었던 것으로 짐작된다. 『生六臣 觀瀾元昊集』에 의하면 한일합방 후에 건물이 철거되었다고 하였고,[47] 주민들의 증언에 따르면 수십 년 전까지는 부속건물이 있었는데 사람들이 그것을 헐어서 재목으로 이용하였다고 하는 것에서도 짐작할 수 있다.

서원들은 대원군의 훼철조치에 의해 모두 철폐되었으나, 그의 실각과 동시에 곧바로 복설운동이 전개되어 후손이 있는 경우는 대부분 복설되었다. 이러한 복설운동은 일제시대, 해방 후까지 계속되었다.

---

43) 『日省錄』 高宗篇 7, 庚午 9월 10일.

44) 『筆岩書院誌』·『武城書院誌』 참조.

45) 『黃海道 平山府 砲軍料布節目』, "東陽·九峰書院……自院買得者 則便是公物也……自官從時價 斥賣移買於邑坊近處".

46) 『南康院誌』·『龍江書院 撤享日記』, 臨皐書院의 경우.

47) 원주원씨중앙종친회, 『生六臣 觀瀾元昊』, 세연문화사, 1980.

4. 맺음말

그동안 근대화 과정의 개발을 통해 역사문화의 중심도시로서 당연히 보존하고 있어야 할 지역의 역사적 문화적 유산은 너무나 많이 소실되고 파괴되어 지역문화의 진가를 인정받고 있지 못하고 있다. 지역의 전통문화를 강조하면 이것은 발전을 저해하는 구습이나 구수한 옛날 정취를 지닌 것으로만 취급하지 않았는지를 자문해야 한다. 그 결과 규격화하고 무성격한 대도시 문화의 모방만 존재하고 있지 않는가? 물론 농경문화권이었던 지난날 지역의 문화・사상 형성에 순기능으로 작용했던 전통, 특히 유교문화의 전통이 오늘날 정보화시대에도 유효할 수 있는지에 대해서는 조심스럽게 점검해보아야 할 것이다. 전통이 지니는 순기능과 부분적인 역기능을 우리는 잘 알고 있기 때문이다.

조선의 서원이 갖는 가장 큰 특징인 藏修는 자기 수양과 同年輩 사이의 切磋琢磨에 의해 인격과 지성을 갖춘 인간으로서의 완성에 이르는 과정을 뜻할 것이다. 이는 '반경 10미터의 철학'이라 불릴 만큼 극단적인 개인주의 속에 실용성만 앞세운 채 몰가치적인 단순지식과 기계문명에만 매달리는 오늘날의 젊은 세대들에게 직접적인 교훈으로 다가갈 수 있을 것이다. 이것은 동시에 전통적 유교윤리관의 현대적 적용을 모색하는 한 방법이 되기도 한다.

이 같은 점에서 볼 때 칠봉서원의 복원은 지역의 유교문화 전통을 점검・계승하는 것이며 先賢의 정신과 얼을 후손들이 되살리는 계기가 될 것이다. 이를 계기로 지역의 사상과 전통의 고귀함을 깨닫고 발전적인 계승을 모색해 나가는 기회로 삼아야 될 것이다.

찾아보기

_ㄴ

_ㄷ

_ㅁ

_ㅂ

_ㅅ

_ㅇ

_ㅈ

근대 한국학 총서를 내면서

새 천년이 시작된 지도 벌써 몇 해가 지났다. 식민지와 분단국가로 지낸 20세기 한국 역사의 와중에서 근대 민족국가 수립과 민족문화 정립에 애써 온 우리 한국학계는 세계사 속의 근대 한국을 학술적으로 미처 정립하지 못한 채, 세계화와 지방화라는 또 다른 과제를 안게 되었다. 국가보다 개인, 지방, 동아시아가 새로운 한국학의 주요 연구대상이 된 작금의 현실에서 우리가 겪어온 근대성을 다시 한 번 정리하고 21세기에 맞는 새로운 모습으로 탈바꿈시키는 것은 어느 과제보다 앞서 우리 학계가 정리해야 할 숙제이다. 20세기 초 전근대 한국학을 재구성하지 못한 채 맞은 지난 세기 조선학 · 한국학이 겪은 어려움을 상기해 보면, 새로운 세기를 맞아 한국 역사의 근대성을 정리하는 일의 시급성은 아무리 강조해도 지나치지 않다.

우리 '근대한국학연구소'는 오랜 전통이 있는 연세대학교 조선학 · 한국학 연구 전통을 원주에서 창조적으로 계승하고자 하는 목표에서 설립되었다. 1928년 위당 · 동암 · 용재가 조선 유학과 마르크스주의, 그리고 서학이라는 상이한 학문적 기반에도 불구하고 조선학 · 한국학 정립을 목표로 힘을 합친 전통은 매우 중요한 경험이었다. 이에 외솔과 한결이 힘을 더함으로써 그 내포가 풍부해졌음은 두말할 나위가 없다.

연세대학교 원주캠퍼스에서 20년의 역사를 지닌 '매지학술연구소'를 모체로 삼아, 여러 학자들이 힘을 합쳐 근대한국학연구소를 탄생시킨 것은 이러한 선배학자들의 노력을 교훈으로 삼은 것이다.

이에 우리 연구소는 한국의 근대성을 밝히는 것을 주 과제로 삼고자 한다. 문학 부문에서는 개항을 전후로 한 근대 계몽기 문학의 특성을 밝히는 데 주력할 것이다. 역사부분에서는 새로운 사회경제사를 재확립하고 지역학 활성화를 위한 원주학 연구에 경진할 것이다. 철학 부문에서는 근대 학문의 체계화를 이끌고 사회과학 분야에서는 학제간 연구를 활성화시키며 근대성 연구에 역량을 축적해 온 국내외 학자들과 학술교류를 추진할 것이다. 이러한 연구들은 일방성보다는 상호 이해와 소통을 중시하는 통합적인 결과물의 산출로 이어질 것이다.

근대한국학총서는 이런 연구 결과물을 집약적으로 정리하기 위해 마련하였다. 여러 한국학 연구 분야 가운데 우리 연구소가 맡아야 할 특성화된 분야의 기초 자료를 수집·출판하고 연구 성과를 기획·발간할 수 있다면, 우리 시대 연구자들뿐만 아니라 학문 후속세대들에게도 편리함과 유용함을 줄 수 있을 것이다. 새롭게 시작한 근대 한국학 총서가 맡은 바 역할을 충분히 할 수 있도록 주변의 관심과 협조를 기대하는 바이다.

연세대학교 원주캠퍼스 근대한국학연구소